교회 비전 바로 세우기

비전으로 모이라!

마이클 A. 밀톤 지음
이 호 우 옮김

CRP(Covenant and Reformed Publishing)
개혁주의신학사는 개혁신학과 언약신학에 관한 기독교 서적을 출판하는 출판사이며, 자유주의 신학과 다원주의 신학을 배척하며 순수한 기독교 신앙을 보수하기 위하여 설립된 문서선교 기관이다.

Finding a Vision for Your Church
: Assembly Required

Written by
Michael A. Milton

Translated by
Howoo Lee

Copyright © 2012 by Michael A. Milton

Originally published in English under the title as
Finding a Vision for your Church: Assembly Required
by P&R Publishing Company

Translated and used by the permission of

P&R Publishing Company, P. O. Box 817

Phillipsburg, New Jersey 08865-0817

All rights reserved.

Korean Edition
Copyright © 2016 by Covenant and Reformed Publishing
Seoul, Korea

추천사 1

김 창 환 박사
미국 조지아크리스천대학교 총장

  이호우 박사는 미국 조지아크리스천대학교의 학사업무와 강의 등으로 매우 분주한 시간을 보내고 있음에도 불구하고 틈틈이 연구하는 학자적 기질과 노력을 통해 귀한 책을 번역하여 출간하게 됨을 귀하게 여기며 더불어 진심으로 축하드린다.
  다년간 함께 학교를 섬기는 가운데 이호우 박사에게 신학자로서뿐만 아니라 목회자로서의 열정과 비전이 신실하게 배어 있음을 많이 느꼈다. 그러한 그의 모든 것이 본서에 고스란히 배어 있고 본서가 미국 이민교회와 한국교회에 큰 도움이 될 것을 확신한다.
  다시 한 번 더 본서의 출판을 진심으로 축하드린다.

이 종 찬 박사
권선제일교회 담임목사, 「기독신문」 주필

본서는 교회 비전에 관한 책이다. 비전이 분명해야 목회가 생명력 있게 성경적으로 성장할 수 있다는 주장이다. 아마도 이러한 논지가 담겨진 교회 비전에 관한 책이나 글 그리고 강연은 우리 주변에서 얼마든지 쉽게 찾아 볼 수 있다. 하지만 본서는 분명히 무언가 다른 통찰력과 도전을 제시해 주고 있다. 본서의 저자 마이클 밀톤 박사는 개혁주의적 신학과 목회관을 실천하는 뛰어난 신학자요 헌신된 목회자로 잘 알려져 있다.

그분의 저서는 개혁주의를 사랑하는 한국장로교회의 교계와 신학계에 훌륭한 지침서가 되리라고 확신한다. 이러한 밀톤 박사의 목회적 비전과 통찰을 개혁주의 신학자 이호우 박사의 번역을 통해 접하게 되어 매우 기쁘게 생각한다. 한국교회를 건강하게 세워나가기를 바라는 모든 이들에게 본서의 필독을 꼭 권하고 싶다.

신 문 철 박사
한세대학교 조직신학 교수

    이호우 박사를 알게 된지도 어언 25년의 세월이 흘러가고 있다. 첫 만남이 미국 필라델피아 웨스트민스터신학교 교정에서였다. 신학의 첫 걸음을 내딛었던 그때였지만 어언 세월이 흘러 신학자로서 각자가 다른 위치에서 신학교육에 전념하고 있다. 하나님의 말씀의 깊이와 넓이는 인간의 지혜와 지식으로 측정할 수 없다.
    학문의 세계도 마찬가지가 아니겠는가?
    때문에 익을수록 고개가 숙여진다고 겸허한 마음과 배움의 마음으로 학문을 대하는 것이 학자의 마음가짐이 아닌가 생각한다. 본서를 통하여 나의 오랜 벗 이호우 박사의 그러한 마음을 느낄 수 있어서 참 좋았다. 바라건대 하나님의 교회를 향해 비전을 꿈꾸고 사모하는 모든 그리스도인들에게 본서가 유익하게 활용되기를 원한다.

추천사 2

제임스 바크맨(James Bachmann) 목사
미국 테네시 주 내쉬빌, 카버넌트장로교회

전능하신 하나님을 경배하는 일은 이 땅에서의 최고의 소명이며 다음 세대를 향한 영원한 운명이다. 마이클 밀톤 박사는 예배를 통해 하나님을 영화롭게 하며 즐거워하기를 간절히 사모하는 모든 이들에게 큰 도움을 주고 있다. 또한 기적적인 방식을 통하여 하나님의 영광스런 비전을 성취할 수 있도록 그리고 믿음 가운데 전진할 수 있도록 도움을 주고 있다.

안토니 브래들리(Anthony B. Bradley) 박사
영국 킹스칼리지 조직신학 및 윤리학 교수

풍부한 목회경험을 지닌 밀톤 박사는 "개혁된 그리고 언제나 개혁하는"(reformed and always reforming)이라는 말의 의미를 잘 가르쳐 주고 있을 뿐만 아니라, 어떻게 실천할 수 있는지에 대한 아주 훌륭한 모델을 제시해주고 있다. 본서에 나오는 주제와 질문들은 앞으로 오랜 기간 본서의 필요성을 충분히 느끼게 해줄 만한 이슈들이다. 분명히 본서는 성도들의 신앙생활을 재활성화시켜줄 것이다. 아울러 하나님의 사명에 대한 소명을 추구해 나갈 수 있도록 교회에 새로운 불길을 일으켜 주는 강력한 영적 분별력의 모델이 될 것이다. 밀톤 박사는 교회 지도자들을 포함한 주일학교와 각종 소그룹의 사역자들에게 아주 유용하고 유익한 내용을 제시해주고 있다.

에릴 데이비스(Eryl Davis), 박사
영국 웨일즈복음주의신학교, 저술 및 연구 지도교수

매우 도전적인 내용으로 채워진 이 글은 모든 기독교인들이 반드시 읽어야 할 책이다. 하나님의 영광, 하나님의 말씀, 복음, 교회 성장, 성경적 설교, 그리고 기도 등과 같은 아주 중요한 주제들을 다루고 있으며, 그 주제에 따라 교회에 유익한 내용들로 풍성히 채워져 있다. 기도 가운데 필독하기를 간곡히 권한다.

알 제이 고어(R. J. Gore) 박사
미국 얼스킨신학교 조직신학 교수

마이클 밀톤 박사의 저술은 현대교회에 필요한 하나의 선물이다. 목회 사역을 통해 검증된 본서는 성경과 이야기, 신학과 슬기로운 적용, 그리고 객관적 진리와 개인적 통찰력에 대한 탁월한 접목을 보여주고 있다. 뿐만 아니라 현시대의 교회 지도자들과 신학자들이 반드시 유념해야 할 도전적 과제를 기술하고 있다.

데이비드 홀(David W. Hall) 목사
미국 조지아 주 파우더 스프링, 미드웨이장로교회

마이클 밀톤 박사는 목사요 교육자요 설교자요 장로요 총장이며 연주자(예를 들어 기타와 같은)이다. 그의 모든 역량을 잘 엮어 놓은 이 좋은 작품은 내용의 간결성과 명확성과 조화 그리고 미(美) 때문에 두고두고 사용될 것이다. 간결하다하여 소홀히 대하지 말아야 한다. 즉 스티로폼을 쉽사리 폐기하듯 해버리는 현 시대에 본서는 반복하여 오래도록 읽어야할 작품이다. 본서의 매우 중요한 가치는 목회 사역과 전도 그리고 예배와 설교 등에 나타난 하나님의 뜻을 우리가 어떻게 이해하고 따를 것인가에 달려 있다.

로버트 홈즈(Robert Leslie Holmes) 박사
미국 얼스킨신학교 실천신학 교수

마이클 밀톤 박사는 언어의 중요성을 놓치지 않는 현명한 지혜와 복음의 열정으로 달궈진 심장을 지닌 타고난 지도자이다. 본서의 주제는 자신의 삶의 여정 속에서 나온 것들이다. 때문에 목회자를 포함한 모든 교회 사역자들은 본서를 반드시 읽어야 한다. 일반 평신도라면 책을 두 권 구입할 것을 권한다. 한 권은 당신을 위해서 또 다른 한 권은 당신의 목사를 위해서이다. 마이클 밀톤 박사의 글을 통하여 당신과 당신 교회는 이전보다 훨씬 더 좋아질 것이라고 나는 확신한다. 예배와 설교를 가르치는 교수로서 나는 나의 모든 학생들에게 본서를 필독서로 권할 것이다.

제프리 주(Jeffrey K. Jue) 박사
미국 웨스트민스터신학교 학사 부총장 겸 교무처장

마이클 밀톤 박사의 설교 시리즈는 성경의 가르침에 따라 사역하기를 원하는 교회에 도움이 되는 유용한 가이드이다. 밀톤 박사가 강조하고 있는 은혜의 통상적 수단은 특히 북미교회에 영향을 끼치고 있는 다양한 '시장 주도형'(market-driven) 방식과 경향에 맞설 수 있는 신선한 대안이라고 생각한다.

사무엘 로건(Samuel Logan)
세계개혁주의협의회(the World Reformed Fellowship) 국제부 디렉터

마이클 밀톤 박사는 본서를 통하여 그리스도의 교회를 하나님의 영광으로 이끌어 가고자 하는 사람들에게 탁월한 자료를 제공하고 있다. 목회자를 염두에 둔 것 같지만 본서는 모든 교회의 사역자들을 위한 뛰어난 지침서이기도 하다. "하나님의 영광에 대한 부담감"

이라는 주제로 시작해서 "기도 사역" 주제로 마치는 가운데 밀톤 박사는 계속하여 교회다운 교회에 초점을 맞추고 있다. 밀톤 박사가 자주 사용한 "영광 받으셔야 하시는 하나님에 대한 갈망"과 "부흥과 개혁에 대한 열망" 등과 같은 구절은 나로 하여금 조나단 에드워즈를 회상하게 한다. 각 장의 끝머리에 있는 묵상을 위한 질문 부분은 제시된 비전을 실제적으로 실행할 수 있는 훌륭한 자료이다.

마빈 올라스키(Marvin Olasky)
「월드」(WORLD) 잡지 책임편집자

본서의 부제 "비전으로 모이라!"는 어떤 믿음의 사람들이 대형교회의 공연식 집회에 식상한 나머지 도리어 고독한 율법주의에 빠져 들어 가고 있는 현 시대에 아주 적절한 제목이라고 생각한다. 마이클 밀톤 박사는 예배, 기도, 그리고 은혜와 자애에 관한 교훈을 위한 모임의 중요성과 필요성을 설득력 있게 보여주고 있다.

헨리 오롬비(Henry Luke Orombi) 신부
우간다 프란빈스교회 대주교

그리스도의 부활은 사도 도마에게 아주 놀라운 경험으로 부활하신 주님을 뵈었을 때 그가 예수님께 할 수 있었던 말은 "나의 주 나의 하나님" 뿐이었다. 그는 예수님을 경배하였다. 그리스도께서 갈릴리에서 제자들에게 나타나셨을 때 마태는 "저들은 그를 경배하였고 몇몇은 의심하기도 하였다"고 했다. 부활이라는 새로운 경험을 한 초대교회는 "함께 떡을 나누었으며 예수님을 경배하였다." 바로 이런 것이 밀톤 박사가 자신의 책을 통하여 당신과 당신 교회의 회중들에게 전달하고자 하는 것이다. 즉 주 예수에 대한 신선한 체험이다. 예수님은 우리의 예배를 통해 경배 받으신다.

해리 리더(Harry L. Reeder III) 목사
미국 브라이어우드장로교회

성경적으로 건강하고 효과적인 교회를 위하여 나는 개인적으로 리폼드신학교와 마이클 밀톤 박사와 더불어 동역하는 목회 사역의 특권을 누렸다. 마이클의 수고를 통하여 우리에게 흘러넘치는 하나님의 은혜를 다시 한 번 더 누리게 되었다.

데이비드 로버슨(David Robertson) 목사
스코틀랜드 세인트피터스자유교회

본서는 "교회를 어떻게 부흥시킬 수 있는가"를 다루는 또 다른 한 권의 책이 될지도 모른다. 하지만 그렇지 않다는 것이 감사하다. 반면 성경에 대한 통찰과 자신의 경험을 통하여 밀톤 박사는 모든 교회들이 반드시 묻고 묵상해야 할 질문들을 우리에게 소개하고 있다. 스코틀랜드 사람인 나로서는 본서가 북미 내의 상황뿐만 아니라 그 외의 상황에도 해당된다는 생각을 분명히 느낀다. 비전은 하나님의 것이다. 이 땅의 교회를 향하여 가지신 주님의 놀라운 계획을 우리가 발견하고 실행하는 데 본서가 큰 도움이 되기를 간절히 바란다.

저자 서문

마이클 A. 밀톤 박사

전 미국 Reformed Theological Seminary 총장

> 이 경험담은 목회비전을 달성할 수 있도록 도움을 주었던 나의 목회 사역팀으로부터 얻은 실제적이고 생생한 고백이다.

비전은 진공 상태에서 이뤄지지 않는다

본서에 담겨있는 메시지들은 차타누가제일장로교회에서 나의 목회 사역 초기에 설교하였던 내용들이다. 때문에 함께 사역하였던 동료 목회자와 평신도들을 생생히 회상하게 만드는 감동을 내게 주고 있다. 이 '형제 무리'는 나와 함께 사역의 전 과정을 겪었던 분들이었다. 사실 나는 이 비전 플랜을 함께 도와줄 수 있는 목회자들을 새로이 채용하였다(지금은 주님의 품에 안겨있는 켄 캠프[Ken Camp] 목사님 한 분만이 그 당시 그곳에서 이미 목회돌봄 사역을 담당하는 파트타임 목사

로 있었을 뿐이다).

 교회 사역에 대한 비전을 형성해주었던 당시의 메시지들을 최근 내용으로 보완하였고, 타 교회의 개척자, 재활성 사역자, 목회자, 운영위원, 평신도, 그리고 각종 사역 지도자들에게 도움을 주려는 희망적인 마음으로 본서의 내용을 재구성해 보았다.

 그러나 목회 사역이 설교나 비전 플랜이나 도표 또는 목표 등을 단순히 제시한다고 하여 이루어질 수 있는 일이 아니라는 점을 간과해서는 안 된다. 만일 그러한 실수가 일어난다면, 그것은 순전히 나의 부주의함 때문일 것이다. 비전은 사람을 필요로 한다. 비전을 세우고 알리고 도전하도록 그리고 나의 친구 해리 리더(Harry Reeder)의 말처럼 궁극적으로 '비전을 안착시키도록' 도와주는 사람들이 반드시 있어야 한다. 그러할 때 합의적이고 협력적인 비전이 온전히 세워지고 실행된다.

 본서의 원고가 점점 완성됨에 따라 지금도 설교 집필 당시의 소중한 날들이 선명하게 떠오른다. 나는 동료 사역자들과 동거동락의 시간을 보냈다. 때문에 존경스러운 나의 목회 동역자들을 본서에서 언급하지 않는다면 저들의 인격을 무시하는 부끄러움을 범하는 꼴이 될 것이다.

 최근에 나는 윈스턴 처칠(Winston Churchill)의 『위대한 동시대 인물들』(*Great Contemporaries*)이라는 책을 읽고 있다. 나를 도와주었던 목사와 장로 그리고 다른 교회 지도자들의 성원에 감사하는 짤막한 글을 쓰면서, 위대한 수상 처칠이 영국 육군 장군 더글러스 헤이그(Douglas Haig)에게 했던 회상의 글을 특별히 되새겨 보았다. 처칠은 헤이그에 대하여 이렇게 말하였다.

어쨌든 그는 모든 상황을 잘 견뎌냈습니다. 사실 그는 매우 의연한 인물이었습니다. 어떠한 상황 속에서도(때로는 매우 위급한 상황 속에서 조차) 항상 의연했던 그를 지켜보면서 나는 그가 둔감한 것은 아닌지 삶의 그늘진 번민과 극적인 상황에 대하여 그가 너무 무감각한 것은 아닌지 의심이 들 정도였습니다.

아래의 글들은 여러 목회자들과 교회 리더들이 보낸 본서에 대한 논평들이다. 그들은 나의 사역 초반기에 목회 비전의 많은 부분들을 현실화시켜 주었던 분들이다. 잠재하는 세속적 교만이 사라질 때 비로소 풍성한 결실들이 현실화되는 법이다. 사실 우리가 할 수 있는 가장 쉬운 일은 우리의 사명 원칙을 선포하는 일이다. 반면 가장 힘든 일은 비전을 어깨에 짊어지고 매일의 삶 속에서 구현하는 일이다. 너무나 자명한 이치이다. 어쨌든 나의 동역자들은 그리스도에게 대한 자신들의 의무를 아주 잘 실천하신 분들이었다. 때문에 나는 본서를 다음과 같이 논평을 써준 저들에게 온전히 헌정하고자 한다.

랜킨 윌본(Rankin Wilbourne)*

본서는 멀리 계신 스승께서 단순히 들려주는 한 권의 장이나 말이 아니다. 나는 마이클 밀톤 박사로부터 멘토링을 받았을 뿐만 아니라, 그분과 함께 사역하는 특권을 누렸다. 그리고 사역하는 동안 교회 가운데 꿈틀거렸던 참된 가치들을 직접 목격하였다. 밀톤 박사는 목자적인 신학자 즉 목사이자 신학자이다. 때문에 본서에 기술된 각 장의 내용은 틀림없이 교회 갱신에 큰 도움이 될 것이다. 실제적이며 명료하고 성경적이다.

스티브 월리스(M. Steve Wallace)**

실천적 성향의 책 특히 목회 사역에 관한 책을 접한 사람이라면 누구나 그 책의 내용이 실제 목회경험에서 나온 것인지 그래서 가치가 더 있어 보이는지 직관적으로 느낄 수 있다. 그런 면에서 나는 본서가 실제적 목회경험에서 태동된 것이라고 독자들에게 자신 있게 말할 수 있다. 왜냐하면 마이클

---

* 랜킨 윌본은 밀톤 박사가 목회했던 차타누가제일장로교회에서 아웃리치와 선교 담당 목사로 사역하였으며, 현재는 로스엔젤레스에 있는 퍼시픽크로스로드교회(Pacific Crossroads Church) 담임목사로 사역하고 있다.
** 스티브 월리스는 밀톤 박사가 차타누가제일장로교회 목회 당시에 직원 및 행정 목회팀 책임자로 사역하였으며, 현재는 리폼드신학교(Reformed Theological Seminary)에서 최고경영책임자로 일하고 있다.

밀톤 박사가 차타누가제일장로교회의 담임목사로서 사역하고 있던 당시에 나는 목회 사역팀의 일원으로서 그와 함께 사역하면서 많은 것을 직접 목격하고 배웠기 때문이다. 만일 여러분이 밀톤 박사가 지닌 지혜의 샘 단추를 한번 꾹 눌러 볼 수 있다면, 그에게서 흘러나오는 목회적 지혜를 틀림없이 목격하게 될 것이다. 과장된 표현이 결코 아니다. 본서를 읽는 가운데 당신의 마음은 본서에 담겨진 그리스도의 양무리를 위한 성경적 교훈과 사랑으로 뜨겁게 채워질 것이라고 나는 확신한다.

스카트 브라운(Scott N. Brown Jr.)[*]

밀톤 박사는 자신의 회중들에게 비전을 제시하기 위하여 이 메시지를 처음 기록하였다. 실천적 내용이 부록으로 추가된 이 작품은 하나님의 말씀에 근거하고 있으며 성경 말씀으로 풍성하게 채워져 있다. 역사적 실증자료와 일상의 예화 그리고 다른 학자들과 설교자들의 주장에 대하여 자신의 깊은 통찰력으로 철저하게 꿰뚫고 있다. 나아가 성령 충만한 교회에 필요한 신자들의 진실함과 거룩함에 관한 핵심 사안을 명백하게 제시하고 있다. 그리고 자신의 학문과 경험을 통해 '참된

---

[*] 스카트 브라운은 밀톤 박사의 목회 당시에 차타누가제일장로교회 당회 서기였으며 현재도 그 일을 담당하고 있다.

'성경적 교회란 무엇인가'라는 질문에 진솔하게 답하고 있다. 이 저서는 목사들과 평신도들 모두에게 크나큰 축복이다.

론 브라운(Ron Brown)*

본서의 핵심적 특징은 하나님의 특별하신 역사로 인도되는 목회 사역의 기본적이고 일반적인 방식들을 사랑하는 마이클 밀톤 박사의 심정이라 할 수 있다. 나는 본서를 한 번쯤 반드시 읽어 볼 것을 권한다. 그리고 당신의 목회가 어느 궤도선상에 제대로 서있는지 또는 이탈해 있는지를 가늠해보고, 바르게 수정해 갈 수 있는 하나의 척도로서 매년 본서를 펼쳐 보기를 권한다. 본서를 읽는 중에 그간 마이클이 내게 전해준 끈기 있는 조언을 생각하지 않을 수 없었으며, 더불어 출판된 그의 글을 새로이 접하는 기회를 갖게 되어 매우 감사하게 생각한다.

---

* 론 브라운은 밀톤 박사의 목회 당시에 차타누가제일장로교회에서 제자훈련 담당 목사였으며, 현재는 조지아주 룩아우트 마운틴(Lookout Mountain)에 소재하고 있는 카버넌트 대학(Covenant College)에서 리폼드대학교협회(Reformed University Fellowship) 캠퍼스 목회자로 사역하고 있다.

역자 서문

이 호 우 박사
미국 조지아크리스천대학교 부총장

　본서의 저자 마이클 밀톤 박사는 훌륭한 목회자요 신학자로서 미국 리폼드신학교 4대 총장을 역임한바 있다. 교회와 신학교를 넘나드는 그의 다양하고 충성된 사역은 교회를 건강하게 세워야하는 당연성과 지혜가 담겨져 있다. 나는 "교회를 살리는 신학," "교회를 건강하게 세우는 신학"이라는 주제를 늘 강의실과 연구실에서 고민해왔다. 그러는 가운데 본서의 서두에 나오는 "하나님의 영광을 위한 책임감"(A Burden for God's Glory)이라는 구절은 나로 하여금 본서에 집중하도록 만들어 주었다. 교회와 신학의 최종 방향이라는 시각에서 말이다.
　21세기 현대교회들은 하나님을 향한 그리고 하나님을 위한 거룩한 부담감을 점점 더 외면하려는 경향을 가지고 있다. 그분을 향한 거룩한 부담감으로부터 벗어나려고 할 때, 교회와 신학은 거룩의 모양을 흉내낼 수 있으나 그 능력을 상실하고 말 것이다. 본서를 통해 나는 영적 동력을 재충전하는 특별한 기회를 갖게 되었다. 같은 바램을 가지고 이 땅의 교회가 건강하게 세워가기를 갈망하는 모든 그리스도인들과 함께 나누기위해 본서를 번역하게 되었다.

본서의 번역은 역자가 애틀란타 지역 목회자들과 세운 교회미래 연구소의 사업의 일환이기도하다. 바른 신학, 건강한 목회를 지향하는 본 연구소의 염원이 본서에 담겨져 있음을 밝힌다. 따라서 함께 연구소를 섬겨나가는 모든 회원 목사님들께 감사와 기쁨을 나누고 싶다. 그리고 내가 섬기고 있는 조지아크리스천대학교의 동료 교수님들과 에벤에셀교회 성도님들과 함께 감사와 기쁨을 나누기 원한다.

본서의 출간에 추천의 글을 써주신 김창환 박사님(조지아크리스천 대학교 총장)과 이종찬 박사님(권선제일교회 담임, 「기독신문」 주필) 그리고 신문철 박사님(한세대학교 교수)께 진심으로 감사드린다.

번역의 미흡을 좋은 조언과 구성으로 본서를 훌륭하게 완성시켜주신 편집부 간사님들과 본서의 번역을 기꺼이 도와주신 CLC 대표 박영호 박사님께 감사를 드린다. 하나님을 향한 거룩한 부담감으로 교회와 신학의 정체성이 더욱 건강하고 바르게 세워져가기를 간절히 바란다.

감사의 글

마이클 A. 밀톤 박사
전 미국 Reformed Theological Seminary 총장

주님은 내게 참으로 많은 복을 주셨다. 이 감사의 글을 쓰는 동안 나의 병세도 점차 호전되었다. 나는 이 기간 동안 하나님을 다시금 알아 가는 신선한 시기를 "즐겼다." 최근의 어느 설교 석상에서 말했던 것처럼, 그 시간은 마치 "목회를 향해 질주하기 전 하나님 안에서 안식을 취하도록" 해주었다.

다시금 깨달은 또 한 가지 사실은 바로 나의 아내 메이(Mae)에 대한 것이었다. (전능하신 주님께서 은혜로서 치료해주신) 매우 불가사의한 질병으로부터 다시금 건강을 되찾도록 나를 간호해 주었던 아내의 신실한 모습을 난 결코 잊을 수 없다. '아플 때나 건강할 때나'라 했던 결혼 서약의 깊은 의미를 참으로 이해하게 되었다. 2011년 여름, 본서의 원고를 준비하면서 전능하신 하나님의 자비로운 손길뿐만 아니라 메이의 손길을 통해서도 그분의 만지심을 깨달았다. 하나님으로부터 큰 복을 받았을 뿐만 아니라 아내로부터도 깊고 큰 격려와 용기를 받았다.

P&R 출판사의 말빈 파제트(Marvin Padgett) 목사에게 깊은 감사를

드린다. 특정 독자층에 맞추어 목적과 초점 그리고 의도를 잘 살려 설교들을 의미 있는 장(chapter)으로 묶는 작업은 그리 간단한 일이 아니다. 말빈은 내가 그 일을 해낼 수 있도록 도와주었다. 본서를 집필하는 과정은 이전 설교들을 출판사에 넘겨주는 그 이상의 일이었다. 말빈의 격려에 보답하기 위하여 명료하고 분명하도록 집필과 수정을 거듭하며 하나님의 말씀과 많은 시간을 보냈다. 그리하여 마침내 그 결과물을 독자에게 내놓게 된 것이다. 미흡한 부분에 대한 책임은 전적으로 내게 있을 뿐이다. 나의 작업에 용기를 불어준 말빈에게 감사의 마음밖에 드릴 것이 없다. 본 저서는 내가 말빈에게 넘겨준 초고보다 훨씬 더 낫다는 것을 의심치 않는다. 말빈이 참으로 고맙다.

P&R 출판사에서 근무하는 아만다 마틴(Amanda Martin)에게도 감사의 빚을 졌다. 매우 건실한 그로브시티칼리지(Grove City College)의 학습 훈련과정에서 본 저서를 면밀하게 탐독하고 적용하는 일을 그녀가 맡아 주었다. 오직 성경적인 비전과 그에 따르는 축복으로 만족해하는 회중들을 위해 애쓰는 그녀의 사역에 많은 가시적 열매가 맺어지기를 기도한다.

또한 이안 톰슨(Ian Thompson)의 현명한 조언에 감사를 드린다. 본서를 설명할 수 있는 최고의 제목과 부제를 창안해 내도록 도움을 주었기 때문이다. 뛰어난 능력으로 편집을 맡아 수고해준 아론 고티어(Aaron Gottier)의 노고에 항상 고마움을 느끼고 있다. 내가 P&R 출판사를 매우 좋아하는 이유는 이와 같은 유능한 인재들이 모여 함께 일하는 곳이기 때문이다.

아울러 리폼드신학교 이사회와 신학교 동료 교수들, 특히 릭 캐

나다(Dr. Ric Cannada) 박사, 린 페레즈(Rev. Lyn Perez) 목사, 웬디 시몬스(Ms. Wendy Simmons), 그리고 스티브 월리스 목사(Rev. Steve Wallace) 등에게 심심한 사의를 표한다. 그분들의 후원이 없었다면 이 집필 작업은 완성하지 못했을 것이다. 참으로 감사하다.

끝으로 본서의 모든 페이지와 모든 언어에 걸쳐 내게 깊은 영감을 불어 넣어주신 살아계신 성령 하나님께 경배와 찬양을 드린다. 나의 온 생애를 통해 사랑했던 삼위일체 하나님, 그분께 찬양과 감사의 기도를 드린다.

목차

추천사 1 김창완 박사, 이종찬 박사, 신문철 박사   4

추천사 2 제임스 바크맨 목사 외 11명   7

저자 서문   14

역자 서문   20

감사의 글   22

들어가는 말   29

1장 하나님의 임재를 경험하라   33
     1. 비전을 세우라
     2. 나오는 말
     3. 묵상을 위한 질문

2장 성경의 가치를 소중하게 여기라   51
     1. 체내유도시스템
     2. 나오는 말: 보혈의 흔적을 지닌 성경의 능력
     3. 묵상을 위한 질문

3장 대위임명령을 중대하게 받으라   68
     1. 마음 회수(Recall)
     2. 나오는 말
     3. 묵상을 위한 질문

4장 복음의 진수를 가치 있게 간수하라   85
  1. 바리새인적 춤사위를 따라함
  2. 나오는 말
  3. 묵상을 위한 질문

5장 예수님 품 안에 영혼을 안전하게 돌보라   105
  1. 천국을 향한 마음
  2. 나오는 말
  3. 묵상을 위한 질문

6장 우리 세대에 임하는 그리스도의 승리를 목격하라   119
  1. 겨울 밀
  2. 나오는 말
  3. 묵상을 위한 질문

7장 비전을 변혁하라   137
  1. 확고한 기초에 근거한 참된 긍정주의
  2. 나오는 말
  3. 묵상을 위한 질문

8장 복음을 전파하라   154
  1. 언제나 동일하다
  2. 묵상을 위한 질문

9장 성장을 추구하라   168

    1. 예수 그리스도의 건강한 제자가 되는 방법은 무엇인가?
    2. 나오는 말
    3. 묵상을 위한 질문

10장 파송에 힘쓰라   185

    1. 가장 위대한 서재
    2. 나오는 말
    3. 묵상을 위한 질문

11장 강해설교에 전념하라   209

    1. 2불짜리 화분에 담긴 50불짜리 정원수
    2. 나오는 말
    3. 묵상을 위한 질문

12장 살아있는 예배를 사모하라   227

    1. 하나님은 정확히 어디 계신가?
    2. 나오는 말
    3. 묵상을 위한 질문

13장 사랑의 친교를 나누라   246

    1. 왕따 당하기
    2. 나오는 말
    3. 묵상을 위한 질문

14장 자애 사역을 확장하라   260

    1. 사람들은 우리가 자신들에게 관심을 갖고 있는지를 틀림없이 알아본다

    2. 나오는 말

    3. 묵상을 위한 질문

15장 기도 사역에 올인하라   277

    1. 우리는 전쟁 가운데 살아가고 있다

    2. 나오는 말: 계산기로 당신의 길을 찾으라

    3. 중단 없는 비전을 위해

    4. 묵상을 위한 질문

부록1 교회의 비전과 사역의 실행   298

부록2 차타누가제일장로교회의 비전과 사역 선언문   306

들어가는 말

『교회 비전 바로 세우기』는 테네시주 차타누가제일장로교회에서 내가 전했던 시리즈 설교에서 출발하였다. 2000년 12월 이 유서 깊은 교회의 담임목사로 부름 받았다. 이듬해인 2001년 2월 첫째 주일에 나는 부임 후 첫 설교를 하였다. 빌립보서 1:1-6을 통해 간단히 개인적인 간증을 전한 이후에, 성경의 특정 부분을 선택하여 시리즈로 메시지를 전하였다. 그 이유는 성도들이 교회로서의 공동체적인 삶에 더욱 집중하도록 하기 위해서였다. 사람들에게 익숙한 부임 설교 그 이상의 의미를 담고 싶었다. 설교자인 내 자신뿐만 아니라 회중 가운데 성령의 충만을 위해 기도하였다. 새롭고 신선한 방식으로 하나님께서 우리 가운데 임재해주시기를 힘써 간구하였다. 영적 부흥을 구하였다. 많은 성도들도 그와 같은 초자연적인 역사를 위해 함께 기도하였다.

　당시 우리는 하나님이 역사하고 계심을 실제로 목격하였다. 그때의 상황을 과장하고 싶은 마음은 전혀 없다. 내가 기억하고 있는 한 그것은 눈으로 볼 수 있는 것은 아니었으나 증명할 수 있는 것으로써 도시 전체에 임한 하늘로부터 내린 놀라운 현상이었다(나는 그와 같은 참된 부흥을 목격하는 축복을 받았다. 발칸반도의 알바니아[Albania]

공화국에서 '장벽'이 무너진 며칠 후, 공산주의 독재정권으로부터 가난한 국민들이 벗어나는 것을 보았고, 저들을 인도하시는 하나님의 일하심을 보았다. 한번 목격해본 자가 그 광경을 결코 잊을 수 없듯이, 한번 경험해본 자가 그 체험을 결코 잊을 수 없을 것이다). 당시 내 마음 속에는 삶에 대한 하나의 새로운 불꽃이 일고 있었다. 목사인 내가 성도들 각 개인의 삶 속에 그리고 도시 전체에 임한 성령 하나님의 역사를 목격할 수 있었기 때문이다.

그 당시에 느꼈던 순간부터 국내 유명 신학교들 중의 한곳인 리폼드신학교를 섬기고 있는 지금까지 내게 계속되는 가장 큰 과제 한 가지가 있다. 그것은 교회란 우리가 오늘날 알고 있는 그 이상의 존재이며 그러한 확신 가운데 지금도 그렇게 설교하고 있다는 것이다. 교회란 무엇인가?

전능하신 하나님에 의해 부름을 받은 자들의 총회이며, 죄와 치욕 그리고 아비규환으로부터 건짐을 받은 자들의 총회이며, 그리고 오늘날 이 세상에서 하나님의 목적을 완수하기 위하여 구속함을 받은 자들의 거룩한 총회이다. 교회는 새 하늘과 새 땅에서 하나님의 영원한 백성이 되도록 하나님으로부터 부르심을 받았다. 오늘날 현재의 삶 속에서 영원한 장래의 처소를 어떻게 실현하느냐는 문제는 바로 교회 자체에 관한 이야기로 이어진다. 바로 이러한 사안이 본서에서 강조하려는 내용이다.

그러므로 본서의 내용은 교회의(of) 정의보다는 교회에 관한 (about) 선포에 더 초점이 맞추어져 있다. 사실상 교회는 주 예수 그리스도의 몸 자체이다. 그분은 자신의 말씀의 권능, 생애, 속죄의 죽음, 부활, 승천 그리고 통치하심 등으로 존재하셨으며, 영광스러운 재림에 대한 기대감 속에서 여전히 살아계신다. 하나님께서 자신의 교회에 남겨 두신 은혜의 수단인 말씀과 성례와 기도를 통하여 그와 같은 사실을 선포하는 일은 곧 교회 안에 내재하는 전도의 힘을 갖는 일이라고 확신한다. 교회의 실존을 선포하는 일은 장소에 구애받지 않는다. 그곳이 설교자의 강단일 수 있고, 교수의 신학교 강의실일 수 있고, 기술자의 부품조립 라인일 수 있고, 이등병의 군대 수송부일 수 있다. 즉 선포는 예수 그리스도의 복음을 통하여 세상과의 관계를 계속적으로 이어가는 것이다.

본서의 서문을 쓰는 내내 나는 본서의 모든 메시지가 독자들에게 축복이 되기를 주 예수 그리스도께 간절히 기도하였다. 이 메시지들은 담임목사 취임 초기에 설교했었고 이후 신학교에서 또 다시 전했었던 내용들이다. 지금은 더 폭넓은 독자층을 위해 그것들을 재구성하고 있으나, 모든 독자 개개인이 영원한 진리의 말씀을 잘 깨달을 수 있도록 성령 하나님께 더욱 간절히 기도하고 있다. 목사, 장로, 집사, 그리고 여러 교회 사역자들이 주중 또는 주말이든지 간에 함께 예배드리는 모든 사람들과 더불어 교회 안에 임재하고 계신 하나님의 영광과 능력을 체험할 수 있기를 진심으로 바란다. 그러한 능력은 삶을 변화시킬 수 있으며, 상처받은 세상을 치유할 수 있다.

따라서 나는 사도 바울이 에베소서를 통해 교회에 권면했던 아래의 말씀을 본서의 초석으로 삼고자 한다. 혼란과 미혹의 세상에서 하나님의 백성들은 자신들 안에서 역사하시는 그리스도의 능력을 충분하게 깨닫지 못하였다. 오늘날 우리가 느끼는 것처럼 저들도 저들을 통하여 일하시는 하나님을 위한 새로운 비전 즉 교회 안에 있는 그리스도의 진리를 위한 비전이 필요하다. 그 비전은 개인적인 변화를 일으키는 것뿐만 아니라, 집단적이며 지구촌적인 변화를 동반해야 한다. 하나님의 은혜를 통하여 초대교회는 그와 같은 축복을 받았다. 동일한 축복이 지금 우리에게 나타나기를 바란다. 주님께 감사의 찬양을 드린다.

> 우리 가운데서 역사하시는 능력대로 우리가 구하거나 생각하는 모든 것에 더 넘치도록 능히 하실 이에게 교회 안에서와 그리스도 예수 안에서 영광이 대대로 영원무궁하기를 원하노라 아멘(엡 3:20-21).

1장

하나님의 임재를 경험하라
(하나님의 영광을 위한 부담감)

(사 64장)

> 사랑하는 여러분, 이것이 부흥입니다! 이것이 바로 하나님의 주권적 행위입니다! 이것은 성령 하나님의 감화입니다! 하나님은 언약을 지키시는 하나님이시며 자신의 언약 이행에 신실하신 분이십니다. 이 사실을 믿는 남녀종들의 간절한 기도에 응답하심을 나는 확신합니다.
>
> —던컨 캠벨(Duncan Campbell)[1]

많은 사람들이 기도에 관하여 다양한 표현으로 말을 합니다. 당신은 진정으로 기도해본 적이 있습니까?

기도 모임이나 참여에 대한 진정한 의미를 알고 계십니까?

죄 용서에 대한 확신을 갖고 있습니까?

우리가 극복해야하는 자기 자신과 이기심으로부터 정말 자유로우십니까?

---

[1] Duncan Campbell의 "Revival in the Hebrides"(1949)이다. 다음의 웹사이트를 참조하라. http://www.christianstogether.net/Articles/94936/Christians_Together_in/Around_the_Region /Western_Isles/Revival_in_the.aspx.

> 하나님의 영광과 교회의 이름을 위한 진정한 부담감을 가지고 있습니까?
> 소외된 사람들에 대한 관심을 가지고 있습니까?
> 자신의 약속 때문에 우리의 기도를 들으시고 우리에게 응답하시는 하나님께 그분의 이름을 위하여 간구하고 계십니까?
> 오 나의 하나님이시여, 저희를 중보자로 삼아주시옵소서.
> —마틴 로이드 존스(David Martyn Lloyd-Jones)[2]

이사야 64장은 천국 광경을 목격한 선지자 이사야를 언급하고 있다. 이사야의 사명은 세상에 매여 사는 이 땅의 사람들에게 말씀을 전하는 것이었다. 그러나 이사야는 하나의 영적 부담감을 가지고 있었다. 이 땅의 이스라엘 백성만을 위한 것은 아니었다. 하나님의 영광을 위한 부담감이 그에게 있었다.

> 원하건대 주는 하늘을 가르고 강림하시고
> 주 앞에서 산들이 진동하기를
> 불이 섶을 사르며 불이 물을 끓임 같게 하사
> 주의 원수들이 주의 이름을 알게 하시며
> 이방 나라들로 주 앞에서 떨게 하옵소서(사 64:1-2).

---

[2] D. Martyn Lloyd-Jones, *Revival* (Wheaton, IL: Good News Publisher/Crossway Books, 1987), 198.

1. 비전을 세우라

새로운 목회자가 부임하게 되면, 교인들은 교회를 위한 목회자의 비전은 과연 무엇일까 매우 궁금히 여긴다. 특히 과거의 비전을 계승할 것인가 아니면 새로운 비전으로 방향을 선회할 것인가에 대해서 말이다.

여기서 우리는 비전(vision)이란 단어가 지나치게 남용되거나 왜곡되고 있는 현상에 주목해야 한다. 현대 문화에서 **비전**이란 간략한 문장으로부터 세련된 문장에 이르는 다양하고 정교한 일종의 선언문으로서 기업이나 단체를 위한 것으로 이해하고 있다. 포춘(Fortune)이 선정한 500대 대형회사로부터 가족단위의 소기업에 이르는 거의 모든 기업체들이 각자의 비전 선언문(vision statement)을 가지고 있다. 비전의 필요성이 그 어느 때보다 강조되고 있다는 반증이다. 그러나 비전 선언문이 기업의 성공을 보장하는 것은 결코 아니다. 미국 기업의 최근 역사를 살펴보면, 엔론(Enron Corporation)은 감탄할만한 비전 선언문을 가지고 있었음에도 불구하고, 결국 미국 역사상 가장 큰 규모의 부도기업체가 되었다.

교회의 비전 선언문은 기업체의 비전 선언문과 분명히 달라야 한다. 교회의 비전 선언문은 그 내용을 비롯한 정체성과 목적에 있어서 아주 분명하게 그리고 철저하게 하나님의 말씀에 근거해야 한다. 하나님의 말씀이 아닌 그 어느 것으로도 대체될 수 없다.

교회는 정교하게 작성된 비전을 가질 수 있다. 그러나 주님의 뜻에서 빗나간다든지 비성경적이라든지 말씀을 수행하는 성령의 능력이 얼마든지 결여될 수 있는 여지가 있다. 교회가 종교적 향기와 거울로 가득 채울 수 있겠으나 결국 영원한 가치가 전혀 없는 기독교적 엔론이 될 수 있다. 즉 바울의 말대로 교회가 "경건의 모양은 있으나 경건의 능력은 부인하니"(딤후 3:5)에 이를 수 있다는 점을 명심해야 한다.

본서의 중요한 목적은 교회를 위하여 곧 하나님의 거룩한 신부를 위하여 비전을 세우는 것이다. 그 비전은 반드시 성경이라는 잣대에 비중을 두어야 한다. 달리 말하면 교회의 비전은 반드시 성경에 근거 해야 한다는 것이다.

마땅히 율법과 증거의 말씀을 따를지니(사 8:20).

우선적으로 세 가지 주의사항을 살펴보자.

첫째, 교회를 위해 새로운 비전을 세울 때 당신이 속한 교회 안에 강력한 양질의 힘이 과거에 존재했었는지 반드시 알아야 한다. 과거 오래전에 꿈꾸었던 비전 그리고 당신이 태어나기 이전에 이미 세워 놓았던 비전 등이 오늘날에도 여전히 유용할 수 있기 때문이다.

둘째, 비전을 조성해 나가는 일은 시간이 걸리는 작업이라는 점을 인지해야 한다. 오래 참고 기다려야 한다. 목회자와 평신도 지도자들은 하나님께서 자신들 안에서 어떠한 일을 하고 있는지 경청하는 일에 사역초기의 많은 시간을 보내야 한다.

셋째, 본서는 단지 목회자와 평신도 지도자들만을 위한 것은 아니다. 그리스도를 믿는 모든 신자 곧 완전하신 그리스도의 거룩한 모든 신부들을 위한 것이다. 그 어느 때보다 교회를 성경적으로 생각해야 할 필요가 있다. 교회가 외부로부터 때로는 우리도 모르는 사이에 내부로부터 시달림을 받고 있기 때문이다.

현재 신학교 총장직을 맡고 있지만 목회 사역을 하였을 당시 나는 목사로서 교인들이 겪고 있는 다양한 도전 과제들에 대하여 그들과 종종 토론을 하였다. 대부분의 토론은 교회의 본질과 관련된 문제들이었다. 세상 안에서 교회의 영광스런 목표들을 구현하기 위해 필요한 교회의 역할이 무엇인지, 참 교회의 분명한 표징이 무엇인지, 또는 성경에서 명시하고 있는 교회의 목적과 교회를 위한 방식이 무엇인지 등에 관한 이해가 부족한 것을 발견하곤 하였다. 교회의 종말론적 비전을 정확히 이해하지 못한 결과라고 생각한다. 즉 우리가 가고자 하는 곳에 우리가 서 있는 것이 아니라, 하나님의 은혜로 그곳에 우리가 서 있어야 하는 것이다.

1) 부담감: 거룩한 불만족

성경 전체를 통독하다보면 하나님의 말씀이 하나의 부담감으로부터 시작되고 있음을 깨닫게 된다. 간략하게 말하면 바로 그 부담감은 창조물에 대한 하나님 자신의 부담감으로부터 시작된다. 인류는 하나님의 명령을 지킬 수 없었고 창조주로부터 멀리 떨어져 나갔다. 이것은 하나님을 비통하게 만들었다. 에베소서 1장에 따르면 하나님은 세상의 기초를 놓기 이전에 이러한 사실을 보았으며 그 문제를 치유할 수 있는 조치를 취하셨다. 결국 성경의 나머지 모든 부분은 은혜 언약을 실행하시는 하나님에 대하여 기록하고 있다. 곧 자신을 위해 아무것도 할 수 없었던 인류를 위해 은혜로이 일하시는 하나님에 대한 기록이 바로 성경이다. 율법의 모든 요구를 충족시키기 위하여, 그리고 인류 죄에 대한 속죄로서 자기 자신에게 죄의 분노를 쏟아 붓기 위하여 일하시는 하나님에 관한 기록인 셈이다. 하나님은 자신의 창조세계에 대한 부담감을 가지고 있었다.

이처럼 성경의 비전은 부담감으로부터 시작한다. 따라서 교회 비전의 윤곽은 틀림없이 부담감으로부터 시작해야 한다. 신자들이 그 부담감을 깨닫게 될 때, 자신들에게 비통과 고통을 가져다 준 것들과 육체적 욕망을 조성해 준 것들에 대하여 마음을 쓰게 되고 열정을 품게 된다. 그때 비로소 비전이 표면적으로 드러나게 되는 것이다. 성경적 비전이란 부담감을 걷어내려는 신앙적 해결방법이다.

이사야 64장으로 돌아가 보자. 이사야는 당대에 하나님의 영광을 위한 부담감을 갖고 살았던 인물이다. 이 선지자의 간곡한 외침 '원하건대'(Oh, that)를 묵상할 때에 그에게 부담감이 배어 있었다는 사실을 쉽사리 납득할 수 있다. 욥은 성경에 등장하는 어느 인물보다 더 많이 '원하건대'라는 용어를 사용하였다. 자신의 내면 깊은 곳에서 흘러나오는 이런 울부짖음이 그에게 있었다.

> 나의 말이 곧 기록되었으면, 책에 씌어졌으면(욥 19:23).
> Oh, that my words were recorded! Oh, that they were written on a scroll!(한글성경에는 'Oh, that'에 대한 직역이 생략되어 있다—역주)

악인들의 범죄에 격분한 다윗도 동일한 문구를 사용하였다.

> 여호와의 인자하심과 인생에게 행하신 기적으로 말미암아 그를 찬송할지로다(Oh, that…, 시 107:21).

이사야 역시 마찬가지였다.

> 원하건대 주는 하늘을 가르고 강림하시고(Oh, that You would…, 사 64:1).

'원하건대' 용어는 스스로 존재하시는 하나님을 창조물과 비교하려는 인위적 방식에 맞서는 거룩한 불만족(holy dissatisfaction)을 대변한다. 선지자 이사야는 하나님을 목도하였으며, 그분의 영광을 경험하였고, 그분의 구원을 깨달았다. 그는 이스라엘 백성이 하나님을 깨닫게 되기를 갈망하였으나 그렇지 못한 결과에 매우 불만족하였다.

불만족한 그리스도인들에 대한 기록이 성경 곳곳에 있다. 분명 만족함을 즐기는 그리스도인들이 있다. 하지만 자신들의 환경에 대한 만족인지 아니면 하나님의 영광에 대한 만족인지를 점검하여야 한다.

모세는 부담감을 지닌 인물이었다. 자기 동족 히브리인들에 대한 부담감을 처음 느꼈을 때, 자신의 손으로 문제를 해결하려 했었다. 결과적으로 그는 미디안 광야로 도망쳤고 그곳에서 40년간 양치기 노릇을 해야 했다. 타오르는 떨기나무 가운데 현현하신 하나님을 경험한 이후에 비로소 그는 지팡이를 들고 바로의 궁정에 당당히 들어갈 수 있었다. 드디어 하나님의 영광에 대한 부담감을 가진 사람이 되었다는 뜻이다.

바울은 은혜를 통해 하나님의 영광을 깨달은 이후 평범한 신앙으로는 결코 만족할 수 없었다. 모든 것을 포기하였다. 자신이 갖고 있는 모든 것을 배설물로 여겼고, 위험에 처하기도 하였으며, 때로는 세상적인 권력과 당당히 맞서기도 하였다.

무엇을 위해서 그리하였는가?

그는 그리스도와 그의 부활의 능력을 깨달았다. 그는 거룩한 부담감을 지닌 인물이 되었다. 곧 하나님의 영광에 대한 부담감이었다. 그리스도를 만나는 경험을 하였다. 그 이후 그는 모든 민족의 무릎이 그리스도 예수 앞에 무릎을 꿇어야 하며, 모든 민족의 입술이 그리스도를 구주로 고백해야 한다는 부담감을 깨달았다. 그렇지 않는 한 세상의 모든 것은 아무런 가치가 없는 것이었다.

따라서 모든 비전은 부담감 즉 거룩한 불만족에서 시작된다. '원하건대'는 성도 각 개인과 교회의 울부짖음이어야 한다. 하나님의 영광을 인식하고, 자애하신 그리스도 안에서 인생의 참된 즐거움을 깨달아야 한다. 그리고 하나님을 영화롭게 경배하며 그 안에서 즐거워하지 않고서는 결코 만족스러워하지 않겠다는 울부짖음이 성도와 교회에 있어야 한다.

현대교회는 신앙적 부담감을 반드시 가져야 한다. 이사야와 동일한 심정으로 다음과 같이 고백해야 한다.

> 오! 하나님이시여 저희 삶의 공동체 안에 강림하옵소서. 그리스도가 필요한 사람이 있나이다. 열방 가운데 임하시되 무슬림들과 아프리카인들과 로스엔젤레스에 거주하는 히스패닉 사람들 가운데 임하옵소서. 그리고 하나님께 영광 돌리는 삶과 무관하게 살면서도 의기양양하고 편안하게 그리고 있는체 하는 그리스도인들 가운데 강림하옵소서.

교회는 부담감을 느껴야한다. 하나님의 영광에 대한 부담감 말이다. 이사야가 기록한 '원하건대'는 자신의 거룩한 불만족을 보여주는 반면에 더 깊은 또 다른 의미가 그 연계 성경구절에 담겨져 있다.

2) 위안: 참된 부흥

살아계신 하나님을 체험한 사람은 부흥 가운데 임하시는 하나님의 영광에 대한 부담감을 가진다. 이사야는 "원하건대 주는 하늘을 가르고 강림하시고"(사 64:1a)라고 하였다. 이사야는 현 상황에 만족하지 않았다. 그는 부담감을 지니고 있었다. 그의 간구의 핵심은 참된 부흥에 대한 부담감이었다.

"원하건대 주여 강림하소서!"라고 기록한 이사야의 의도는 무엇일까?

유능한 설교자가 초대된 춘계 부흥집회와 같은 행사에 관심을 가지고 있었다고 생각하는가?

이사야의 의도는 전혀 그런 것이 아니었다. 이사야는 방만한 종교성에 대한 부담감을 가지고 있었다. 그가 원한 것은 종교적 행사가 아니라, 하나님이었다. 이 성구 속에서 우리는 산이 진동하고, 불이 숲을 불사르고 물을 끓게 하는 현상을 볼 수 있다. 이것은 하나님의 사람이 갈망할 수 있는 것으로써 지상에 임하는 참된 신적 강림의 분화현상과 같은 것이다.

이런 것이 바로 당신이 간구해야 할 내용이다. 즉 이 시대에 부흥이 임하도록 기도해야 한다. 오늘날 세계 역사 속에서 경배와 영광을 받으셔야 하는 하나님의 참된 활동하를 위해 기도해야 한다.

폴 존슨(Paul Johnson)은 자신의 저서 『미국인의 역사』(History of the American People)를 통하여 미국 역사는 부흥의 역사라는 점을 강력히 피력하였다. 지금은 부흥의 필요성이 절실히 요구되는 시대이다. 수적 성장을 위해 유행과 같은 각종 프로그램에 매달리는 현 시대의 수많은 복음주의 교회들을 볼 때, "원하건대 주여 강림하소서!"라는 부르짖음이 반드시 재현되어야 한다. 이 땅에 참된 부흥이 필요하다. 우리의 본성적 능력을 능가하는 부흥, 하나님의 임재하심을 모든 사람들이 깨닫도록 만드는 부흥, 그러한 하나님의 역사하심이 절대적으로 필요하다. 현대교회는 이 시대를 향한 참된 부흥에 대한 부담감을 진실로 가져야할 것이다.

3) 결과: 개혁

부흥 그 이상의 간절함이 이사야에게 있었음을 주목해야 한다. 부흥에 초점을 둔 자신의 부담감을 그는 이렇게 드러냈다.

> 주의 원수들이 주의 이름을 알게 하시며 이방 나라들로 주 앞에서 떨게 하옵소서!(사 64:2)

이사야는 부흥과 더불어 개혁에 대한 부담감을 지니고 있었다. 살아계신 하나님을 체험한 사람은 개혁에 대한 부담감을 가져야 한다.
성경적 관점에서 개혁이란 인간 영혼의 변화가 곧 사회 변혁의 결과로 이어진다는 것을 의미한다. 개혁을 성취하시는 분이 하나님이

시기 때문이다. 이것은 하나님의 영광과 거룩함을 깨닫는 하나님의 사람들에게 또 다른 부담감이다. 선지자 이사야의 말처럼, 하나님의 자녀들은 거룩하신 하나님의 면전에서 끊임없이 범죄를 자행하는 세상 사람들로부터 모욕을 당하고 있다. 하지만 모욕에 맞서서 극복해야 한다. 때로는 옛 선지자들처럼 하나님의 사람들은 하나님을 온전하게 경외하거나 존중하지 않는 저들의 행위에 대해 분개할 수 있어야 한다. 나아가 하나님의 사람들은 하나님의 영광과 부흥과 개혁에 대한 부담감을 가져야 한다.

어린 시절 당신은 동네 불량아와 마주친 경험이 있었을 것이다. 샌디(Sandy)는 바로 그런 동네 불량아였다. 약자를 괴롭히거나 욕설을 난폭하게 퍼붓는 악동이었다. 같은 또래들 중에서 그와 같은 아이를 찾아 볼 수 없었다. 그러던 중에 놀랍게도 아이들이 샌디를 위해 기도하기 시작하였다. 드디어 어느 날 한 아이가 그를 교회에 초대하였다. 때마침 교회에 새로운 목사가 부임하였기 때문이다. 샌디를 교회로 초대할 수 있는 좋은 계기가 되었던 셈이다. 시간이 흘러 샌디는 믿음을 갖게 되었으며 놀랍도록 철저히 변하였다. 결국 그는 자신의 전 가족을 그리스도께 인도하였고, 목회 소명을 받아 오늘날 유명한 침례교 목사가 되었다. 요점은 개혁이 샌디 자신의 마음을 변화시킨 것뿐만 아니라 자신의 가정과 자신의 주변에 변화를 가져다주었다는 것이다.

오늘의 현실 속에서 당신은 하나님의 영광에 대한 부담감을 반드시 가져야 한다. 현시대의 수많은 방송매체와 SNS를 통해 만연하게 노출된 음란물에 대하여 분개할 수 있어야 한다. 법적 보호망 속에서 당연하게 자행되는 낙태 행위에 대하여 당신은 참으로 애통하고 있는가?

회개하지 않는 죄인들을 교회 강단에 버젓이 세우는 상황에 대하여 당신을 울분을 느끼고 있는가?

모든 것을 성적으로 미화하거나 포장하는 현시대, 그리고 우리의 천진난만한 자녀들이 노상에서 종종 성폭행당하는 현실에 대하여 당신은 진정으로 격분하고 있는가?

그렇다면 당신은 하나님의 영광이 이 땅에 반드시 임해야 한다는 거룩한 부담감을 분명히 가져야 한다.

교회는 이 세대 가운데 발생하는 추잡한 죄악과 그로 인해 동반되는 결박과 고통과 파멸에 대한 부담감을 반드시 느껴야 한다. 교회는 이 땅의 개혁을 간절히 갈망해야 한다. 하나님이 이 땅에 임하셔서 인간의 심령 속에 중대한 일을 하시도록 기도해야 한다. 가정과 사회 구성체 속에 살고 있는 인간의 마음을 하나님께서 초자연적으로 새롭게 하시도록 간구해야 한다.

4) 방식: 구원

그렇다면 어떻게 하여야 구원을 얻을 수 있는 것인가?
구원의 방도는 무엇인가?
이것이 이사야 64:5에 나타난 선지자의 질문이었다.
우리가 어찌 구원을 얻을 수 있으리이까?(사 64:5)
이 질문에 대한 해답은 바로 이사야 64:8이다.

> 그러나 여호와여, 이제 주는 우리 아버지시니이다 하나님이시여, 원하건대 강림하옵소서!(사 64:8)

이 기도를 통해 두 가지의 해답을 찾을 수 있다.

(1) 성부 하나님의 부성애

"하나님이시여, 원하건대 강림하옵소서!"

이러한 고백이 바로 우리의 소망이다. 우리에게 자신을 계시해 주시는 하나님의 본래적 성품을 바라보아야 한다. 하나님은 우리의 아버지이시다. 그분의 부성애는 우리의 기도에 응답하시는 하나님이라는 사실을 분명하게 시사한다. 성부 하나님은 목회자가 원하는 그 이상으로 자신의 자녀들이 구원과 치유 받기를 그리고 세상이 변화되기를 간절히 원하고 계신다.

> 우리가 아직 죄인 되었을 때에 그리스도께서 우리를 위하여 죽으심으로(롬 5:8).

> 곧 하나님께서 그리스도 안에 계시사 세상을 자기와 화목하게 하시며 그들의 죄를 그들에게 돌리지 아니하시고 (고후 5:19).

> 하나님이 세상을 이처럼 사랑하사 독생자를 주셨으니 (요 3:16).

구 프린스턴신학교 교수 벤자민 워필드(Benjamin B. Warfield)는 요한복음 3:16의 강조점이 세상의 악함과 대조를 이루는 하나님의 사랑에 관한 것이라고 가르쳤다. 하나님은 '세상을 이처럼 사랑'하신다. 하나님의 사랑은 인간의 죄악보다 훨씬 더 크고 위대하다. 그분의 은혜와 자비는 연약한 인간의 반역과 비교될 수 없는 크고 놀라운 것이다.

목사가 부흥과 변화를 위해 하나님의 영광에 대한 부담감을 가질 때, 그가 원하는 것이 바로 하나님이 원하시는 것이 된다. 그러한 기도는 반드시 응답될 것이다. 하나님의 본질적 성품이신 부성애는 그가 강림하실 것이라는 확신을 우리에게 주기 때문이다.

예수님은 자신의 가르침을 통하여 그와 같은 진리를 우리에게 분명히 보여 주셨다.

> 아버지께서 내게 주시는 자는 다 내게로 올 것이요 내게 오는 자는 내가 결코 내쫓지 아니하리라(요 6:37).

(2) 성자 예수님의 사역

또 다른 해답을 이사야 64:9 통해 볼 수 있다.

> 죄악을 영원히 기억하지 마시옵소서(사 64:9).

하나님은 죄악을 결코 기억하지 않으셨다. 세상의 기초를 놓으시기 전에 인간의 죄에 대하여 은혜언약을 세우시기로 그는 이미 스스로 맹세하셨다. 때문에 갈보리 십자가 위에서 우주 역사의 중심 되는 사건이 일어났었던 것이다.

이에 대하여 바울은 다음과 같이 기록하였다.

> 하나님이 죄를 알지도 못하신 이를 우리를 대신하여 죄로 삼으신 것은 우리로 하여금 그 안에서 하나님의 의가 되게 하려 하심이라(고후 5:21).

당신의 영적 짐과 부담감이 갈보리 십자가 위에 들리어졌다. 그 위에 당신의 희망과 응답과 삶의 비전과 교회와 그리고 가정을 내려놓아야 한다. 그리스도 예수 안에 있는 하나님의 사랑이 당신의 일상을 윤택하게 해주실 것이다. 하나님은 반드시 이루어 주실 것이다. 이 시대의 당신은 기도와 복음전파 그리고 증인의 사역을 시작해야 한다. 당신이 갈망하는 총체적 구원을 당신의 생애 내에 목격하지 못한다 할지라도 하나님의 나라는 반드시 이루어질 것이다. 그 나라로 자신의 모든 백성을 이끌어 들일 것이다. 이러한 사실은 교회 안에서 이루어지는 당신의 모든 사역에 분명한 확신을 가져다준다. 믿는 자는 승리자이신 그리스도와 함께 서 있기 때문이다.

2. 나오는 말

이사야 64장은 참으로 놀라운 가르침을 주고 있다. 현재 상황에 만족하지 않는 즉 거룩한 불만족을 고백하여 영광 받으셔야 할 하나님을 사모함으로서 비전은 세워지고 발전되어 간다는 점이다. 부흥과 변화를 반드시 갈망해야 한다. 그리고 그 갈망에 대한 응답이 십자가 아래에 놓여 있음을 인지해야 한다.

다음의 이야기는 좋은 예가 될 것이다. 어느 날 목사가 하나님을 사모하는 영적 갈망에 관하여 설교하였다. 예배 후에 장로가 그 목사에게 다가와 말하였다.

"저는 교회를 열심히 다니고 기도도 열심히 합니다. 선한 그리스도인으로서 해야 할 모든 일들을 하고 있습니다. 그러나 목사님이 하나님을 갈망하라는 말씀을 하실 때, 매우 당황하였습니다. 하나님의 임재를 애타게 구하라 말씀하실 때, 목사님이 무엇을 말씀하시는지 도저히 이해가 되지 않았습니다. 저는 교리문답서를 잘 알고 있으나, 그리스도를 향한 그와 같은 열망이라든지 그를 향한 사랑에 관해서는 잘 모릅니다. 제가 무엇을 놓치고 있는 것인지 말씀해 주십시오?"

그가 놓치고 있는 것이 있다면 그것은 바로 하나님의 영광, 자신의 죄성, 그리고 갈보리 십자가 위에 달리신 예수 그리스도 안에서 주어진 하나님의 사랑과 은혜 등에 대한 참된 깨달음이 없다는 것이다. 점차적으로 그 장로는 하나님의 사랑과 은혜에 대하여 깨닫게 되었다. 하나님을 안다는 것은 그분을 사랑하고 사모한다는 것이다. 하나님을 사모한다는 것은 그분을 갈망한다는 것이다. 나아가 우리가 살고 이 시대 속에서 만군의 주이시며 왕 중의 왕이신 그분의 참된 영광에 대한 부담감을 가진다는 것이다.

이사야가 하나님의 영광에 대한 부담감을 가졌던 이유는 자신의 생애 속에서 하나님의 영광을 경험하였기 때문이다. 반대로 만일 교회가 하나님의 은혜를 깨닫지 못한다든지, 교회 지도자가 기도 중에 하나님의 영광을 체험하지 못한다든지, 또는 가족 구성원들이 가정

예배와 기도를 통해 하나님의 은혜와 평강을 느끼지 못할 경우, 그것은 그 구성체 안에 어떠한 영적 부담감도 있지 않다는 것을 반증하는 것이다.

교회에 비전을 제시하기 전에 당신은 자신의 죄와 연약함 그리고 하나님의 거룩하심을 반드시 이해해야 한다. 또한 당신의 죄악을 위해 자신의 친아들을 죽음 가운데로 보내신 하나님의 사랑을 틀림없이 깨달아야 한다. 이와 같은 방식에 따라 하나님을 알고, 파괴와 죄악 그리고 추잡한 세상 즉 전 지구촌과 민족 그리고 도시 심지어 당신의 가정에 이르기까지 널리 퍼져있는 세상을 바라 볼 때, 비로소 "원하건대 주는 하늘을 가르고 강림하시고"라고 외친 이사야의 울부짖음에 대한 부담감을 느끼게 될 것이다.

3. 묵상을 위한 질문

1) 공식적인 비전선언문이 없을지라도 당신 교회의 비전에 대하여 한번 생각해보라.
지도자들과 회중들은 교회로부터 무엇을 기대하고 있는가?
저들의 기대감이 과연 하나님의 말씀에 근거하고 있는가?
저들의 기대감이 적절한 것인가?
교회는 회중들이 비전으로 하나 되기 위하여 어떻게 노력하고 있는가?

2) 전임 사역자들의 비전이 교회의 결정에 영향을 미치고 있는가?
그럴 경우, 그 비전을 평가해보라.
과거의 비전이 현재 교회의 참된 사명을 가로막고 있지는 않는가?
교회에 관심을 갖도록 그리고 연합하도록 도움을 주고 있는가?
후임 사역자들이 자신들의 비전과 전임 사역자들의 비전에 대하여 회중들과 어떠한 방식으로 설명하고 이해를 구하고 있는가?

3) 비전과 부흥을 위해 당신은 어떻게 기도할 수 있는지에 대하여 고민해보라.
당신의 교회가 바르게 세워야 할 부담감이란 무엇인가?
회중의 관심과 열정은 무엇인가?

4) 교회의 비전선언문에 관한 개요를 작성하거나 최근의 비전선언문을 한번 수정해보라.
개인적 차원에서 당신은 그 비전선언문에 어떻게 기여할 수 있겠는가?

5) 당신의 마음을 진단하라. 어떠한 동기로 당신은 교회 부흥을 간절히 갈망하는가?
필시 복음이 당신의 삶에 변화를 가져다주고 있음을 느끼는가?

2장

성경의 가치를 소중하게 여기라
(하나님 말씀에 대한 열정)

(계 2:1-4; 딤후 3장)

> 하나님의 말씀을 우리의 빛으로 삼지 않는다면 하나님은 우리에게 빛을 비춰주지 않습니다.
>
> —존 칼빈(John Calvin)[1]

에베소 교회는 자신의 첫사랑을 버렸다(계 2:1-4). 해석자들은 이 말의 의미를 다양하게 해석하고 있지만, 매우 분명한 것은 바울이 설립했고 이어서 디모데가 목회했던 에베소 교회가 자신이 사랑했던 처음 것들을 그저 버렸다는 점이다.

여기에서 말하는 '처음 것들'은 성경을 통해 분명하게 깨달을 수 있는 것들이다. 회중들을 신실하게 목양하는 당신을 바르게 도와 줄 수 있는 것들이다. 당신이 교회의 비전을 세우기 시작할 때, 반드시 명심해야 할 세 가지 중요한 원칙이 있다. 하나님의 말씀에 대한 열

---

[1] John Calvin, *Commentaries* (Raleigh, NC: Hayes Barton Press, 1958), 74.

정을 가슴에 품고 이제 그 첫 번째 원칙을 본장에서 살펴보자.

1. 체내유도시스템

올바른 안내시스템이 없으면 길을 잃을 수 있다. 대서양을 가로질러온 돌고래 한 마리가 놀랍게도 뉴욕 주의 운하 안쪽 깊이 들어왔다는 뉴스가 전국적으로 화제가 된 적이 있었다. 드넓고 넓은 바다 환경을 벗어나 운하 가운데 들어와 갇혔던 그 돌고래는 결국 죽은 채 해안가로 떠밀려 왔다. 이 가련한 돌고래의 남은 잔해를 조사하고 왜 해안가로 밀려 왔는지 그 원인을 밝혀내기 위하여 해양 생물학자와 과학자들로 구성된 조사팀을 소집하였다.

검시결과 놀라운 사실을 발견하였다. 어떤 기생충 한 마리가 돌고래의 체내유도시스템(Internal Guidance System)을 지원하는 뇌의 일부에 달라붙어 있었던 것이다. 그 기생충 때문에 돌고래는 체내적인 혼란을 겪으며 길을 잃게 되었고 결국 죽게 된 것이었다.

한때 하나님의 은혜에 깊이 잠겨 있었지만 어느 땐가부터 가야할 길을 잃어버린 그런 교회를 본적이 있는가?

무슨 일이 있었던 것인가?

굳이 정밀 검사까지 필요하지 않을 것 같다. 일종의 기생충들이 그 교회의 체내유도시스템에 틀림없이 붙어 있었을 것 같기 때문이다. 기생충들은 가야 할 방향을 제시하지 못한다. 오히려 혼란을 가져다 줄 뿐이다. 그러한 교회는 더 이상 가망이 없으며, 끝내 죽음을 맞이하게 될 것이다.

목사들은 종종 다른 그리스도인들의 삶을 예화로 사용할 때가 있다. 예화들 중에 한때 바다같이 넓은 하나님의 은총 속에 행복한 시간을 누리며 하나님의 자녀로서 환희와 꿈으로 살았던 사람들이 어느 순간 갑자기 자취를 감추는 경우에 관한 이야기도 있다. 의도적이든지 아니든지 간에, 본인들도 모르는 사이에 결코 원하지 않는 낯선 곳으로 빠져 드는 결과를 갖게 된 것이다. 어쩌면 원인조차 본인 스스로 인지하지 못하는 경우도 있을 것이다. 결과적으로 그들은 혼란의 와중에 길을 잃게 되고, 자신들이 생각했던 것보다 훨씬 더 멀리 떨어진 해안가로 떠밀려가 생사의 고비를 맞게 될 것이다.

그와 같은 지경에 이른 사람을 당신이 혹시 알고 있을지 모른다. 물론 교회도 마찬가지이다. 만일 체내유도시스템에 관하여 언급하지 않는다면, 현대교회의 비전에 관하여 토의하는 것은 큰 의미가 없다. 교회의 신성한 비전은 신앙적 가르침을 통하여 반드시 제시되어야 한다. 예수님은 그 가르침을 '당신의 첫사랑'이라고 불렀다. 이것이 목회 사역의 최우선 과제이며 핵심적 가치라고 본다. 이러한 가르침을 근간으로 당신의 목회 사역과 신앙생활을 이끌어 가지 않는다면, 가장 위대한 비전은 당신에게 도리어 가장 끔찍한 악몽이 될 수 있다.

바울이 에베소 교회를 설립하였고 디모데가 그 교회를 목양하였다. 에베소 교회가 이러한 뛰어난 신앙적 유산을 가지고 있었음에도 불구하고, 에베소 교회는 자신의 첫사랑을 버렸으며 결국에는 해안가로 떠밀려 생사의 중대 고비를 맞게 되었던 것이다.

에베소 교회는 무엇을 버렸을까?

어떻게 이탈하게 되었을까?

교회의 첫사랑은 과연 무엇이었을까?

무슨 문제가 직접적으로 연루되었는지 모르겠으나, 하나님의 말씀에 대한 저들의 사랑 즉 열정에 대한 문제가 포함되어 있었다는 사실을 간과하지 않을 수 없다.

하나님의 능력이 그리스도인들과 교회의 건강한 성장을 위하여 반드시 필요하다는 것을 당신은 잘 알 것이다. 새로운 목회 사역을 시작할 때, 신적유도시스템의 중요성과 필요성에 대해서도 잘 알 것이다. 그렇다면 하나님의 뜻에 맞는 천상의 나침반과 작동시스템 그리고 생명선을 찾아야 한다. 목회 사역이라는 넓은 대양에 배를 띄울 때 그리고 목회비전을 세울 때, 당신은 하나님의 말씀에 대한 열정을 분명하고 확실하게 품어야 한다.

그러나 하나님의 말씀에 대한 열정을 품는다는 것은 성경 말씀을 믿고 깨닫는 것 그 이상이 되어야 한다는 사실을 주의해야 한다. 다시 말하면, 하나님의 말씀에 근거한 비전을 품어야 한다는 것이다. 당신과 교인들이 성경 말씀에서 벗어난 비전을 세우거나 마음을 새로이 가지려 한다면 결국 길을 잃게 될 것이라는 점을 인식해야 한다. 다윗은 경우를 보라. 그는 하나님의 말씀을 준행할 때 얻는 기쁨에 관하여 뿐만 아니라 반대로 그것을 무시할 때 겪는 애통에 관해서도 너무나 체험적으로 잘 알고 있었다. 따라서 그의 시편 고백이 매우 결단력 있어 보일 수밖에 없었다.

> 내가 전심으로 주를 찾았사오니 주의 계명에서 떠나지 말게 하소서!(시 119:10)

이어서 디모데후서 3장의 가르침을 살펴보자.

이 본문은 말씀에 대한 사랑과 열정을 당신이 반드시 품어야 한다는 사실을 다시금 일깨워준다. 거기에는 두 가지 중요한 이유가 있다.

1) 하나님의 말씀은 당신을 표류하게 만드는 위험요소들을 가르쳐준다(딤후 3:1-9)

도로의 교통 표지판을 거꾸로 세워놓는 위험스런 장난을 치는 청소년들이 종종 있다. 그럴 경우 초행자들은 틀림없이 길을 잃고 말 것이다. 이와 똑같은 현상이 에베소 교회에서 발생하였다. 하나님으로부터 사람들을 멀어지게 만드는 그리고 디모데의 목회 사역을 곤란하게 만드는 위협요소들이 분명히 있었다. 바울은 그러한 위협요소들에 대하여 디모데후서 3:1에서 경고하였다.

너는 이것을 알라 말세에 고통하는 때가 이르리라(딤후 3:1).

바울이 사용한 '말세'의 의미는 미래적인 '어느 시기'를 말하는 것이 아니다. 오히려 바울이 의미하는 '말세'란 디모데가 현실적으로 겪고 있는 시기를 뜻하고 있다. 바울의 서신서들은 예수 그리스도의 부활과 승천을 말하고 있을 뿐만 아니라 마지막 날이 이미 시작되었음을 보여주고 있다. 말세는 이미 시작된 현세적인 것이다. 그리스도인들에 의해서 하나님 나라가 확장되는 것뿐만 아니라 악의 세력을 통해서도 하나님의 나라는 확장되고 성취되어 가는 것이다. 이러한 현실 속에 당신을 표류하게 만드는 위험요소들이 분명히 존재하고 있다.

(1) 도덕적 타락의 위협(딤후 3:1-4)

이 구절에 나오는 도덕적 타락의 목록은 가정과 이웃과 국가 그리고 하나님을 무시하고 그저 세속적인 삶에 묻혀 살아가는 사람들의 행위를 집약해주고 있다. 이것은 우리가 살고 있는 현 시대의 사악한 진풍경이다. 성경은 악한 세력의 맹공으로부터 우리를 바르게 지켜주는 능력의 원천이다.

주님의 사역을 잘 감당하기 원하는가?

그렇다면 도처에서 당신을 유혹하는 도덕적 위험요소들을 반드시 피해 나가야 한다. 이 나라가 도덕성 부재 속에서 허우적거리고 있다. 선한 것이 악으로, 악한 것이 선으로 둔갑하는 세상이다.

이와 같은 환경 속에서 당신은 하나님의 비전을 어떻게 세우고 따를 것인가?

하나님의 말씀에 집중하는 것이 유일한 돌파구이다.

(2) 종교적 부패의 위협(딤후 3:5)

다음으로 바울은 모양은 있으나 그 능력을 잃어버린 경건성에 대하여 말하고 있다. 그 당시처럼, 현대교회 안에도 십자가 없는 그리스도, 부활이 없는 구원자, 권능이 없는 하나님, 그리고 더욱 심각한 것은 권위가 없는 성경을 추구하는 사고방식이 존재한다는 것이다.

미국인들은 숫자로 성공을 측정한다. 목사들이 숫자로 특히 교회 성도수로 자신들의 목회 성공 여부와 자신들의 사역 가치를 측정하는 잘못을 종종 범하고 있다. 대형교회들이 점점 증가하면서 소형교회들을 괄시하는 비교현상이 늘고 있다.

빠르게 성장하는 어느 교회의 목사가 한번은 교회 성장의 비결을 털어 놓으면서 자신은 더 이상 성경의 무오성에 대한 믿음에 집착하지 않는다고 하였다. 경건의 모양을 지닌 교회일지 모르겠으나 틀림없이 그 교회는 경건의 능력을 상실하였다. 성경의 초자연성을 믿지 않는다면, 영혼을 구원하고 생명을 회복시키고 가정을 세우는 그러한 능력을 가질 수 없을 뿐만 아니라 하나님께 순종하며 살아가도록 사람들을 준비시켜주는 힘을 갖지 못할 것이다. 초자연적 사역은 반드시 초자연적인 하나님의 말씀을 필요로 한다. 외형이 아니라 하나님의 말씀으로부터 흘러나오는 초자연적 능력을 의지하는 비전을 확실하게 붙잡아야 한다.

(3) 세속적 기독교의 위협(딤후 3:6)

> 그들 중에 남의 집에 가만히 들어가 어리석은 여자를 유인하는 자들이 있으니 그 여자는 죄를 중히 지고 여러 가지 욕심에 끌린바 되어(딤후 3:6).

이 구절은 육욕적이며 이교적인 종교 관행을 묘사하고 있다. 또한 이 구절은 종교적 경건성이 결핍된 반면에 악한 탐욕에 오염된 현 시대의 그리스도인을 지적하고 있다. 그리스도의 의로부터 멀어져 방황하는 것은 사역을 멈추게 하고 믿음의 증거를 파괴하고 복음의 능력을 중단시킨다. 따라서 반드시 주의해야 한다. 악한 이 세대를 향한 성경의 경고에 주의를 기울여야 한다.

(4) 거짓 지성주의의 위협(딤후 3:7)

> 항상 배우나 끝내 진리의 지식에 이를 수 없느니라
> (딤후 3:7).

바울은 이 구절에서 하나님 말씀에 관한 지혜와 무관하게 축적된 지식은 위험하다고 말한다. 삶의 복잡한 문제를 도와주는 상담자들이나 그러한 책을 펴내는 지성인들을 우리 주변에서 흔히 볼 수 있다. 하지만 놀랍게도 본인들조차 미숙하고 이기적인 판단으로 말미암아 자신들의 가정을 제대로 지키지 못하여 해체되는 경우를 종종 목격한다.

그리스도가 없는 학문은 행복한 결혼을 보장해 줄 수 없다. 뿐만 아니라 자녀들을 올바르게 양육해주거나, 풍요로운 삶을 제공해주거나, 영생을 유업으로 줄 수 없다. 바울의 말처럼 이와 같은 지성적 거짓주의가 우리의 문화와 사회에 팽배해 있다.

(5) 사탄적 행위의 위협(딤후 3:8)

끝으로 8절을 통해 바울은 바로의 궁정에서 모세와 하나님의 말씀을 대적하였던 술사 얀네와 얌브레를 말세의 악한 일꾼으로 비교하고 있다. 하나님의 말씀으로부터 빗나간 영성에 대하여 관심을 갖는 현대인들이 점점 더 늘어나고 있다. 인근의 서점에 찾아가 보라. 그리스도 예수에 대한 신앙이 아니라 그저 신에 이르는 종교성과 도에 관한 서적들로 가득히 채워져 있다. 이것은 일종의 종교적 사기이며 길을 잃게 만드는 원인이 된다.

현대 문화와 사회는 예수는 길이요 진리요 생명이라는 신앙적 고백을 제쳐두고, 오히려 어떠한 형태의 영성이든 간에 기꺼이 수용하려는 현상을 뚜렷하게 가지고 있다. 이러한 신앙적 오류를 조심해야 한다. 하나님은 예수 그리스도의 생애와 죽음과 부활을 믿는 신앙의 길과 회개하는 길을 정해 놓으셨다. 이 길을 통하지 않고는 그분에게 나아갈 수 있는 방법이 없다는 사실을 분명하게 깨달아야 한다.

여행을 떠나기 전 우리는 먼저 도로 지도를 살펴 볼 것이다. 지도 위에 끊겨진 다리나 공사 중인 도로 그리고 러시아워의 교통 상황 등을 표기할 것이다. 이러한 준비는 정시에 목적지에 정확하게 도달하도록 도움을 준다.

성경은 바로 당신을 위해 이러한 일을 해준다. 당신이 하나님의 말씀을 전적으로 신뢰하지 않는다면 내일을 향해 나아갈 수 없다. 왜냐하면 성경은 곁길로 빠지게 만드는 위험물과 장애물에 대하여 정확하게 알려 주기 때문이다.

당신의 목적지는 어디인가?

본향에 안전하게 도달해야 한다. 그곳에서 구원자의 품 가운데 편히 거하는 것이지 결코 사막에서 홀로 방황하는 것이 아니다.

디모데후서 3:1-9을 통해 사도 바울은 디모데에게 길을 잃게 만드는 위험요소들을 알려주는 반면에, 연이은 3:10-17을 통해 바울은 본향에 이르게 해주는 진리에 관해서도 말해주고 있다. 다음의 내용은 당신이 하나님의 말씀을 열정적으로 품어야 하는 이유를 분명하게 설명한다.

2) 오직 성경만이 본향에 이르게 해주는 도움을 당신에게 준다(딤후 3:10-17)

(1) 성경은 참된 삶의 모범을 제시함으로써 당신이 바른 길을 찾아가도록 도와준다(딤후 3:10-11)

> 나의 교훈과 행실과 의향과 믿음과 오래 참음과 사랑과 인내와 박해를 받음과 고난과 또한 안디옥과 이고니온과 루스드라에서 당한 일과 어떠한 박해를 받은 것을 네가 과연 보고 알았거니와 주께서 이 모든 것 가운데서 나를 건지셨느니라 (딤후 3:10-11).

여기서 바울이 말하는 바는 디모데가 바울 자신의 삶을 목격하는 가운데 그 자신도 어떻게 살아야 할지를 배웠을 거라는 것이다. 이와 같이 성경에 나오는 수많은 사람들, 예를 들어, 바울, 다윗, 베드로, 아브라함, 모세, 요나, 사라, 에스더, 한나 등과 같은 인물들의 생애를 공부하는 가운데 당신도 역시 참된 삶의 방식을 배우게 될 것이다. 말씀을 통해 하나님은 인간의 육신에 거하는 자신의 진리를 우리에게 보여 주신다.

따라서 우리는 말씀을 통해 그 진리를 깨달으며, 경건한 삶을 살아가는 방식에 대하여 배울 수 있다. 다시 말하면, 수많은 참된 삶의 모범들을 보여주는 성경이야말로 우리가 본향을 온전히 찾아갈 수 있도록 해주는 바른 안내서인 것이다.

(2) 성경은 당신이 본향을 찾아갈 수 있도록 도와주기 때문에 삶의 최우선 자리에 성경을 반드시 두어야 한다(딤후 3:14-15)

> 그러나 너는 배우고 확신한 일에 거하라 너는 네가 누구에게서 배운 것을 알며 또 어려서부터 성경을 알았나니 성경은 능히 너로 하여금 그리스도 예수 안에 있는 믿음으로 말미암아 구원에 이르는 지혜가 있게 하느니라(딤후 3:14-15).

바울은 1장의 내용 즉 디모데가 어려서부터 자신의 외조모 로이스와 어머니 유니게로부터 신앙교육의 혜택을 입으며 자랐다는 것을 언급하고 있다.

따라서 어린아이들에게 성경을 가르치고자 하는 열정을 새롭게 해야 할 필요가 있다. 당신의 목회 사역은 가정예배와 성경읽기를 반드시 강조해야 한다. 말씀을 전하기 전에 가정별로 짤막한 간증을 준비하여 전하게 하는 것도 좋다.

잠자리 전에 아이들에게 성경을 읽어준다든지 가정 예배를 드린다든지 하는 간증은 이웃 가정뿐만 아니라 교회와 국가 그리고 나아가 차세대에 위대한 힘을 가져다 줄 것이다. 나아가 디모데와 같은 영적인 거장을 배출할 수 있을 것이다. 비록 매일 10분간의 짧은 가정예배일지라도 그러한 시간을 통하여 주님은 세상 변혁에 필요한 남녀 젊은 일꾼을 준비시켜 주실 것이다.

(3) 성경은 전능하신 하나님의 뜻에서 나온 것이기 때문에 성경은 당신이 자신의 길을 찾아가는 데 도움을 줄 것이다 (딤후 3:16-17)

> 모든 성경은 하나님의 감동으로 된 것으로 교훈과 책망과 바르게 함과 의로 교육하기에 유익하니 이는 하나님의 사람으로 온전하게 하며 모든 선한 일을 행할 능력을 갖추게 하려 함이라(딤후 3:16-17).

바울에 의하면 하나님의 말씀은 우리에게 구원에 이르는 지혜를 준다. 마치 우리가 이미 길을 알고 있었던 것처럼 성경은 우리를 안전하게 집에 도달하도록 안내해 준다. 성경은 우리가 무언가로부터 구원받을 수 있음을 보여줌으로써 구원에 이르게 하는 지혜를 가져다준다. 우리는 하나님의 진노 아래에 있는 죄인이다. 구원받을 수 있는 유일한 길이 자신의 아들 안에서 하나님 자신의 섭리를 통해서만 가능하다는 사실을 성경은 가르쳐 준다. 믿음으로 예수 그리스도를 우리의 주님으로 받아들일 때 그분의 무죄한 삶이 우리에게 전가된다. 십자가 위에서 모든 죄를 담당하신 그리스도 예수님께 우리의 죄가 전가 된다. 이것이 하나님의 지혜이며, 아버지 하나님의 온전하신 심정이다.

디모데후서 3:16-17에서 바울은 성경이 하나님의 호흡하심으로 말미암아 이루어졌다는 말로 자신의 모든 주장을 집약하고 있다. 이것이 바로 "모든 성경은 하나님의 감동으로 된 것"이라는 의미이다.

당신의 미래 목회에 필요한 모든 것이 바로 이 성경 안에 주어져 있는 것이다. 충만, 의미, 희망, 그리고 목적 등 당신이 원하는 모든 것이 이 거룩한 말씀 안에 있다.

다음과 같은 성경에 관한 어린이 찬양을 잘 알 것이다.

> The B-I-B-L-E.
> Yes, that's the book for me.
> I stand alone on the Word of God.
> The B-I-B-L-E.

이 찬양은 디모데후서 3:16-17의 말씀을 그대로 반복하고 있다. 이 찬양은 성경의 충족성을 언급하고 있다. 충족성은 참으로 중대한 주제이다.

제임스 보이스(James Montgomery Boice)는 살아 생전에 21세기 교회가 직면하고 있는 문제는 성경의 본질에 관한 것이 아니라 성경의 충족성에 관한 것이라고 말한바 있다.[2]

많은 사람들이 인간적인 방법을 통하여 자신들의 비전을 성취하고자 노력한다. 단지 성경만 가르치는 것으로는 교회를 성장시킬 수 없다고 많은 사람들이 생각한다. 성경만 가르치는 것으로는 인간 영혼의 질병을 치유할 수 있는 방안을 제공할 수 없다는 생각에 많은

---

2 하지만 1970년대 복음주의자들에 의해 승리를 거머쥐었다고 생각하는 옛 전투가 사실 다시 되살아나고 있다는 점에 대해 누구도 놀라지 않는다. 사탄이 그 뿌리가 아니기 때문이다. 교회의 긴 역사 속에서 그 원인을 찾아 봐야한다. 과거의 이단은 종종 오늘날 교회 안에 새로운 경향으로 등장하기 때문이다.

사람들이 속고 있다.

그러나 상기의 성경 본문은 하나님의 말씀이 "교훈과 책망과 바르게 함과 의로 교육하기에 유익하니 이는 하나님의 사람으로 온전하게 하며 모든 선한 일을 행할 능력을 갖추게 하려 함이라"고 강조한다. 하나님의 말씀이 영혼 구원을 이루는 일에 충족하다거나, 행복한 가정을 만들고 영원한 본향을 유업으로 얻도록 하나님의 사람들을 일깨우는 일에 충족하다는 사실에 분명한 확신을 반드시 가지고 있어야 한다.

이러한 확신으로부터 흔들리거나 방황하고 있다면 기도 중에 하나님께 돌아서야 한다. 그리고 당신의 모든 삶을 이 복된 말씀에 의지하려는 믿음을 달라고 힘써 구해야 한다.

성경은 전능하신 하나님의 신성한 계시로서,

첫째, 방황 가운데 있는 당신을 붙잡아 줄 것이며,

둘째, 본향에 이르는 길을 보여 줄 것이다.

이것이 바로 디모데후서 3장에 집약된 진리이다. 미래에 대한 비전을 세우고자 할 때에 하나님의 말씀에 대한 열정을 통하여 동력을 틀림없이 얻어야 한다.

2. 나오는 말: 보혈의 흔적을 지닌 성경의 능력

캘리포니아 주 남부에 위치한 그레이스 커뮤니티교회의 뛰어난 라디오 설교자 존 맥아더(John MacArthur) 목사의 서재에는 영어로 출판된 최초의 성경책이 있다. 그 책에는 다음과 같은 아주 놀라운 사실이 숨겨져 있다. 맥아더 목사가 그 성경책을 어렵사리 구입하였을 때 그 책의 주인이 몇 페이지 걸쳐 묻어있는 얼룩자국을 그에게 보여주었다. 성경 고서 수집가인 맥아더는 책에 흔히 묻을법한 물 또는 커피 얼룩자국으로 생각하였다.

그러나 그 책에 묻어 있는 자국은 뭔가 특이한 점이 있었다. 그래서 그 성경책을 권위 있는 기관에 가져가 검증을 받았다. 그 결과 성경책에 묻어있는 얼룩이 사람의 피인 것으로 판명되었다. 조사해보니 그 성경책은 성경을 소유하였다는 이유로 처형을 당했던 16세기 한 영국인의 책이었던 것이다. 그 옛날 그 익명의 그리스도인은 하나님의 말씀에 대한 열정을 가지고 있었다. 그 사람의 피가 자신의 열정을 보여주는 증거물이 된 셈이다.³

성경에 대한 열정의 증거가 반드시 피로써 새겨져야한다고 생각하지 않는다. 무엇보다 중요한 것은 성경의 각 페이지에 묻어 있는 혈흔 즉 그리스도의 보혈을 깨달아야 한다. 그를 믿는 악한 모든 죄인들의 죄악을 위해 흘리신 보혈이다. 그 보혈에는 능력이 있다. 보혈은 하나님의 마음을 만족시켜주어 말씀 곧 성경을 강독하거나 설교하는 것을 통하여 능력이 확산되도록 해준다. 따라서 교회에 대한 당신의 비전은 반드시 보혈의 흔적을 지닌 성경을 의존해야만 한다. 당신의 삶을 위한 하나님의 비전을 일찍이 인식하고 있다면 당신의 삶 또한 이 성경책 위에 반드시 세워져야 할 것이다.

하나님의 말씀이 당신의 첫사랑이라는 사실을 깨달아야 한다. 당

---

3 이 예화는 1998년 플로리다 올랜드에서 있었던 Ligonier Conference에서 존 맥아더로부터 내가 들은 내용이다.

신의 첫사랑을 결코 떠나서는 안 된다. 매일의 삶을 하나님의 말씀으로 비추어 살펴보고, 그 말씀을 마음속에 두는 일에 바로 지금 재헌신해야 한다. 그렇게 할 때에 이전에 알지 못했던 하나님의 능력을 당신의 삶 속에서 분명히 경험할 것이다. 당신을 위해 보혈을 흘리신 그리스도를 안다는 것은 아주 특별한 사랑을 알게 된다는 의미이다. 무엇보다도 성경의 매 페이지에 생동감 있게 펼쳐있는 당신을 위한 그리스도의 뜻을 경험함으로써 그분을 알 수 있다. 그리스도 예수는 하나님의 아들로서 뿐만 아니라 하나님의 말씀으로 불리고 있기 때문이다. 따라서 그리스도를 사랑한다는 것은 진정으로 하나님의 말씀에 대한 열정을 품는다는 것을 의미한다.

3. 묵상을 위한 질문

1) 타협이나 무시하는 태도를 통해 하나님의 말씀을 공개적 또는 사적으로 평가절하 한 적이 있었는지 생각해보라.
   어떠한 방식으로 그러한 행동을 바로 잡으려고 하는가?

2) 교회 성도들이 개인적인 경건시간과 가정예배에 힘쓰고자 할 때에 당신의 교회는 저들을 어떻게 도와주고 있는가?
   그것들에 관한 자료나 제안 또는 설명회 등을 제공하고 있는지 고려해야 한다.

3) 교회 활동 외에 어떠한 성경공부를 지도하고 있는가?

또는 목사나 교사로서 설교와 학습 준비 외에 또 다른 형태의 성경공부를 지도하고 있는가?

당신의 생활을 가장 풍요롭게 해주고 있는 (예를 들어, 학술지 구독하기, 일 년 내내 성경 통독하기, 경건 서적 이용하기 등등) 개인적인 경건 시간 방식을 회상해보라.

당신 자신이나 다른 사람들에게 부담감을 주지 않으면서도 하나님의 말씀을 좀 더 즐겁고 깊이 있게 관찰할 수 있는 방법은 무엇인가?

4) 당신이 섬기고 있는 교회가 전체적으로 성경 권위에 대하여 잘 이해하고 있는가?

성경 권위에 대한 확신을 어떻게 드러내고 있는가?

성경 권위에 대한 이해를 증대시킬 수 있도록 성도들을 어떻게 가르치고 있는가?

5) 성경 말씀의 권위와 무오에 대한 확신이 부족한지 스스로 점검해보라.

3장

대위임명령을 중대하게 받으라
(세상을 향한 하나님의 마음)

(눅 15:1-2; 11-32)

> 어찌하면 내 영혼을 그리스도께 더 가까이 가게 할 수 있을까라는 생각을 품지 않은 채 아침 잠자리에서 일어나 본적이 결코 없었습니다.
>
> —로버트 머레이 맥체니(Robert Murray M'Cheyne)[1]

하나님 말씀에 부응하는 열정이 없다면 과연 말씀에 대한 열정을 성도가 가질 수 있겠는가?

누가복음 15:1-2에는 주님께서 주신 아주 귀중한 비유의 가르침이 담겨져 있다. 이 비유를 통하여 이 질문에 대한 하나님의 답변을 찾아보자.

---

[1] Iain H. Murray, "Robert Murray M'Cheyne," *The Banner of Truth* 4 (December 1995): 14-23. 참조, http://www.banneroftruth.org/pages/articles/article_print.php?37.

1. 마음 회수(Recall)

제조업체가 제품을 리콜하는 시대에 우리는 살고 있다. 그러나 마음을 리콜한다는 것을 상상할 수 있겠는가?

몇 년 전, 심장 치료에 이미 사용하였던 487개의 심장 조율기를 환자로부터 회수하겠다는 한 기업체가 있었다. 환자의 심장에 전기 충전 공급을 방해하는 기술적 결함이 조율기에 있다는 것을 뒤늦게 발견하였기 때문이다.[2]

마음 회수가 필요한 그리스도인들이 분명히 있다는 사실을 기억해야 한다. 아주 다양한 원인들로 인하여, 마음에 기술적 결함 예를 들어, 옛 습관, 옛 죄악, 나쁜 태도, 뿌리 깊은 분노, 그리고 참담한 고통 등이 발생하여 문제를 일으키거나 참된 은혜와 기쁨을 앗아갈 수도 있을 것이다. 구원과 성화를 이미 경험하고 있는 외면상 성숙한 그리스도인일지라도 그 사람의 마음의 상태가 좋아 보이지 않는 경우가 얼마든지 있다. 예를 들어, 잃어버린 영혼을 향해 전혀 관심을 기울이지 않는 사람, 불신자들을 향한 사랑의 마음이 이미 굳어져버린 사람 등을 꼽을 수 있다. 최악의 예로, 외면상 그리스도인 것처럼 보이지만 전혀 그리스도인답게 살지 않는 사람이라고 할 수 있다.

주님은 누가복음 본문을 통하여 그와 같이 마음이 굳어져있는 청중들을 냉정하게 대하였다. "죄인들이 그에게 가까이 나아오자" 논

---

[2] "The Ultimate Recall," Paul Lee Tan, ed., *Encyclopedia of 7,700 Illustrations: Sings of the Times* (Rockville, MD: Assurance Publishers, 1979), 543.

쟁은 시작되었다.

　이 논쟁은 당시에 자칭 의로운 자들로 불리는 종교지도자를 혼란스럽게 만들었다. 예수님은 가르침을 통하여 바리새인과 서기관들의 굳은 마음을 지적하셨고 도리어 회개하는 죄인들의 겸손한 마음을 위로해 주셨다. 이는 연약한 인간을 향한 하나님의 마음을 보여주려 했던 것이다. 예수님은 잃어버린 것들에 관한 비유를 연속적으로 말씀하셨다.

　예수님의 연속적인 비유는 가장 값싼 물건에서 시작하여 가장 값비싼 물건으로 마친다. 내용 전개가 매우 설득력 있어 보인다.

　먼저 마태복음과 누가복음 두 곳에 기록된 비유들은 잃은 양에 관한 이야기로 시작한다. 목자에게 아흔 아홉 마리의 양이 있었지만 그들을 남겨두고 잃어버린 양 한 마리를 찾으러 갔다. 그 다음 예수님은 좀 더 소중한 것에 관한 비유로 방향을 이어가셨다. 잃어버린 동전에 관한 것이었다. 그 당시 결혼한 여인들은 동전 10개에 해당하는 값비싼 화관을 착용하였다. 한 드라크마의 동전을 잃어버린 후 그것을 되찾고자 애쓰는 한 여인에 관한 비유가 예수님께서 하신 두 번째 이야기이었다. 이야기의 정도를 높이시던 예수님은 마침내 모든 것들 중에 가장 비싸고 소중한 것에 관한 비유를 청중들에게 말씀하셨다. 그것은 잃어버린 사람에 관한 이야기였다. 이 비유는 잃어버린 자를 향한 하나님의 마음을 보여주는 것으로서 하나님의 백성의 마음을 움직이기 위한 것이었다.

　그리스도인들이 하나님과 자신들과의 관계 그리고 그분의 구속 계획과 자신들과의 관계를 진심으로 생각한다면, 반드시 하나님의 말씀에 대한 열정을 품어야 한다. 뿐만 아니라 세상을 향한 열정 곧 잃어버린 자를 향한 열정도 틀림없이 품어야 한다. 하나님은 자신의 백성들이 단지 성경과 교리문답을 인용하며 그럭저럭 살아가는 것을 원하지 않는다. 비록 하나님의 창조세계가 자신을 거역하였을지라도 하나님은 애타는 심정으로 언제나 창조세계를 향하여 있었다. 하나님이 우리를 부르신 이유는 개인과 가정 그리고 교회 등과의 관계 속에서 우리를 향한 자신의 사랑의 마음을 보여주기 위함이다.

잃어버린 아들에 관한 마지막 비유를 몇 가지 다른 방식으로 접근해보자. 즉 총 4막으로 구성된 연극처럼 그 비유를 살펴보자. 가정이란 영혼의 문제를 다루는 실험극과 같다. 때문에 주님은 가정이라는 이슈로 이야기를 전개하셨다. 비유는 한 가정에 있을 법한 삼자 간의 힘겨루기로 시작된다. 방종스런 작은 아들과 따뜻한 마음의 아버지 그리고 굳은 마음의 큰 아들이 등장한다. 그리고 삼자 간에 파격적인 반전이 거듭되다가 결국 이야기가 종결된다.

1) 잃어버린 아들의 비유

(1) 제1막: 탕자

방종한 아들이 집을 떠났다. 그 장면은 자신의 집과 가족을 떠나는 것뿐만 아니라 또 다른 큰 사건으로 이어졌다. 만약 묵묵히 기다렸다면 그는 엄청난 재산을 상속받았을 것이다. 하지만 자신의 상속물을 지금 당장 미리 받아 떠나겠다고 요구하였다. 죄란 이런 것이 아니겠는가?

죄인은 지금 당장 모든 것을 원하며, 원하는 것을 갖기 위해 인간관계나 그 밖의 모든 것을 던져 버릴 태세를 취한다.

"네가 원하는바가 무엇인지 생각해보라!"

둘째 아들에게 아버지가 타이르는 것이 합리적일지 모른다.

"아들아, 너에게 아무것도 줄 수가 없구나!"

또는 큰 아들이 문제를 제기할 지도 모른다. 하지만 이야기는 탕자와 그 탕자를 대하는 아버지의 현명한 처세를 말하고 있다. 즉 아버지는 아들에게 그 자신의 뜻대로 하도록 허락한다. 두 형제 중에 둘째에 해당하지만, 그는 어떠한 결정을 내리거나 그 결과에 대한 책임을 지기에 충분히 성숙한 아들인 것으로 보인다. 장차 자기 자신을 부양해야 할 몫을 아들에게 상속물로 준다. 책망하지 않는 아버지의 모습을 성경은 보여주고 있다. 자신의 욕망에 따라 행동하는 아들에게 아버지는 부양책임을 요구하지 않는다. 아버지는 아들에게 그에게 돌아갈 상속 재산을 주었고, 아들은 그것을 가지고 떠나 버린다.

혹시 당신은 하나님의 선하심을 이용하고 있지 않은가?

지금 그 모든 것을 소비하고 있지는 않는가?

만일 그렇다면, 당신의 마음은 세속적인 것에 붙잡혀 있는 것이다. 다양한 많은 방식을 통해 하나님의 선하심을 당신은 즐기고 있는 것이다. 하나님을 거부하면서도 그분께서 당신의 삶을 위해 풍성하게 공급하시는 인생의 향락을 마냥 즐기는 것이다. 성경 본문 속에 담긴 중요한 교훈을 깨달아야 한다. 이러한 유형의 삶을 예수님은 '허랑 방탕한' 삶이라고 하였다.

> 그 후 며칠이 안 되어 둘째 아들이 재물을 다 모아 가지고 먼 나라에 가 거기서 허랑방탕하여 그 재산을 낭비하더니 (눅 15:13).

세상적인 일을 즐기면서 하나님 아버지를 거부하는 인생은 곧 종말을 고하게 된다. 그리스도께 나올 수 있는 기회 그리고 구원받을 수 있는 여러 차례의 기회를 허랑 방탕해 버린 당신 자신의 모습을 어느 날 깨닫게 될 것이다. 기회를 허비하게 된다면 결국 하나님 앞에서 심판을 받게 될 것이다. 일시적인 쾌락은 파멸로 바뀌게 될 것이며 장차 영원한 징벌을 받게 될 것이다. 허랑 방탕한 인생은 마침내 끔찍한 내세를 맞게 될 것이다.

다시 성경 이야기로 살펴보자. 결국 탕자는 자신의 죄악을 깨닫기 시작한다.

> 이에 일어나서 아버지께로 돌아 가니라(눅 15:20).

과연 이 탕자의 삶을 쫓아갈 필요가 있겠는가?

마음의 중심을 추스르며 주변 환경을 돌아보라. 그리고 하나님의 사랑의 품안으로 나와야 한다. 하나님께서 말씀하신다.

> 오라 우리가 서로 변론하자 너희의 죄가 주홍 같을지라도 눈과 같이 희어질 것이요 진홍 같이 붉을지라도 양털 같이 희게 되리라(사 1:18).

그리고 구원자 예수님의 목소리를 들어야 한다.

> 수고하고 무거운 짐 진 자들아 다 내게로 오라 내가 너희를 쉬게 하리라(마 11:28).

제1막은 은혜로 말미암아 구원받은 모든 죄인들에 관한 이야기이다. 즉 아버지의 재산을 탕진해 버린 그리고 마침내 돌이켜 아버지께로 다시 돌아오는 탕자 이야기이다.

(2) 제2막: 온화하신 아버지

아버지는 집을 떠난 탕자 아들을 한시도 잊지 않았다. 작은 아들은 아버지로부터 모든 특권을 이미 다 가져가버린 것이 사실인 반면에, 큰 아들은 아버지께 충실하였다. 때문에 아버지로서 작은 아들에 대한 기대를 완전히 접을 수도 있을 것이다. 그러나 예수님은 상처 입은 아버지의 참된 마음을 이렇게 표현하였다.

> 아직도 거리가 먼데 아버지가 그를 보고 측은히 여겨 달려가 목을 안고 입을 맞추니(눅 15:20).

윌리엄 헨드릭슨(William Hendriksen)의 헬라어 원어 해석은 좀 더 분명하게 그 상황을 이렇게 표현하고 있다.

> 아들이 아직 먼 거리에 있었지만, 아버지가 그를 보았으며, 마음은 그를 향해 갔다. 아버지는 달려가 아들의 목을 두 팔로 꼭 안았으며, 뜨겁게 입을 맞추었다.[3]

---

[3] William Hendriksen, *New Testament Commentary: Exposition of the Gospel According to Luke* (Grand Rapids: Baker Book House, 1978), 755.

아버지는 아들이 돌아오기를 바라며 항상 기다리고 있었다. 아버지는 회개하고 돌아오는 탕자를 불쌍히 여겨 받아들이기를 마다하지 않았다.

아버지가 아들을 향해 "달려갔다"라는 말로써 예수님은 당시의 청중들을 깜짝 놀라게 하였다. 비유에 나오는 것처럼 부유하고 나이 든 노인이 달려간다는 것을 당시 사람들은 그리 덕스럽게 생각하지 않기 때문이다. 하지만 집으로 돌아오는 탕자를 향한 아버지의 사랑이 너무나 컸다. 기쁨을 억제할 수 없었기 때문에 그저 유대 관습에 얽매일 수 없었다. 껴안고 입 맞추는 행위는 슬픈 이야기를 즐거움 가득한 결말로 마무리 짓게 해주었다.

이제 본문을 유심히 살펴보면, 이어지는 참으로 아름다운 장면을 볼 수 있다. 누가복음 15:18-19에 아들이 아버지께 말씀드리고자 했던 바가 이렇게 기술되어 있다.

> 내가 일어나 아버지께 가서 이르기를 아버지 내가 하늘과 아버지께 죄를 지었사오니 지금부터는 아버지의 아들이라 일컬음을 감당하지 못하겠나이다 나를 품꾼의 하나로 보소서 하리라 하고(눅 15:18-19).

그러나 누가복음 15:21에 보면 그는 그것을 말할 수 없었다. 즉 말하고 싶었지만, 아버지는 그에게 말할 수 있는 시간조차 주지 않았다. 대신에 아버지는 종들에게 집으로 돌아온 아들을 위하여 살찐 송아지를 잡아 만찬을 준비하라고 명령하였다.

이 시점에서 하나님의 마음을 깨닫지 못한다면, 아버지를 설명하는 예수님의 이야기의 핵심을 놓치는 것이다. 하나님의 마음이 회개한 죄인들을 향한 열정으로 요동치고 있다는 것을 예수님은 보여주고 있다. 하나님은 죄인들이 자신 앞에서 굽실거리도록 하지 않으신다. 오히려 주님은 우리가 존귀한 보배로 재천명되도록 환영하신다.

이것이 하나님으로부터 떠나 살고 있는 우리에게 좋은 소식인 것이다. 회개와 믿음으로 집으로 돌아와야 한다. 하나님은 사랑의 하나님이시다. 당신에게 벌을 내리실 것이라는 두려움으로부터 벗어나야 한다. 오히려 그분은 당신을 품으실 것이다.

이야기의 제2막은 다음과 같은 말로 결론을 맺는다.

> 그들이 즐거워하더라(눅 15:24).

이제 이야기의 또 다른 주제인 '완강한 큰 아들'에 대하여 살펴보자.

(3) 제3막: 굳은 마음의 맏아들

'맏아들은'이라는 어구는 이야기의 새로운 전환을 상징한다. 예수님은 귀환 잔치로 이야기를 종결할 수도 있었을 것이다. 그러나 서기관과 바리새인들과 더불어 자기 본위적인 제자들과 편견에 사로잡혀 있는 군중들 앞에서 예수님은 이야기를 계속하여 이어나갔다. 이 비유의 두 번째 부분을 통해 예수님은 심각한 심장 절개 수술을 하고자 했던 것이다. 반항적인 동생의 귀환과 그 동생을 환대하는 아버지의 행동에 반응하는 맏아들의 태도와 장면을 주목해보자.

맏아들의 굳은 마음은 자신의 삶을 지배하고 있는 것이 무엇인지를 보여주고 있다. 예수님은 이 장면에서 아버지를 특정한 위치에 놓았다. 아버지가 터벅터벅 집을 향해 걸어오는 탕자를 원거리에서 볼 수 있도록 말이다. 한편 맏아들은 들녘에서 일하고 있었다. 동생에 대한 관심은 없었고 오로지 자신의 생각과 일에만 전념하였다. 우리는 이 맏아들에 대하여 동정적인 마음이 들기는 하지만, 그의 행동이나 감정적 반응은 잃어버린 동생에 대해서 전혀 슬퍼하는 기색이 없었음을 주목해야 한다. 그는 굳은 마음과 자기 본위적인 삶으로 불타 있었다.

무엇이 당신의 삶을 중점적으로 지배하고 있는가?

교회는 어떠한가?

잃어버린 자를 찾는 것보다 더 중요한 것이 있다고 생각할 때, 그리스도인들은 잃어버린 자들을 향한 마음이 굳어지기 시작한다. 그저 일상적인 업무에만 몰두할 뿐이다. 하지만 잃어버린 양을 향한 하나님 아버지의 마음으로 우리의 심장이 박동 쳐야 하지 않겠는가?

사무엘 슈메이커(Samuel Shoemaker)는 1924년부터 1952년까지 뉴욕시의 갈보리성공회 교구목사로서 일하였다.[4]

슈메이커는 억압받는 자들, 길 잃은 자들, 그리고 상처받은 자들을 향해 특별한 관심을 가지고 있었다. 알콜 중독자 갱생회 설립에 기초를 놓았던 그는 예수 그리스도를 경험하지 못한 채 살아가는 사람들에게 다가가기 위하여 자신의 삶과 목회를 정리하기로 결심하

---

4 Samuel Shoemaker, *Extraordinary Living for Ordinary Men* (Grand Rapids: Zondervan, 1966), 139.

였다. 그러한 결단이 담겨있는 그의 자작시 "그래 나는 천국 문 곁에 서 있으리라"(So I Stay Near the Door)의 결말부분을 읽어보자.

> 나는 천국 문 곁에 서 있다.
> 나는 그 천국 문 안으로 들어간 사람들을 존경한다.
> 그러나 나는 그곳이 어떠한 곳인지 저들이 잊지 않기를 바란다.
> 그들이 그곳에 들어가기 전에
> 천국 문을 아직 찾지 못한 사람들을 도와줄 수 있었을 것이다.
> 또는 하나님으로부터 멀리 달아나기를 원하는 사람들도 말이다.
> 당신은 천국 문 안 깊숙이 들어갈 수 있고 그곳에 오래도록 머무를 수 있다.
> 그리고 천국 문 밖에 있는 사람들을 잊을 수도 있다.
> 나의 경우 역시, 내게 익숙한 옛 장소를 택할 것이다.
> 하나님의 말씀을 듣기에, 그분이 그곳에 있음을 알기에 충분히 가까운 곳 말이다.
> 하지만 그곳은 사람들의 소리를 듣지 못할 만큼 저들에게는 너무나 먼 곳이다.
> 저들이 그 먼 곳에 있음을 또한 기억해야 한다.
> 어디란 말인가?
> 천국 문 밖이다.
> 수천, 수백만 명의 사람들
> 그러나 내게 더욱 중요한 것은
> 그들 가운데 있는 한 명, 두 명, 열 명의 사람들이다.

나의 손은 문고리를 걸어 잠그는 습관을 가지고 있다.

이제 나는 천국 문 곁에 서서 기다릴 것이다.

천국 문을 찾는 사람들을 위해서 말이다.

"차라리 문지기가 되리라…"

그래서 나는 천국 문 곁에 서 있으리라.[5]

맏아들은 문지기가 아니라, 문 차단기였다. 굳은 마음은 결단코 수선되어야 할 필요가 있다는 점을 비유는 가르쳐주고 있다. 또한 완강한 아들의 굳어있는 마음은 동생이 집으로 돌아올 것을 전혀 기대하지 않았다는 것을 보여준다. 음악소리와 잔치는 그의 의표를 찔렀다. 동생이 집으로 돌아오리라는 것을 전혀 예상 못하였던 것이다.

주일 당일에 하나님께서 누군가를 구원하리라는 기대감을 가지고 당신은 주일예배에 참여하고 있는가?

당신이 살고 있는 동네의 어떤 죄인이 영생을 얻을지도 모른다는 기대감 속에 일상을 살아가고 있는가?

만일 죄인을 구원하고자 하시는 하나님의 능력과 소망을 방관한다면 당신은 진실로 큰 기쁨을 놓치게 될 것이다.

뿐만 아니라 맏아들의 굳은 마음이 자신의 동생을 비난하고 자기 자신을 노골적으로 높이는 행동을 통하여 더욱 드러나고 있다. 아버지가 동생이 집으로 돌아 온 것에 대해 매우 기뻐하는 모습을 맏아들은 이해하거나 받아들일 수 없었다. 예수님의 말씀대로, 오히려

---

5 이 시는 펜실베니아 주 피츠버그 소재 갈보리성공회 갈보리 교구에서 1958년 크리스마스 때에 슈메이커가 청중들을 위해 자작한 것이다. http://www.aabibliography.com/dickbhtml/article10.html.

맏아들은 분노하였다. 그의 마음이 탕자 동생에 대하여 매우 굳어 있었고 차가웠기 때문에 오히려 아버지께 화를 내었던 것이다.

아버지께 "여러 해 아버지를 섬겨왔나이다"라는 맏아들의 답변에는 벌써 그 안에 죄가 있었음을 말해준다.

진심으로 그는 아버지를 섬겨왔던 것인가?

아버지가 기대했던 바를 그가 행하였던 것은 맞다. 하지만 그는 결코 자신의 마음을 아버지께 드리지 못하였다. 바로 그것이 잔치에 참여할 수 없었던 이유였다. 방종한 가족 구원성이 돌아온 것을 축하하는 아버지와 함께 하기를 거절하였다는 사실이 그가 평생 자기 자신만을 섬겨왔었다는 점을 분명히 입증해주고 있다.

그는 결코 범죄한 적이 없었다고 말한다. 그러나 그것은 거짓이다. 유사하게 당시의 서기관들조차 율법을 흠 없이 준수하였다고 자랑한다. 그러나 이 이야기를 통하여 예수님은 모든 사람들이 하나님 앞에서 죄인임을 깨우쳐주고 있다. 아버지가 자기에게는 그러한 잔치를 배설해 준적이 한 번도 없었다고 맏아들이 강변한다.

그는 감사하지 않는 자다.

주인이 자신의 재산을 가지고 자신이 원하는 것을 행하는 것이 잘못된 것인가?

끝내 맏아들은 자신의 동생을 사랑하지 않는 죄를 범하였다. 아버지께 동생을 향해 '나의 형제'라 하지 않고 '당신의 이 아들'이라고 지칭하는 것을 볼 때 미루어 짐작할 수 있는 것이다.

당신은 마음이 굳어있는 그리스도인의 행동이 어떠할지 분별할 수 있을 것이다. 잃어버린 자들에 대하여 관심이 없기 때문에, 어떤 사람이 구원을 얻었을 때, 그러한 사람은 질투하고 분노하고 그리고 하나님 아버지 면전에서 스스로 죄악을 범할 것이다.

이 비유 속에서 당신 자신의 모습을 찾을 수 있겠는가?

구원받지 못한 형제와 자매를 경시하거나 나는 저들보다 훨씬 나은 사람이라고 생각하고 있지는 않는가?

만약 그렇다면, 잃어버린 자가 돼지우리와 같은 독한 냄새를 풍기면서 그리스도 앞에 나오거나 교회 구성원으로 환영 받을 때, 당신은 그를 인정하지 않으려 할 것이다. 반면 하나님 역시 당신의 그와 같은 태도를 인정하지 않을 것이다. 굳은 마음의 그리스도인이란 잃어버린 자들에 대하여 무관심한 마음을 가진 사람이다. 이러한 행동은 하나님 앞에 죄를 짓는 일이다. 바로 이러한 가르침이 예수님이 말씀하시는 이야기의 핵심입니다.

이제 연극의 마지막 장면을 보자. 아버지가 완강한 맏아들을 꾸짖으며 몇 가지 교훈을 일깨워준다.

(4) 제4막: 놀라운 결말-굳은 심령을 향한 거룩한 처방

이야기의 또 다른 반전은 잃어버린 아들을 향한 아버지의 자비함이 굳은 마음의 맏아들에게 반복되고 있다는 점이다.

"내 것이 다 네 것이다"라는 말로서 맏아들의 처한 현실을 일깨워주었다.

이어서 잔치를 반대하는 아들의 주장을 중지시키고, 부드럽게 말하기를 "우리가 즐거워하고 기뻐하는 것이 마땅하다"고 타일렀다.

이 부드러운 장면을 통하여 예수님은 마음이 굳어 있는 당시의 바리새인들에게조차 자신의 사랑의 심정을 드러내 주었다. 주님은 저들을 말라 죽어버린 종교성으로부터 생명력 있는 사랑과 기쁨의 신앙 안으로 초청하고 있다. 주님의 은혜를 함께 경험하도록 타인에 대한 사랑과 환영의 열정을 품어야 한다.

아버지는 맏아들에게 기뻐하는 이유에 대하여 다음과 같이 설명하였다.

> 이 네 동생은 ['아버지의 이 아들'에 대한 답변] 죽었다가 살아 났으며 내가 잃었다가 얻었기로 우리가 즐거워하고 기뻐하는 것이 마땅하다 하니라(눅 15:32).

주님은 핵심을 일깨워주고 있다. 이해할 수 있겠는가?
윌리엄 헨드릭슨은 그 핵심을 이렇게 집약하였다.

> 이 비유의 핵심주제는 … '잃어버린 자를 향한 하나님 아버지의 갈망적 사랑'이다.[6]

2. 나오는 말

이것이 예수님이 말씀하시는 비유의 핵심이다. 당신은 어떻게 느꼈으며 무엇을 이해하였는가?
당신의 마음은 과연 박동치고 있는가?
잃어버린 아들의 비유는 우리에게 이러한 질문을 던져 주고 있

---

[6] Hendriksen, *New Testament Commentary*, 758.

다. 하나님의 열정이 곧 나의 열정인가?

나의 마음이 하나님 아버지의 열정으로 인하여 제대로 박동치고 있는가?

타락한 심령을 향한 복음 회수가 반드시 이루어져야 할 것이다.

3. 묵상을 위한 질문

1) 비그리스도인들을 대하는 당신 교회의 태도를 생각해보라. '문 밖에 있는 사람들'을 잊고 있지는 않은가?

   두려움과 혐오감 그리고 굳은 마음으로 저들을 피하고 있지는 않은가?

   당신 교회는 어떠한 방식으로 구원받지 않은 자들을 향한 더 큰 관심과 인식을 일깨워주고 있는가?

2) 교회 안에 영혼구원 열정을 어떻게 진작시키고 있는가?

   청중은 어떠한 격려와 지원을 필요로 하고 있는가?

   개인적으로나 교회적으로 전도 사역을 증대시키려는 방안을 마련해야 한다.

3) 교인들 중에 전도의 은사를 지닌 사람들이나 안 믿는 친구와 가족 그리고 동료들에 대하여 부담감을 지니고 있는 사람들이 있는지 파악해보라.

교회는 저들에게 어떠한 도움을 제공하고 있는가?
담대히 복음을 증거하는 일에 교인들이 적극적으로 동참하도록 교회는 어떻게 하고 있는가?

4) 하나님께서 사람들의 심령 안에 위대한 변화를 일으킬 수 있다는 믿음과 기대를 가지고 주일 예배에 참석하는가?
이러한 신앙적 자세는 당신의 기도생활과 주일예배에 어떠한 변화를 가져다주고 있는가?

5) 다음과 같은 질문을 통해 당신의 마음가짐을 점검해 보라.
하나님께서 당신에게 주신 기회들을 허비하고 있지 않은가?
하나님과 타인을 향한 당신의 마음이 굳어져 있지는 않은가?

4장

복음의 진수를 가치 있게 간수하라
(하나님의 은혜에 대한 확신)

(갈 2:11-21; 행 15:1-11)

> 경건과 참된 거룩에 속하는 그 어떠한 것도 은혜 없이는 성취될 수 없습니다.
>
> —힙포의 어거스틴(Augustine of Hippo)[1]

'절대 평화'는 초대교회의 좌우명이 결코 아니었다. 갈라디아서 2장과 사도행전 15장에 보면 동일 사안에 대하여 각기 다른 두 가지 접근방식으로 설명하고 있다. 갈라디아서의 설명은 바울의 말이며, 사도행전의 설명은 누가의 말이다. 결코 타협되어질 수 없는 어떠한 것이 복음 안에 있다는 것을 상기의 성경은 명료하게 밝혀주고 있다.

문제의 핵심은 바로 이런 것이다. 교회를 위한 성경적 비전을 세우고자 할 때, 교회 모든 회중 가운데 가득 차있는 명백한 핵심가치

---

[1] Mark Water, *The New Encyclopedia of Christian Quotations* (Grand Rapids: Baker Book House, 2000), 442.

가 과연 하나님의 은혜에 대한 전적인 헌신에 기인한 것인가 아닌가 라는 점이다.

1. 바리새인적 춤사위를 따라함

어느 날 밤 독실한 퀘이커 교인이 자신의 집안에서 나는 어떤 소리를 들었다. 그는 숨겨두었던 총을 움켜잡았다. 평화주의자들인 그의 친구들은 그의 행동을 전혀 눈치채지 못하였다. 그는 집안 어딘가에 있을 도둑을 찾아 조심스레 나섰다. 마침내 도둑이 있는 곳을 향하여 이렇게 외쳤다.

> 친구여, 당신에게 어떠한 해도 입히지 않을 것입니다. 하지만 당신이 서 있는 곳을 향해 내가 총을 겨누고 있다는 사실을 명심하십시오.

그의 말이 어색하게 들리지 않는가?
분명히 앞뒤가 맞지 않는다. 이런 것이 바로 율법주의이다. 율법주의는 특정한 행동을 통하여 또는 특정한 규칙을 통하여 하나님의 은총을 얻으려하는 신학적 사고이다. 그러한 율법주의는 오히려 역효과를 쉽게 초래한다는 사실을 깨달아야 한다. 퀘이커 교인의 경우, 평화주의 사상을 통해 하나님을 기쁘시게 하는 삶을 살고자 했을 것이다. 하지만 자신의 생명과 재산을 지키고자 타인을 향해 총구를 들이대는 모순적 행동을 범하고 말았다.

궁극적으로 거의 모든 율법주의자들이 그러하듯이 그 역시 그러한 이중적 태도를 보이고 말았다.

"맹인 된 인도자여 하루살이는 걸러 내고 낙타는 삼켜버리는"(마23:24)의 말씀처럼, 종교지도자 바리새인들이 매우 즐겨하는 춤사위를 그가 따라한 셈이었다.

당신은 생활 속에서 바리새인적 춤사위를 따라 해본 적이 있는가?

당신 자신의 행동과 실천 방식을 통하여 하나님과 타인에게 깊은 감동을 주고자 노력해본 적이 있는가?

자신과의 약속을 잘 지키고 있는가?

그렇게 할 수 있는 사람은 별로 없다. 전형적으로 율법주의와 위선은 서로 밀접한 관련성을 가지고 있다.

사도행전 15장에 나타난 논쟁은 그리스도에 대한 믿음 외에 구약의 유대적 율법과 의식을 준수해야 한다는 주장 때문에 발생하였다. 바울과 바나바는 그리스도에게 회심한 이방인들을 열심히 변호하였지만, 결국 이 문제는 예루살렘에서 개최된 교회회의에 회부되었다. 이 사건의 내용은 갈라디아서 2장에 다시금 연결되어 나타난다. 사도행전 15장에 나오는 누가의 진술을 바울이 재차 언급하였기 때문이다. 할례라는 유대적 관습을 요구하는 바리새인적 입장을 베드로조차 한때 동조했던 사실을 바울이 염두에 두고 한 말이다. 바울은 예루살렘 공의회에서 주장했던 것처럼 이미 안디옥에서도 베드로의 입장에 맞선 적이 있었다.

'자유로운 영혼의 사도'(F. F. 브루스가 바울을 향해 지칭했던 것같이)[2] 바울은 은혜의 교리로 항변하였다. 결과적으로 베드로는 바울의 (그리고 주님의)견해에 동의하였다. 그 이후 베드로가 예루살렘 공의회를 주도하는 가운데 율법이 아닌 오직 은혜로 말미암는 구원 사상을 이끌어 내었다.

베드로는 공의회에 참석한 사도와 장로들에게 다음과 같이 자신의 입장을 천명하였다.

> 그런데 지금 너희가 어찌하여 하나님을 시험하여 우리 조상과 우리도 능히 메지 못하던 멍에를 제자들의 목에 두려느냐 (행 15:10).

그렇지만 이 구절의 의미는 단순히 할례와 율법의식에 관한 것만이 아니었다. 이것은 율법주의로 돌아가려는 우리의 현재적인 죄의 성향에 관해 경각시켜주고 있다. 또한 이것은 그리스도 안에서 우리를 의롭게 하시려는 하나님의 섭리를 전적으로 의지하기보다는 오히려 우리의 성취와 의로움을 보이기 위해 내적 불이행 상태로 뒤돌아가려는 성향에 관해 말하고 있다. 인간이 만들어 낸 율법주의적 종교는 복음과 우리 자신의 영혼에 그리고 더불어 은혜의 하나님 앞에 나아가는데 매우 위험스러운 것이다.

당신의 지도력과 목회 사역에 대한 비전을 세우고자 할 때, 먼저 하나님의 말씀 앞에 나아가야 한다. 왜냐하면 성경 말씀은 은혜 교

---

2   F. F. Bruce, *Paul: Apostle of the Heart Set Free* (Grand Rapids: Eerdmans, 1977).

리에 대한 확신을 주고 있고, 그 일을 위해 하나님께서 당신을 부르셨다는 사실을 가르쳐주고 있기 때문이다.

사도행전 15장과 갈라디아서 2장에는 두 개의 중요한 진리가 담겨져 있다.

첫째, 은혜 사상을 무너뜨리려는 위협이 지속적으로 존재한다.

둘째, 은혜 사상을 고양시키기 위해서는 항상 깨어있는 신앙이 필요하다. 우선적으로 은혜의 통로에 대하여 살펴보자.

1) 은혜의 통로

은혜란 무엇인가?

신약성경의 많은 부분에서 광범위하게 강조되고 있는 은혜교리의 본질은 무엇인가?

대다수의 그리스도인들은 은혜교리를 일종의 신앙적 체험 정도로만 이해하고 있는데 그것은 정확하고 진정한 의미를 간과하는 일이다. 제임스 케네디(D. James Kennedy)는 은혜 교리를 설명하기 위하여 다음과 같은 글자 맞추기를 사용한 바 있다. G-R-A-C-E (God's Riches At Christ's Expense). 즉 하나님의 은혜란 인간 스스로 자신을 위해 아무것도 할 수 없는 상황에서 그러한 인간을 위하여 하나님께서 대신 베풀어주시는 일체의 모든 행위를 의미한다.

구약성경은 사탄을 궁극적으로 물리치실 유일한 메시야를 장차 보낼 것이라는 하나님의 약속을 말한다. 아브라함이 자신의 독자 이삭을 희생제물로 드렸을 때, 주의 천사가 그를 제지하면서 하나님께서 어린양을 준비하실 것이라고 약속하였다. 신약성경은 인간의 의지가 아니라 오직 하나님의 사랑과 능력에 의한 구원을 언급하고 있다. 행위가 아닌 믿음을 통한 오직 은혜로 말미암아 우리가 구원 받는다는 사실을 바울은 가르치고 있다.

따라서 신구약성경 전체에는 스스로를 구원할 수 없는 인간의 무능력이 여실히 드러나 있다. 사랑으로 임하여 우리를 구원하시려는 전능하신 하나님의 계획은 우리가 행하는 모든 일의 중심에 계신다. 그 계획은 하나님의 말씀 안에서 우리가 발견한 것들에 철저히 기초하고 있다. 하나님은 자신들의 죄악 가운데 있는 인류를 구원하시고자 자신과 스스로 신성한 맹세를 맺으신 분이며, 예수님에 대한 믿음을 통해 은혜의 선물 앞에 돌아오는 모든 사람들에게 죄를 용서해 주시고 영원한 생명을 주시는 분이다.

활동적이며 헌신적이고 근면한 어느 교인이 장수를 누리며 만족한 여생을 살다가 죽는 꿈을 꾸었다. 그가 진주로 장식된 천국 문에 이르렀을 때, "입장 조건: 1000점"이라고 쓰인 간판을 보았다. 염려에 빠진 그는 천국 문을 지키고 있는 천사에게 다가가 이렇게 물었다.

"저기 저 점수가 매우 높아 보입니다. 제가 저 많은 점수를 과연 얻었을까요?"

그러자 천사가 친절히 답변하였다.

"당신의 행한 일을 제게 말씀해 주십시오. 당신이 얼마나 많은 점수를 쌓았는지 함께 살펴보겠습니다."

"그러지요"라며 서슴없이 답하였다.

"저는 32년간 하나님을 위하여 일해 왔습니다. 14년간 연속적으로 주일학교에 철저히 출석하였습니다. 뿐만 아니라 12년 넘게 주일학교 반을 가르쳤습니다."

천사는 "놀랍군요"라고 말하였다.

"어디 볼까요, 그 모든 일은 1점에 해당하는군요."

그 말을 듣는 순간 얼굴이 창백해지고 식은땀이 쭉 흘러 내렸다. 조심스레 말을 이어나갔다.

"저는 모든 수입의 십일조를 드렸으며 때로는 그 이상을 바쳤습니다. 또한 장로로 교회를 섬겼으며, 재정위원회와 건축위원회에서 일했습니다. 교회의 모든 주중집회에도 참석하였고, 잔디도 깎고 보수와 페인트 칠하는 일도 했습니다. 교회 만찬 때에는 의자와 식탁을 정리하고 늦게까지 남아 정리하는 일도 하였습니다. 친구들과 식구들에게 복음을 전하여 그리스도께 적잖은 수를 전도하였습니다. 그리고 세금보고를 속인 적도 없습니다."

천사가 동정적인 미소를 지으며 공손하게 답했다.

"좋습니다, 잘하셨습니다. 그 모든 것을 합쳐 1점을 더 드리겠습니다. 이제 합계가 2점입니다."

잠시 충격에 빠진 것 같아 보이던 이 가련한 남자는 체념한 듯이 어깨를 들먹이며 말했다.

"포기하는 것이 나을 것 같습니다. 천국에 들어가기에 충분할 것 같지 않습니다. 사실, 하나님의 은혜 없이 천국에 들어간다는 자체가 저를 포함한 그 누구에게도 불가능한 것 아닌가요?"

그러자 천사가 밝은 표정으로 답하였다.

"지금 당신이 말한 바로 그것입니다. 그 말은 1000점의 가치에 해당합니다."

그 순간 그 남자는 꿈에서 깨어났다. 침대가 온통 땀으로 젖어 있었지만, 그의 얼굴에는 밝은 미소가 지어졌으며 그 이후 그의 신앙 생활은 완전히 새롭게 변화되었다.

은혜란 우리가 하나님과 관계를 형성할 수 있는 유일한 통로이다. 반드시 깨달아야할 가르침이다. 우리를 구원하시고자 하시는 하나님의 계획이 바로 은혜인 것이다. 교회를 이해하려면, 로버트 레이몬드(Robert L. Reymond)의 표현대로[3] 근본적이고 '성경적인 검열'을 할 수 있는 교회관을 가지고 있어야 한다. 즉 교회를 '은혜의 장소'로 이해하고 세워가야 한다.

선행이란 무엇인가?

우리가 결코 할 수 없었던 일을 그리스도 예수를 통하여 우리를 위해 대신 행하신 하나님께 우리가 진심으로 드리는 감사 행위이다.

따라서 이러한 사실을 받아들인다면, 사도행전 15장에 나오는 사도들 간의 시끄러운 논쟁을 보다 잘 이해할 수 있을 것이며, 나아가 현대 그리스도인들 간에 벌어지는 유사한 논쟁도 보다 잘 이해할 수 있을 것이다. 이러한 은혜교리가 당신의 교회관에 흔들림 없이 잘 자리 잡고 있어야 한다.

2) 은혜에 맞서는 지속적인 위협요소(행 15:1-5)

미국은 강력한 군사력을 유지하고 있다. 악의적인 세력의 위협으로부터 국가와 국민을 보호하기 위해서이다. 사도행전 15장도 그리

---

3 Robert L. Reymond, *A New Systematic Theology of the Christian Faith* (Nashville: T. Nelson, 1988), xix.

스도인들의 신앙을 위협하는 요소들을 말하고 있다. 사도 바울은 그 누구보다도 복음을 강조하는 설교를 하였다. 그때마다 은혜의 복음을 반대하는 자들로부터 율법주의적 위협을 받았다. 모든 세대에 걸쳐, 교회는 반드시 하나님의 은혜에 대한 본질적 가치를 소중히 간직해야 한다.

(1) 하나님께서 값없이 베풀어주시는 은혜 외에 어떤 조건들을 내세우는 사람들이 항상 있어 왔다

> 어떤 사람들이 유대로부터 내려와서 형제들을 가르치되 너희가 모세의 법대로 할례를 받지 아니하면 능히 구원을 받지 못하리라 하니(행 15:1).

사실상 저들은 만일 사람들이 옛 법의 관습들을 (예를 들어, 할례) 준행하지 않으면 구원을 받지 못하리라고 주장하였다. 달리 말하면, 할례와 같은 외형적 표지를 갖지 않으면 영원히 버림 받을 것이라고 하였다.

이것이야말로 복음의 본질에 맞서는 위험한 행위이다. 왜냐하면 예수님께서 십자가 죽음을 통하여 인간의 모든 죄 값을 이미 지불하셨기 때문이다. 또한 그분의 삶은 그 자체로서 충분하고 완전하기 때문이다. 그럼에도 불구하고 저들은 그리스도만으로는 불충분하기 때문에 유대적 옛 관습이 추가적으로 필요하다고 주장하며 복음에 맞섰던 것이다.

율법주의는 하나님께서 그리스도 안에서 이미 성취하신 일에 대하여 어떠한 조건을 걸고 있다. 이것은 일종의 우상숭배이다. 성경의 그리스도를 자신들이 선택한 신으로 대체하려는 행위이기 때문이다.

(2) 은혜를 반박하는 것은 복음 자체를 반박하는 것이다

> 바울 및 바나바와 그들 사이에 적지 아니한 다툼과 변론이 일어난지라 형제들이 이 문제에 대하여 바울과 바나바와 및 그 중의 몇 사람을 예루살렘에 있는 사도와 장로들에게 보내기로 작정하니라(행 15:2).

회개와 믿음을 통해 값없이 주시는 구원이 율법주의로 인하여 훼손될 때, 문제의 본질을 정확하게 이해해야 한다. 율법주의적 메시지는 복음의 본질을 훼손하며 하나님의 은혜를 약화시키는 잘못을 범할 수 있다. 나아가 복음의 능력을 잃게 만드는 결과를 초래할 수 있다. 바울과 바나바는 이 논쟁 사안을 신속히 처리함으로써 이슈를 잠잠케 하였다.

하나님의 구원의 능력은 인간의 계획안에 있는 것이 아니라 하나님 자신의 계획안에 있다. 그렇기 때문에 복음 외에 어떤 규칙이나 법이나 관습이나 전통을 추가하여 가르치는 행위는 잘못된 것이며, 영생의 통로에서 사람을 도적질해가는 일이다.

(3) 감사하게도 그 은혜를 직접 경험했던 사람들이 느꼈던 온전한 기쁨을 통하여 그러한 위협요소들이 잘못되었다는 사실을 입증하여 주었다

그들이 교회의 전송을 받고 베니게와 사마리아로 다니며 이방인들이 주께 돌아온 일을 말하여 형제들을 다 크게 기쁘게 하더라(행 15:3).

하나님께서 이방인들에게 행하신 일들을 베니게와 사마리아에 있는 교인들에게 바울이 전하자, 저들이 그 말을 듣고 크게 기뻐하였다.

본래 율법주의자들은 행복한 사람들이 아니다. 하나님으로부터 인정을 받고자 언제나 애쓰는 사람들이기 때문이다. 그러한 행위는 헛된 일이다. 오히려 고통과 추함과 절망 안으로 저들을 이끌어 갈 뿐이다. 반면 은혜에 의해 구원받은 사람들은 그리스도 예수 외에 선한 것이 자신들안에 아무것도 없음을 인정하는 자들로서 항상 행복하고 즐겁다. 더욱이 어떤 사람이 그리스도를 통하여 하나님의 사랑을 찾았다는 소식을 들을 때, 진실로 저들은 함께 기뻐할 줄 아는 사람들이다.

잭 밀러(Jack Miller)는 장로교(OPC와 PCA 교단소속의) 목사이다. 그는 오늘날 대표적인 선교단체로 알려진 세계추수선교회(World Harvest Mission) 설립자이다. 나는 아내와 함께 그가 강연자로 나서는 어느 컨퍼런스에 간 적이 있었다. 그때 우리는 결코 잊을 수 없는 귀중한 이야기를 들었다. 그중에 하나를 소개하면 다음과 같다.

목사이며 학자인 잭 밀러에게 어느 아버지와 아들이 함께 찾아와 상담을 받았다. 아들은 위선적인 아버지를 비난하였다. 밀러 박사가 지켜보는 앞에서 젊은 아들은 아버지에게 자신을 결코 인정하지도 웃음과 기쁨을 베풀어 주지도 않는다고 불평하였다. 밀러는 아들의 말을 제지하였다. 아버지를 향해 무례한 말을 거침없이 털어 놓았기 때문이었다.

그때 아버지가 "아들 말이 맞습니다. 사실입니다. 계속 말하게 놔두세요"라고 밀러에게 말하였다.[4]

결과적으로 완고하고 율법주의적인 자신의 삶을 고백한 아버지의 그와 같은 태도는 오히려 아들과의 관계에 치유와 화해 그리고 기쁨을 가져다주었다.

자녀들 앞에서 율법주의적 행동으로 일관하는 많은 부모들의 경우, 자신들의 위선적 행동으로 인하여 여러 문제들을 겪곤 한다. 그러한 부모의 모습을 싫어하는 자녀들의 반항적 태도를 대표적인 예로 꼽을 수 있다.

율법주의는 결국 당신에게 슬픔을 가져다준다. 율법주의는 기쁨과 행복을 별로 좋아하지 않는다.

반면, 은혜를 통한 구원은 당신을 은혜의 삶으로 인도해 주며, 당신 자신과 타인을 위한 정직, 솔직, 투명성, 한없는 기쁨과 행복 등을 제공해 준다. 구원은 전통적 관습을 통해 얻어지는 것이라 주장하는 사람들로부터 은혜에 근거한 어떠한 생활이나 행위를 전혀 기

---

[4] 하나님의 신실한 사람들에게 임하였던 특별한 은혜에 관한 여러 이야기를 다음의 책에서 찾을 수 있다. C. John Miller, *A Faith Worth Sharing: A Lifetime of Conversations About Christ* (Phillipsburg, NJ: P&R, 1999).

대할 수 없다. 하나님의 선물로 주어진 그리스도에 대한 믿음 외에 하나님으로부터 칭찬받을 만한 것이 우리 자신에겐 전혀 없다. 모든 것을 행하시고 이루시는 분은 하나님이시다. 오직 그에게 영광만이 있을 뿐이다!

당신의 삶속에 은혜가 생기 있게 넘쳐나야 한다. 당신 가정과 교회 식구 그리고 무엇보다도 하나님을 위하여 당신의 태도를 위협하는 율법주의를 특히 경계해야 한다. 결코 쉬운 일은 아니다. 은혜가 생기 있게 넘쳐나도록 하기 위해서 사도행전 15장에 나타난 또 다른 진리에 주목해야 한다.

3) 은혜 충만을 위해 끊임없이 경계해야 할 요소(행 15:6-11)

사도행전 15:6-11에 바울을 반박하는 율법주의자들의 고소를 다루는 예루살렘 공의회 사건이 나온다. 은혜 교리를 변호하는 바울과 베드로의 주장을 통해 우리는 다음의 두 가지 요소들이 은혜를 증진시키는데 매우 중요하다는 것을 깨달을 수 있다.

(1) 성경 말씀을 신중하게 이해하여 은혜 충만한 삶을 살도록 해야 한다

사도와 장로들이 이 일을 의논하러 모여(행 15:6).

예루살렘 공의회가 개최되었다는 사실과 그러한 사안이 오늘날 우리를 위해 성령을 통해 기록되었다는 사실은 은혜를 변호하는 것이 얼마나 중요한 문제인가를 보여주고 있다. 사도와 장로들이 '이 일을 의논하기' 위해 만났다. 그리스도 안에 있는 하나님의 은혜보다 다른 어떤 것을 더 의지하고 있다면, 그 문제를 신중하게 고민할 필요가 있다.

갈라디아 교회의 율법주의를 의심한 바울은 즉시로 다음과 같이 그 문제를 경계하였다.

> 그리스도의 은혜로 너희를 부르신 이를 이같이 속히 떠나 다른 복음을 따르는 것을 내가 이상하게 여기노라 다른 복음은 없나니 다만 어떤 사람들이 너희를 교란하여 그리스도의 복음을 변하게 하려 함이라 그러나 우리나 혹은 하늘로부터 온 천사라도 우리가 너희에게 전한 복음 외에 다른 복음을 전하면 저주를 받을지어다 우리가 전에 말하였거니와 내가 지금 다시 말하노니 만일 누구든지 너희가 받은 것 외에 다른 복음을 전하면 저주를 받을지어다(갈 1:6-9).

바울에게 있어서 '다른 복음'이란 은혜를 반대하는 행위 또는 예수 그리스도의 최종 사역보다 다른 어떤 종교성에 초점을 맞추어 은혜를 대체하려는 행위를 말한다. 그러한 행위에 "저주를 받을지어다"라고 했다. 헬라어로 그 단어는 '아나떼마'(anathema, 저주)이다.

따라서 사람이 하나님을 기쁘시게 할 수 있다거나 전통을 지킴으로서 특권을 얻을 수 있다는 생각에 대하여 당신은 아나떼마라고 반드시 답할 수 있어야 한다. 음식과 의복과 자만을 통하여 하나님을 기쁘시게 할 수 있다는 사상에 대하여 아나떼마라고 틀림없이 말할 수 있어야 한다.

이러한 사상들과 율법주의적 거짓에 맞서 싸우는 사람들의 생생한 증언을 목격할 수 있다. 저들 가운데에는 술주정꾼, 매춘부, 교만으로 가득한 위선자, 실패자, 극빈자, 왕, 버림받은 자, 귀족, 헬라인, 유대인, 혼혈인 등이 있을 수 있다. 그러나 이제 저들은 오직 그리스도 예수의 의의 옷을 입고 천국에서 그의 왕좌 곁에 서 있는 자들이다. 이 무리들은 "내 손에 쥔 것은 아무것도 없으며, 단지 십자가만 붙잡을 뿐이다"라고 말한다.[5]

때문에 사도 바울이 베드로에게 이렇게 말할 수 있었던 같다.

> 내가 그리스도와 함께 십자가에 못 박혔나니 그런즉 이제는 내가 사는 것이 아니요 오직 내 안에 그리스도께서 사시는 것이라 이제 내가 육체 가운데 사는 것은 나를 사랑하사 나를 위하여 자기 자신을 버리신 하나님의 아들을 믿는 믿음 안에서 사는 것이라. 내가 하나님의 은혜를 폐하지 아니하노니 만일 의롭게 되는 것이 율법으로 말미암으면 그리스도께서 헛되이 죽으셨느니라(갈 2:20-21).

(2) 은혜에 관한 성경적 진리를 신실하게 변증함으로써 은혜를 증진시켜야 한다(행 15:7-11)

은혜를 통해 새롭게 각성한 사도 베드로는 은혜 문제를 증진시키기 위하여 공의회 석상에 나섰다. 베드로는 연설을 통해 은혜에 관

---

5 Augustus Toplady, "Rock of Ages" (1976).

한 특징을 다음의 네 항목으로 뚜렷하게 밝혔다.

① 은혜는 만인에게 값없이 주어졌다

> 많은 변론이 있은 후에 베드로가 일어나 말하되 형제들아 너희도 알거니와 하나님이 이방인들로 내 입에서 복음의 말씀을 들어 믿게 하시려고 오래 전부터 너희 가운데서 나를 택하시고(행 15:7).

은혜는 복음을 통해 단체나 개인에게 증폭되어진다. 사도행전 8:4에 따르면 복음이 전파되는 곳곳에 초대교회들이 세워졌다.
초기 신자들이 전한 것은 무엇일까?
평범한 신앙심에 관한 것일까?
아니다. 그리스도 안에 있는 하나님의 은혜를 전하였다. 복음을 전파할 때, 복음의 핵심인 은혜의 메시지를 항상 전파해야 한다.

② 은혜는 성령님을 통해 주어지는 것이다

> 또 마음을 아시는 하나님이 우리에게와 같이 그들에게도 성령을 주어 증언하시고(행 15:8).

③ 은혜에는 경계선이 없다

믿음으로 그들의 마음을 깨끗이 하사 그들이나 우리나 차별하지 아니하셨느니라(행 15:9).

④ 은혜는 인간의 실패를 연상하게 만드는 인간의 첨가물을 거부한다

그런데 지금 너희가 어찌하여 하나님을 시험하여 우리 조상과 우리도 능히 메지 못하던 멍에를 제자들의 목에 두려느냐(행 15:10).

어빙 카우프만(Irving Kaufman) 판사가 러시아 스파이 혐의로 기소된 로젠버그(Rosenbergs) 부부에 대한 재판을 진행하였다. 원자폭탄에 대한 기밀을 구소련에 넘겨주려했던 저들의 간첩 활동에 대해 사형을 선고하자 공산주의자들과 저들을 동정하는 사람들이 거세게 항의하였다. 1953년 타임지는 카우프만 판사의 말을 이렇게 인용하였다.

판결을 뒤집을 만한… 아무것도 보지 못했습니다…. 여전히 반항적인 피고인들은 자신들이 원하는 것은 정의이지 은혜가 아니라고 주장하였습니다. 따라서 자신들이 원하는 것을 결국 자신들이 얻은 것입니다.[6]

---

6 *Time*, January 12, 1953, "Still Defiant" (참조, http://www.time.com/time/magazine/article /0,9171,817678,00.html#ixzz1Sa9OdSjf, July 19, 2011).

죄에 대한 하나님의 분노와 율법에 대한 완전한 요구를 충족시키려는 인간 자신의 노력인 율법주의는 하나님께서 자신의 아들 예수 그리스도 안에서 값없이 주신 것과 같은 것을 우리에게 동일하게 제공해 줄 수 있는 능력이나 권위가 없다.

　만일 당신 자신의 행위를 통해 하나님을 만족시키고자 하는 죄를 범하고 있다면, 그러한 행동을 중단하고 그러한 것으로부터 돌아서야 한다. 그리고 그리스도 안에 있는 하나님의 자비와 은혜에 당신 자신을 다시금 맡겨야 한다. 종교성을 드러내기 위해 그리고 율법주의자들과 같은 행동을 보여주기 위해 혹 당신이 바리새인적인 춤사위를 따라하고 있지는 않은지 스스로 되돌아보아야 한다. 지금 이 시간이 은혜의 복음에 재집중할 수 있는 최적의 순간이다.

2. 나오는 말

　결론적으로 다음과 같은 성구를 통해서 우리는 믿음에 대한 큰 확신을 가질 수 있다.

> 그러나 우리는 그들이 우리와 동일하게 주 예수의 은혜로 구원 받는 줄을 믿노라 하니라(행 15:11).

　은혜의 복음 외에 다른 어떤 복음이 있을 수 없다. 하나님의 은혜를 틀림없이 받아야 하며 그 은혜를 다른 사람들에게 보여주어야 한다. 살 수 있는 방도가 달리 없다. 그러므로 행복한 삶을 살아야 한다. 구원의 길이 달리 없다. 그러므로 믿음의 삶을 살아야 한다.

3. 묵상을 위한 질문

1) 교회 지도자들이 성경 외의 다른 것들을 성도들에게 강요하지는 않는가?
   회중들은 서로 간에 지나칠 정도로 경계하거나 자신들의 실수를 감추려고 하지는 않는가?
   이런 문제들을 해결하기 위해 교회는 어떠한 방안을 논의하고 있는가?

2) 하나님의 은혜를 다른 사람에게 전하는 당신의 언어, 행동, 사역 등을 어떻게 더 발전시킬 수 있겠는가?
   율법주의 또는 무법주의 입장을 따르는 실수를 범하고 있지는 않는가?
   당신을 책임 있게 붙잡아 줄 수 있는 신뢰성 있는 사람을 주변에서 찾아보라.

3) 교회 회중들이 정해놓은 규정들을 생각해보라.
   하나님의 말씀을 통해 은혜로서 재고되어야 할 규정은 없을까?
   "은혜를 더하게 하려고 죄에 거하겠느냐"(롬 6:1)는 말로 회중들을 낙담시키지 않으면서도 하나님의 은혜를 진작시킬 수 있는 방안은 없는 것인가?

4) 어떻게 하면 하나님의 은혜를 통해 당신의 신앙이 더 강건해지고 좌절과 두려움에서 벗어날 수 있는지에 관하여 묵상해보라. 과거 당신의 위선적 행동에 대하여 하나님은 어떻게 대하셨는가? 하나님의 은혜로 주어진 기쁨은 회중을 어떻게 변화시킬 수 있겠는가?

5) 당신의 마음 상태를 점검해보라.
하나님의 은혜를 인식하는 삶을 살고 있는가?
아니면 두려움과 죄의식에 은밀히 사로잡혀 있는가?
복음을 통해 당신은 어떻게 변화되어가고 있다고 생각하는가?

5장

예수님 품 안에 영혼을 안전하게 돌보라
(세상과 다른 비전)

(고전 15:20-28; 살전 2:17-20)

> 우리 주 예수 그리스도의 재림 시, 그분 앞에서 씨를 뿌리는 자들과 거두는 자들이 함께 기뻐할 것입니다.
>
> —매튜 헨리(Matthew Henry)[1]

자신의 역량보다 더 뛰어나기를, 보통 사람들보다 더 높아지기를, 또는 '이 세상과 별다른' 무언가를 꿈꾸는 사람을 만나 본적이 있는가?

우리 모두에게는 꿈이 있다. 의미와 목적이 있는 삶을 추구한다. 사실 우리는 자신의 역량보다 더 뛰어난 사람이 되기를 원한다. 이러한 관점에서 당신은 미래에 대한 하나님의 위대한 비전뿐만 아니

---

[1] Matthew Henry, *Matthew Henry's Commentary on the Whole Bible*, new modern ed., 6 vols. (Peabody, MA: Hendrickson Publishers, 1991), on 1 Thess. 2:17-20 (참조, http://bible.wiktel.com /mhc/1_thessalonians/2.html, July 20, 2011).

라 바울의 목자적 심정을 어렴풋이나마 깨닫게 될 것이다. 실로 이 세상과 다른 그 무언가를 보게 될 것이다.

오늘날 교회에 대한 성경적 비전을 세우기 위해서는 반드시 차량 범퍼의 구호 스티커, 교회의 사업 계획, 교단에 대한 관심, 그리고 교회의 산적한 과제 등과 같은 생각을 잠시 내려놓아야 한다. 반면에 세상 만물의 영광스럽고 완전한 회복을 전심으로 바라보아야 한다. 본장을 통하여 이러한 사안을 좀 더 심도 있게 살펴보자.

1. 천국을 향한 마음

"천국에 마음을 지나치게 둠으로써 이 땅의 것들을 얻지 못하는 일이 없도록 조심하라"는 경고를 들어본 적이 있을 것이다. 그리스도인들에게 주는 교훈은 이런 것이다. 천국에 대한 생각에 너무 사로잡히지 말라, 그리하면 이 현재적 삶 속에서 어떠한 실제적 효능을 얻지 못할 것이다. 그러나 C. S. 루이스(C. S. Lewis)는 자신의 저서 『순전한 기독교』(Mere Christianity)를 통하여 그러한 경고를 이렇게 반박하였다.

> 역사를 살펴보면, 현세에 최선을 다하는 그리스도인들은 내세에 대해서도 최선을 다하는 사람들이었다라는 점을 쉽사리 알 수 있다. 로마제국의 회심을 불러 일으켰던 사도들과 교부들, 중세교회의 위대한 교회지도자들, 노예 매매를 폐지시켰던 영국의 복음주의자들, 이 모든 사람들은 지상에 자

신들의 족적을 선명히 남겨 놓았다. 정확히 말하면, 그런 일
이 가능하였던 이유는 저들의 마음이 항상 천상에 사로잡혀
있었기 때문이다. 그리스도인들이 저 세상에 대한 생각을 멈
추기 시작하면 이 세상에 대한 저들의 영향력 또한 점점 더
감소하기 시작한다. 따라서 하늘에 속한 것을 바라보아야 한
다. 그러면 '덤으로' 지상의 것들을 얻게 될 것이다. 이 땅에
속한 것을 바라보면 그 어느 것도 얻지 못할 것이다.²

세상적인 프로그램이나 가치를 여과 없이 그대로 교회 사역에 활용하거나 시행하는 경우를 종종 목격했을 것이다. 현대 설교에도 이와 유사한 현상들이 나타난다. 설교학적으로 매우 세련되고 감동적이지만 영적인 것보다 세상적인 것에 더 치중하는 설교가 강단에서 선포되어지고 있다. 복음을 선포하거나 전도에 힘쓰는 그리스도인들 중에는 세상적인 메시지가 교회 밖의 사람들에게 보다 더 '설득력'있다고 생각한다. 사실 많은 그리스도인들이 위의 것을 바라보기보다는 오히려 땅의 것에 신앙의 눈높이를 맞추며 살아가고 있다. 당신의 목회가 하늘에 속한 것이 되려면 지나치게 세상적인 것에 의존하지 않도록 주의해야 한다.

사도 바울은 루이스와 같은 견해를 가지고 있었다. 천국을 향한 바울의 마음은 그의 모든 가치관과 세계관에 영향을 주었다. 장래에 임할 천국에 대한 바울의 비전은 그가 어떠한 목회자가 되어야 하는지, 어떠한 사람이 되어야 하는지에 상호 깊은 관련이 있었다. 데살

---

2   C. S. Lewis, *Mere Christianity*, rev. and enl. ed. (New York: Macmillan, 1955), 118.

로니가전서 1장에 나오는 바울의 언어 표현은 자신의 현재적 목회 사역이 그가 장차 기대하는 것으로부터 직접 영향 받고 있다는 사실을 보여준다.

어려운 상황이 계속적으로 늘어남에도 불구하고 바울의 비전은 전혀 흔들림 없었다. 데살로니가 교인들이 받은 고난 ("너희도… 고난을 받았으니라"[살전 2:14])과 자신이 겪은 고통 ("우리를 쫓아내고"[살전 2:15])을 회상하면서, 바울은 갑자기 가장 열정적인 언어 표현으로 글을 써내려갔다. 그 모든 표현은 목회를 향한 바울 자신의 비전을 온전히 담고 있었다. 이것은 마치 참되고 진실된 성경적 비전이 어떠한 형태가 되어야 하는지를 하나님께서 목회자와 성도들에게 보여주는 것 같다. 성경 본문은 두 개의 중요한 특징을 일깨워 주고 있다.

첫째, 세상과 다른 비전이며,

둘째, 모든 사람에게 복이 되는 비전이다.

1) 세상과 다른 비전

(1) 바울의 마음과 영을 사로잡은 세상과 다른 비전

먼저 바울의 비전을 표현해주는 말씀에 주목해 보자.

> 너희 얼굴 보기를 열정으로 더욱 힘썼노라(살전 2:17).

> 우리의 소망이나 기쁨이나 자랑의 면류관이 무엇이냐… 너희가 아니냐(살전 2:19).

상기 두 구절을 통해 사도 바울의 심장이 하나님에 대한 사랑 그리고 자기 사람들에 대한 사랑으로 요동치고 있음을 보여주고 있다. "왜 이렇게 성경은 따분할까"라고 생각해본 적이 있는가?

하나님의 진리의 말씀을 감명 깊게 올바로 전하기만 한다면, 청중들은 열정적인 성경의 인물들을 반드시 만날 수 있을 것이다. 바울은 위대한 비전을 품고 살았던 대표적인 인물이었다. 부활하신 그리스도에 대한 비전을 품고 있었다. 하나님 나라의 확장에 대한 비전을 품고 있었다. 분명히 바울은 자신의 모든 보폭이 그 위대한 비전을 실현하기 위해 나아가는 걸음걸이라는 점을 알고 있었다. 진실로 그는 자신의 역량보다 위대한 일을 하였던 인물이었다. 대부분의 바울 사역은 그리스도 안에서 하나님의 은혜에 대한 비전을 설명하고 그 비전 앞으로 사람들을 초청하는 일에 집중되어 있었다.

오해와 실수를 범하지 말아야 한다. 다시 말해서, 비전에 관한 메시지는 단지 목사와 교회 지도자들만을 위한 것이 아니라 모든 그리스도인들을 위한 것이 되어야 한다. 영광스러운 교회 비전을 서로 함께 나누어야 한다. 그러할 때 교회가 근본적으로 가지고 있는 위대한 복음의 능력이 온전하게 드러날 것이다.

참되고 위대한 비전은 이 세상의 비전과 전혀 다르다. 인간의 것보다 더 위대한 비전만이 신앙과 목회생활 내내 우리의 생각과 꿈을 채워줄 수 있다. 목회자와 성도들이 상호간에 공동의 비전을 세워 나갈 때 교회 내에 커다란 변화가 반드시 일어난다. 바울의 발자취를 따르고자 한다면, 세상과 차원이 전혀 다른 하나님의 비전을 세워야 하며 그 일은 바로 당신의 몫이다. 이와 같은 비전을 세우는 일에 전심전력해야 한다.

"교회 출석 성도가 얼마나 됩니까?"

이러한 질문을 종종 받는다.

그와 같은 질문에 다음과 같이 답해야 한다.

"수백만 명입니다. 우리 교회 성도는 모든 세대의 그리스도인들을 포함하고 있는 영광스러운 하나님 나라의 일원이기 때문입니다."

그러면 생각이 깊은 사람은 되물을 것이다.

"그 수백만 천국 백성들 가운데 당신이 목양하고 있는 사람은 몇 명이나 됩니까?"

물론 "아무도 없습니다"라고 답해야 할 것이다.

반면에 나는 당신이 하나님의 영광스러운 나라를 위한 비전을 세워나갈 수 있기를 바란다. 그리스도 예수가 세우신 교회의 본질에 청중들의 시선을 맞출 수 있도록 해야 한다. 교회 개척 초기에 청중들은 다소 미흡한 환경일지라도 기꺼운 마음으로 모이기에 힘쓴다. 예를 들어, 체육관 농구대 밑에서 설교를 듣는다 할지라도 예배자들은 목회자가 제시하는 천상의 비전을 감동적으로 받아들인다.

하나님의 마음에 대한 열정으로 채워진 집회라면, 그 체육관은 성령 하나님의 능력으로 인하여 가장 웅장한 유럽의 대성당이 되는 것이다.

천국에 대한 비전을 잘 계승 발전시키지 못하고 있다면 당신의 목회는 치명적인 오류를 범하고 있는 것이다. 바울의 가르침처럼, 당신이 천상의 천사들 중앙에 좌정하고 계신 만왕의 왕 만주의 주 그리스도를 목도할 수 있을 때 비로소 그 날을 향하여 가고 있다고 말할 수 있다. 만일 그러한 비전을 바라볼 수 있다면, 당신의 심장은 바울의 열정으로 가득 채워질 것이다. 아울러 당신은 그러한 열정의 인생을 살게 될 것이다.

(2) 고린도전서 15장에 담긴 바울의 가르침

이 위대한 부활장을 통해 바울은 모든 그리스도인들을 가장 영광스러운 광경으로 이끌어 가실 하나님의 위대한 계획에 관한 큰 밑그림을 우리에게 보여주고 있다.

고린도전서 15:20-28에서 바울은 우리 주 예수의 부활 사건이 최후 부활의 날과 더불어 종결될 일련의 사건들의 출발점이라고 가르친다. 그 날에 하늘은 두 개로 갈라 질 것인데, 그리스도께서 다시 오실 것이며, 자신의 친 백성의 몸은 부활하게 될 것이다. 그 날에 승천 시에 시작되었던 예수 그리스도의 통치는 비할 데 없는 무소불위의 통치가 될 것이다. 그리고 다른 모든 권세자들과 권력자들 그리고 모든 악은 그리스도 왕국의 대 격동으로 말미암아 소멸되고 말 것이다.

모든 무릎은 그 앞에 꿇게 될 것이며, 모든 입은 그분을 주님이라고 고백하게 될 것이다(빌 2:10-11). 고린도전서 15:25에서 바울은 모든 대적이 그리스도의 발아래 굴복할 것이라고 말하고 있다. 그 후, 천상의 언어가 있는 영원한 땅으로 우리를 인도할 것이다. 바울은 계속하여 말하기를, 천국이 충만하게 임함에 따라, 하나님 아버지로부터 천국 권세를 받으신 그리스도께서 아버지께 그것을 다시금 되돌릴 것이며, 하나님은 만물 안에 충만하게 임할 것이라고 하였다.

누가 이러한 놀라운 광경을 다 이해한다고 말할 수 있겠는가? 아무도 없다. 죄에 물든 심령이 그것을 다 이해하기에는 너무나

오묘한 하늘에 속한 일들이다. 그러나 천상의 비전 즉 하늘에 속한 것들에 대한 비전이 곧 하나님의 비전이다. 교회를 향한 당신의 비전은 틀림없이 그러한 비전에 순응해야 한다. 우주 가운데 행하시는 하나님께 초점을 맞춰야 하며 성령 하나님의 인도함을 받아야 한다. 만일 당신이 이 세상에 속한 것들에만 치중한다면, 은혜를 입을 만한 어떠한 선한 일을 할 수 없으며 영원한 목적도 성취할 수 없다. 마음 중심에 천상에 대한 비전을 품고 살아야 한다.

반드시 하늘에 속한 것들을 선포해야 한다. 죽음을 이기시고 부활하여 승리하신 구원자의 비전을 높이 치켜세워야 한다. 그분은 면류관을 쓰시고 높이 찬양받으실 그날을 향하여 역사 가운데 당당히 걸어가고 계신다. 마침내 전능하신 하나님의 영광스러운 섭리는 온전히 성취되실 것이다.

2) 오늘날 사람들에게 복이 되는 비전

다시 C. S. 루이스의 견해로 돌아가서, 데살로니가전서에 나오는 세상과 다른 비전이란 이 땅에 속한 것이면서도 지나치게 천상적인 것이 아니라는 점을 유념해야 한다. 다시 말하면, 이 세상과 다른 비전은 오히려 현세에 축복이 된다는 의미이다. 데살로니가전서를 면밀히 살펴보면, 두 번째 주요 특징이라 할 수 있는 현대인들에게 축복을 가져다주는 비전에 대하여 깨달을 수 있다.

데살로니가전서 2:19-20에 바울이 요약해 놓은 비전에 관하여 살펴보자.

> 우리의 소망이나 기쁨이나 자랑의 면류관이 무엇이냐 그가 강림하실 때 우리 주 예수 앞에 너희가 아니냐 너희는 우리의 영광이요 기쁨이니라(살전 2:19-20).

(1) 인간의 영혼은 예수의 품 안에서 안전하다

모든 위대한 그리스도인들은 전형적으로 하나의 강력한 비전을 가지고 있었다. 바울은 틀림없이 그러한 사람들 중에 한 사람이었다. 그의 인생 비전이 바로 상기 구절에 집약되어 있다. 바울의 인생 비전은 모든 세대를 향한 하나님의 위대한 섭리 비전 안에 속해 있으면서도 이 땅에 속한 특징을 가지고 있다고 고백하고 있다. 즉 그리스도께서 다시 오실 때에 자신의 사람들이 그곳에 함께 거하기를 원하며, 예수 그리스도의 품 안에서 저들이 안전하게 거하기를 기대한다고 하였다.

이러한 바울의 비전이 당신의 비전이 되어야 한다. 당신의 삶은 복음을 위한 사역으로 집중되어야 한다. 그래야 그리스도가 다시 오실 때, 당신의 가족과 성도들이 예수의 품 안에서 안전하게 거하게 될 것이다. 이보다 더 큰 비전이 있을 수 없다. 따라서 이 위대한 목표를 향하여 수고하고 계획하고 당신의 인생을 드려야 한다. 당신의 가족과 성도들을 위하여 기도하라. 그들에게 복음을 증거하라. 또한 믿음의 삶을 살아가도록 힘써 권면하라.

그리할 때, 분명히 저들도 천국에서 당신과 함께 거하게 될 것이다. 바울처럼, 당신의 비전을 하나님의 비전에 맞춰야 한다. 당신의 비전이 당신 자신에게 초점이 맞춰지지 않도록 주의해야 한다. 하나님 나라의 경륜에 따라 그와 같은 비전을 세우거나 그와 같은 비전을 당신 자신과 가족 간에 심어주거나 그 비전을 위해 계획을 세우고 수고하는 일 등은 오로지 당신 자신의 몫이다. 그리스도께서 다시 오시는 날, 예수의 품안에서 안전하게 거하게 될 것이다.

(2) 방해물을 조심해야 한다

바울의 비전을 반대하고 방해하는 사탄의 계략이 있었다.

> 그러므로 나 바울은 한번 두번 너희에게 가고자 하였으나 사탄이 우리를 막았도다(살전 2:18).

사탄은 목회 정책을 운운하는 설교자에게 관심이 없다. 사탄은 교회를 운영하는 성도들에 맞서서 지옥의 전령들을 소집하지 않을 것이다. 그러나 그리스도 안에서 점차 다가오는 하나님 나라에 집중하며 사역하는 성도들을 향해서는 분명히 방해가 있을 것이다. 예수 그리스도를 주님으로 선포하고 가르치는 성도들을 향하여, 죄악으로부터 돌아서라고 남녀노소를 일깨우는 성도들을 향하여, 그리고 죄의 속박에서 벗어나 그리스도의 통치에 자신들의 삶을 드리도록 권면하는 자들을 향하여 분명히 방해공작이 있을 것이다.

그러나 확실한 것은 이 세상의 권세자보다 우리 안에 계신 이가 더 크고 위대하다는 점이다(요일 4:4). 사탄은 끊임없이 바울을 방해하였다.

오늘날 교회가 존재하고 있다는 사실은 무엇을 반증하는가?

바울을 비롯한 모든 그리스도인들이 사탄과의 싸움에서 이긴 승리자들이었다는 점이다(롬 8:37). 당신의 비전이 하나님의 비전에 속한 것이라면 당신도 틀림없이 넉넉한 승리자가 될 것이다.

2. 나오는 말

> 우리의 소망이나 기쁨이나 자랑의 면류관이 무엇이냐… 너희가 아니냐(살전 2:19).

이것이 천국에 대한 비전이다. 이 비전은 오늘날 이 땅의 모든 사람들에게 주어진 축복이다.

몇 년 전, 포커스 온 패밀리(Focus on Family)의 설립자 제임스 답슨(James Dobson)이 심장마비로 인하여 거의 생명을 잃을 번한 사고를 크게 겪은 적이 있었다. 그 위급한 상황 속에서 제임스는 자신에게 가장 중요한 것이 무엇이며 필요한 것이 무엇인지를 점검하였다고 한다. 아버지의 소식을 듣고 급히 달려온 자녀들을 침대 곁에 불러 세웠다.

그리고 다음과 같이 말하였다.

"만일 예수 그리스도께서 나팔소리와 함께 공중 재림하실 때 그분을 맞이하는 사람들 가운데 너희들이 없다면, 아버지로서 내가 너희들에게 가르쳤고 해주었던 모든 일들은 결국 아무런 의미가 없는 것이다."

제임스는 자녀들에게 떨리 듯한 가냘픈 목소리로 다음과 같은 짧은 마지막 당부를 하였다.

"거기에 있어야 한다"(Be There).

거기에 있어야 한다. 이것은 어느 목사에게 있어서나 가장 바라는 소망일 것이다. 당신의 교회가 성장하는 동안 반드시 기억해야 할 것은 만일 그리스도께서 다시 오실 때에 당신의 모든 교우들이 그곳에 없다면 모든 것은 아무런 의미가 없는 것이다.

거기에 있을 것인가?

물론 그렇게 할 수 있다. 그러나 그것은 당신 자신의 수고나 계획 때문이 아니다. 부활하여 살아계신 생명의 주님 즉 우리 구주 예수 그리스도를 오직 믿음으로 영접하고 오직 믿음으로 순종하는 것을 통해서만 가능한 일이다. 다만 믿음을 통해 하나님과 함께 영생을 누리는 소망을 가질 수 있다.

오직 그리스도만을 신뢰하는 믿음을 가지고 있는가?

바로 이 시간 그러한 믿음을 확실하게 소유하고 있어야 한다. 진리이신 하나님의 말씀을 확실하게 의지해야 한다. 예수 그리스도를 영접함으로써 모든 세대를 향한 하나님의 영원한 계획안에 동참할 수 있다. 당신의 삶을 향한 하나님의 계획은 바로 여기에서 하나님을 영화롭게 하며 그를 영원토록 즐거워하는 것이다. 모든 지혜를 뛰어넘는 하나님의 평강을 깨달아야 한다. 예수님께서 자신을 영접하고 믿는 자들에게 약속하신 풍성한 생명을 경험해야 한다. 바로 그러할 때 비로소 당신의 인생에 엄청난 큰 복이 임할 것이다. 그리스도를 깨닫는다는 것은 오늘 이 순간 당신에게 위대한 축복이 될 것이다. 하지만 가장 위대한 축복은 아직 도래하지 않았다. 그리스도의 궁극적 비전은 진실로 이 세상의 비전과 다른 것이기 때문이다.

3. 묵상을 위한 질문

1) 교회나 가정 그리고 교회를 위한 당신의 노력이 성공적이었다면 무엇 때문이라고 생각하는가?
그러한 성공을 거둔 적이 없다면 당신의 노력은 아무런 소용이 없는 것인가?
이런 문제를 되돌아보는 데 있어서 도움이 될 만한 성경구절을 찾아보고 그 말씀을 묵상해보라.

2) 개선의 필요성을 느낀다면 제1장 마지막 부분에서 당신이 작성한 교회 비전 선언문을 다시 한 번 살펴보라.
그 비전 선언문이 하늘에 속한 것임을 충분히 반영하고 있는가?
또한 이 땅의 사역을 충분히 반영하고 있는가?

3) 교회 비전 선언문에 비추어 당신 자신의 비전은 어떠하다고 생각하는가?
교회 비전을 보완하기 위해 필요한 당신 자신의 비전을 간략히 써보라.
교회 성도 각자 각자가 실제적인 수준에서 이러한 비전을 어떻게 품을 수 있는지 생각해보라.

4) 주일 예배 때 예배자들이 천국을 바라볼 수 있도록 일깨워주는 요소들이 있는지 그 항목을 적어보라.

그러한 요소들이 어떻게 잘 강조되고 있는가?
천상에 대한 비전은 당신의 교회가 보다 더 '이 땅에 유용한' 교회가 되도록 하는데 어떠한 도움을 주고 있는가?

5) 당신 자신의 마음을 살펴보라.
당신의 마음속에 영원에 대한 기대감이 있는가?
당신의 가족과 친구 그리고 이웃들의 최후에 대하여 진실로 염려하며 기도하고 있는가?

6장

우리 세대에 임하는 그리스도의 승리를 목격하라
(위대한 수확에 대한 확고한 비전)

(요 4:1-42)

> 죄인들을 향한 희망을 포기해서는 안 됩니다. 저들의 구원을 위해 하나님께 기도하십시오. 당신을 당혹스럽게 만들 만한 회개는 어디에도 존재하지 않습니다. 오히려 여전히 회개하지 않은 상태로 남아 있는 누군가 때문에 당신은 당황해야 할 것입니다.
>
> —마틴 로이드 존스(David Martyn Lloyd-Jones)[1]

영화 "새클톤의 남극탐험"(Shackleton's Antarctic Adventure)은 1914-17년 사이에 남극을 탐험하였던 어니스트 새클톤 경(Sir Ernest Shackleton)과 선원들의 믿기 힘든 항해 상황을 말해주고 있다. 그는 이전에 어느 누구도 가보지 못했던 그곳을 용기 있게 찾아 나섰다. 요한

---

[1] Iain H. Murray, *David Martyn Lloyd-Jones: The First Forty Years, 1899-1939* (Carlisle, PA: Banner of Truth Trust, 1982), 226-27.

복음 4장에 나오는 예수님도 바로 그러했다. 그분은 사마리아로 여행하였다. 그분의 여행은 제자들과 사마리아인들을 당황스럽게 만들었다. 아마 당신도 놀랐을 것이다. 만일 절망적인 삶을 살아가는 당신이나 또는 그와 같은 삶을 느끼며 살아가는 그 누군가에게 필요한 것이 있다면 바로 이 성경구절이 될 것이다.

1. 겨울 밀

하나님은 죽음에서 생명으로 인도하는 것을 기뻐하신다. 한 겨울에 캔사스 주를 관통하며 여행할 경우 우리의 시야에 들어오는 것은 단지 수십 마일 이어지는 황무한 벌판뿐이다. 그 어느 것도 보이지 않는다. 그 황무한 벌판을 바라보면서 '미국의 빵바구니'를 상상하기란 쉽지 않다. 하지만 정작 우리가 보지 못하는 것이 있다. 차가운 대지 속에 묻혀있는 겨울 밀 씨앗이다. 겉으로는 생명이 없는 황무한 벌판 같지만, 실제로 그 곳에는 생명의 기운이 가득하다. 겨울 밀은 뒤덮인 눈 속에서 생명을 잉태할 것이다. 햇볕과 비와 적당한 기온 속에 잘 성장하여 푸르른 밀 벌판을 드넓게 형성할 것이다. 그리고 머지않아 눈부신 황금빛 추수 밭으로 바뀔 것이다. 원리는 명확하다. 하나님은 죽음에서 생명으로 인도하신다. 얼어붙은 땅 밑의 씨앗에 생명을 공급하여 주신다.

이것이 인간의 영혼에게 행하시는 하나님의 방식이다. 쉽게 다가갈 수 없는 사람들 또는 회개할 줄 모르는 사람들을 죽은 생명으로 쉽사리 치부하는 경우가 있다. 혹 당신에게도 그런 경험이 있었을 것이다. 그러나 하나님은 죽음에서 생명으로 인도하는 것을 기뻐하신다.

예수님께서 파란만장한 삶을 살아온 한 여인을 우물가에서 만나시고 그녀에게 새 생명을 주시는 요한복음 4장의 장면을 다시 한 번 더 읽어보라.

더욱이 그 여인은 사마리아인이었다. 즉 그녀는 이방인들과 섞여 살면서 변절의 길을 걸어갔던 북왕국 유대인의 한 부류였다. 유대인들의 눈에 그녀는 혼혈인이요 부적격자였다. 지금처럼 예수님 당시에도 인종적 계급적 편견이 많이 있었다. 제자들도 그 여인과 수가 성 사람들을 멸시한 것 같았다. 그러나 예수님은 다른 사람들이 놓친 것을 주목하여 보았다. 그렇게 함으로써 한 여인이 회심하게 되었고, 또한 마을 전체도 변하게 되었다.

만일 사마리아 여인에게 행하셨던 예수님의 방식을 직접 목격하였다면, 현재 당신의 목회에 어떠한 변화를 주어야 한다고 생각하는가?

어떤 종류의 사람들을 도저히 다가갈 수 없는 사람들로 여길 경우, 그러한 행동이 복음의 능력을 과소평가하는 것이라고 생각하지 않는가?

추수할 시점이 바로 지금이라는 점을 깨달아야 한다. 그리스도인이 된 이후 이웃을 대하는 당신의 태도가 전능하신 하나님을 너무 놀랍게 만드는 것이 되어서는 안 된다. 누구나 언제든지 구원받을 수 있으며, 죄와 부끄러움의 인생에서 건짐 받을 수 있다는 성경적 자세를 분명히 가지고 있어야 한다.

  이러한 마음의 자세를 함양하기 위하여 어떠한 노력을 하고 있는가?

  요한복음 4:1-42은 현 시대와의 유사성에 대하여 그리고 우리 자신을 위한 교훈에 대하여 다음과 같이 가르쳐 주고 있다.

1) 현 시대와의 유사성

(1) 수가성은 미국과 같다

  수가는 성경 지식이 한때 풍성했던 지역이었다. 요한복음 4:6은 야곱의 우물을 언급하고 있다. 그 지역에는 믿음의 역동성을 연상하게 만드는 주요지형물들이 존재하고 있었다. 그러나 죄로 인하여 그 지역 사람들은 영적 무지에 빠지고 말았다. 때문에 예수님의 제자들은 그곳에서 시간을 보내야 한다는 것에 별로 관심이 없었다. 반면 예수님은 그곳에 큰 관심을 가지고 계셨다. 바로 그 곳과 그 시점이 추수할 장소요 시기로 인식하고 계셨다.

  이러한 정황은 오늘날 미국의 경우와 유사하다. 한 때 미국 땅에는 활기찬 신앙의 유산물로 찬란하게 빛났다. 폴 존슨(Paul Johnson)은 자신의 최근 저서『미국인의 역사』(History of the American People)를 통해 미국의 역사기록은 모든 국민이 열람할 수 있도록 공개되어져 있으며, 그리스도인들이 복음전파를 위해 이 나라의 기초를 놓았다는 점을 강조하였다. 결코 부정하거나 숨길 수 없는 역사적 사실이라고 그는 강변하였다.

폴 존슨의 말에 동의하거나 말거나 간에, 미국 땅 곳곳에 교회가 세워져 있는 엄연한 사실을 결코 부인할 수 없을 것이다. 드 토크빌(De Tocqueville)이 기록했던 것처럼, 미국은 교회의 영성을 지닌 나라이다. 미국은 위대한 신앙의 유산물로 형성된 하나의 팀과 같다. 즉 그리스도 예수에 대한 신앙으로 말이다. 사랑과 믿음의 시각을 가지고 당신의 친구들과 주변 사람들에게 다가간다면, 마치 우물가에서 예수님께서 그 여인에게 그랬던 것처럼, 당신도 인생의 깊은 문제들에 대하여 저들과 대화할 수 있을 것이다.

(2) 수가성의 주인공은 수많은 미국인을 닮았다

수가성의 주인공은 죄악에 빠져 참된 신앙심이나 신앙의 고귀한 유산을 잊어버린 채 살았다. 다행히도 메시아에 대한 믿음이 그녀에게 잔재하고 있었을 뿐이다. 이것이 미국의 현실상이다.

조지 바나(George Barna)는 미국인들을 대상으로 실시한 설문조사에서 아주 흥미로우면서도 상충되는 정보를 발견하였다. 즉 대다수의 미국인들이 예수 그리스도의 신성을 믿지만 그를 따르지는 않는다는 점이다. 많은 사람들이 '하나님'이라는 단어를 알고 있지만 구원에 관한 신앙은 결핍되어 있었다.

이런 일이 어떻게 가능할 수 있을까?

그것은 미국인들이 우물가의 여인과 너무 많이 닮았기 때문이다. 저들은 죄 가운데 살아가고 있으며, 깨어진 관계와 옳지 못한 결정 등을 통해 고통의 목록을 스스로 쌓아가고 있다. 그리고 하나님이 없는 판에 박힌 듯한 삶을 살아가고 있다. 그러나 그들 중에는 어떤 중대한 의미를 알고 있는 사람들도 있다. 비록 성경에서 말하는 것과 거리가 있을지라도, 저들은 예수님에 관하여 들은 바 있으며, 그중에 어떤 이들은 예수님을 위해 중대한 결심을 이미 내렸을지도 모른다.

이러한 사람들에게 반드시 다가가야 한다. 저들이 사용하는 언어로 함께 사귀어야 한다. 만물의 주가 되시는 예수님에 관한 진리, 그분의 가르침, 그리고 그분의 요구 등에 대하여 반드시 일깨워줘야 한다.

(3) 영적으로 우둔한 제자들은 슬프게도 수많은 현대 그리스도인들과 닮았다

'얼어붙은' 대지 밑에 엄청난 수확물이 잠재되어 있다는 사실을 분별할 수 있는 판단력이 제자들에겐 없었다. 급한 대로 먼저 그들은 양식을 구하기 위하여 도시 안으로 들어갔다(요 4:8). 다시 돌아온 저들이 예수님께서 그 여인과 대화를 나누고 있는 모습을 보고 몹시 놀랐다. 하지만 그 누구도 "무엇을 찾으십니까? 어찌하여 그녀와 말씀을 나누십니까?"라고 묻지 않았다(요 4:27). 이 모든 것은 제자들의 우둔한 모습을 반증할 뿐이다.

이런 문제들이 당신의 신앙 잣대에 거슬리는가?

제자들처럼 현대 그리스도인들도 그리스도인과 비그리스도인을 나누는 경계선을 그어놓을 가능성이 얼마든지 있다. 마치 선을 긋는 일은 인생에 있어서 어떤 불변의 사안과도 같아 보인다.

비그리스도인과 당신 간에 분명하게 선을 그어놓고 살아 본적이 있는가?

세상 사람들의 영혼에 무관심한 채, 당신에게 익숙한 교회 공동체로 물러나 그저 그곳에서만 머물러 본적이 있는가?

제임스 케네디(D. James Kennedy)는 자신이 처음으로 복음 전하러 갔던 때의 이야기를 종종 들려주곤 하였다. 평신도 한분과 함께 집 방문을 떠났다. 말과 행동이 매우 거친 어느 한 사람의 집에 찾아 들어갔는데, 그는 불신자였다. 케네디는 그 평신도를 쿡쿡 찌르며 도로 나가자고 말했다. 그러나 그 평신도는 그 남자와 대화를 가능한 계속 나누겠다고 젊은 목사에게 답하였다. 그리고 얼마간의 시간이 지난 후에 그 평신도가 그 거친 남성을 그리스도께 인도하는 것을 케네디가 목격하였다.

비호감처럼 보이는 사람일지라도 하나님의 은혜로운 구원을 받아들일 수 있는 적격자라는 사실을 케네디는 그때 깨달았던 것이다. 또한 그러한 사람들을 영생으로 인도하기 위한 하나님의 도구가 되는 기쁨에 대해서도 깨달았다.

이것이 바로 우리 주님께서 우물가에서 만난 그 여인을 대하였던 방식이었다. 주님은 그 누구도 감히 나아가려하지 않는 곳을 찾아갔다. 그는 인생의 고통과 번민과 문제를 간파하였다. 그의 복음은 자신의 제자들의 신앙보다 더 낙관적이었다. 예수님이 사마리아에 있던 시기가 바로 추수의 시기였다. 이처럼 오늘날 바로 이 시기가 영혼 추수의 때인 것이다.

2) 우리 자신을 위한 교훈

(1) 매우 강팍하게 보이는 사람일지라도 그가 겪는 고통에 대하여 영적으로 둔감해서는 결코 안 된다

> 이때에 제자들이 돌아와서 예수께서 여자와 말씀하시는 것을 이상히 여겼다(요 4:27).

제자들은 그 여인을 경시하였던 반면에(요 4:27, 31, 33) 예수님은 자신 앞에 있는 기회를 낙관적으로 포착하였다. 야곱의 우물은 그 지역 사람들의 전형적 실태를 보여주는 그 가련한 여인에게로 이어졌으며, 그녀의 회심은 수가성의 영적부흥으로 이어졌다(요 4:40).

마커스 도드(Marcus Dods)는 평하였다.[2]

"제자들은 그 우물가의 여인이 자신들보다 더 유능한 사도였다는 점을 깨닫고 부끄러워해야 했다"

당신의 영혼이 둔감해져가고 있다는 것을 어떻게 깨달을 것인가?

① 좋은 기회가 주어졌음에도 불구하고 그것을 분별할 수 없을 때

> 묻는 자가 없더라(요 4:27).

---

[2] Marcus Dods, The Gospel of St. John, 2 vols., *Expositor's Bible* (London: A. C. Armstrong, 1902), 1:162.

② 영적인 일을 분별할 수 없는 반면에 세상적인 양식으로 만족할 때

> 그 사이에 제자들이 청하여 이르되 랍비여 잡수소서 이르시되
> 내게는 너희가 알지 못하는 먹을 양식이 있느니라(요 4:31-32).

참된 부흥을 목격하기 원한다면, 예수님께서 하셨던 것처럼 강퍅한 땅과 완고한 사람들에게 기꺼이 찾아가야 한다. 마음이 상하거나 낙심하거나 상처 받거나 죄악 가운데 있는 사람들에 대하여 마음이 둔감해지지 않도록 주의해야 한다. 반면에 그리스도를 영접하는 자에게 값없이 주시는 영광된 그분의 생명을 나눠주어야 하며, 잔혹한 십자가 죽음을 통해 모든 죄를 온전하게 속량하신 그리스도를 전해 주어야 한다.

공동체 내에 있는 잃어버린 자들과 저들이 겪는 고통에 대하여 영적으로 둔감하다거나 하나님은 능히 하실 수 있다는 확신이 약하다면, 그러한 마음을 통회하고 도려내야 한다. 더불어 영광스런 복음에 눈을 떠야 한다. 어느 곳이든지 상한 마음과 아픈 마음을 가진 사람들이 있기 마련이다. 저들에게 찾아가 그리스도의 복음을 나눠야 한다. 하나님께서 자신의 영광스런 사역을 우리를 통해 성취하시도록 해야 한다.

(2) 복음의 강력한 능력을 결코 잊지 말아야 한다

제자들은 가나 혼인잔치에서 예수님께서 물을 포도주로 변화시키는 기적을 목격하였다. 하지만 그것보다 더 위대한 기적이 인생의

변화라는 점을 제대로 이해하지 못하고 있었다. 반면 수가성의 여인은 예수님을 만났고 그로 인하여 변화된 자신의 삶에 대하여 다른 사람들에게 전하였다.

성경주해가로 명성이 뛰어난 침례교 목사요 신학자 로버트슨(A. T. Robertson)은 이 성경 본문의 주해에서 다음과 같이 말하였다.

> 따라서 예수님은 영적 각성이 계속되는 수가성에 더 머무셨다. 그 영적 각성이란 유대인들과 사마리아인들 간의 감정을 회상해 볼 때 도저히 예측할 수 없는 사건이었다.[3]

성경 본문은 몇 가지 중요한 교훈을 가르치고 있다.

① 복음은 인생을 변혁시킬 수 있는 힘을 가지고 있다

> 여자의 말이 내가 행한 모든 것을 그가 내게 말하였다 증언하므로 그 동네 중에 많은 사마리아인이 예수를 믿는지라(요 4:39).

성령 하나님은 말씀을 통해 자신의 목표물을 찾아낼 것이다. 그분은 당신이 전혀 꿈꾸지 못했던 곳으로 인도할 것이다. 하나님의 사랑의 흔적을 지닌 영혼들을 성령님은 저어보시고 꾹 찔러보시며

---

[3] Archibald Thomas Robertson, "Word Pictures in the New Testament," Accordance Bible Software, Version 7.1 (2007). 참조, A. T. Robertson and James A. Swanson, *Word Pictures in the New Testament*, concise ed. (Nashville: Broadman & Holman Publishers, 2000).

찾아낼 것이다. 결국 아주 단단한 심령조차 변화시킬 것이다.

② 복음은 마을 공동체를 변혁시킬 수 있는 힘을 가지고 있으며 부흥을 일으킨다

> 사마리아인들이 예수께 와서 자기들과 함께 유하시기를 청하니 거기서 이틀을 유하시매 예수의 말씀으로 말미암아 믿는 자가 더욱 많아 그 여자에게 말하되 이제 우리가 믿는 것은 네 말로 인함이 아니니 이는 우리가 친히 듣고 그가 참으로 세상의 구주신 줄 앎이라 하였더라(요 4:40-42).

1536년에 『기독교강요』[4]를 집필한 존 칼빈은 성령의 능력을 매우 강조하였다. 하지만 그러한 주장에 비하여 실제 초기 목회에 있어서는 인간 공동체를 변화시키는 복음의 능력을 확신 있게 붙잡지 못했던 것 같다. 왜냐하면 그 무렵 칼빈이 제네바에 머물도록 마음을 움직이게 만든 것은 윌리엄 파렐(William Farel)의 위협적 어조가 상당한 역할을 하였기 때문이다. 그렇게 제네바에 머물게 된 칼빈은 신앙 공동체를 재건하는 일을 아주 시급하고 중대한 과제로 여겼다. 그 후 제네바는 큰 영적 부흥의 기쁨을 누리게 되었다.

당신은 부활하신 주님으로 뜨겁게 타오르는 교회를 꿈꾸고 있는가?

---

4 John Calvin, *Institutes of the Christian Religion*, ed. John T. McNeil, trans. Ford Lewis Battles, 2 vols. (Louisville: Westminster John Knox Press, 2006).

변화의 힘을 지닌 하나님의 은혜를 다른 사람에게 전해주는 그리고 그 은혜의 이야기를 다른 사람들에게 감동스럽게 들려주는 그런 교회를 꿈꾸고 있는가?

죄악 된 사람들 심지어 현대판 사마리아인과 같은 이 땅의 사람들을 구원하고자 하시는 그리스도의 능력과 영광을 믿을 때 비로소 당신은 영혼 추수를 거두어 드릴 것이다.

③ 영혼구원의 열정과 기대감을 가지고 추수 들녘으로 나가야 한다

> 예수께서 이르시되 나의 양식은 나를 보내신 이의 뜻을 행하며 그의 일을 온전히 이루는 이것이니라. 너희는 넉 달이 지나야 추수할 때가 이르겠다 하지 아니하느냐 그러나 나는 너희에게 이르노니 너희 눈을 들어 밭을 보라 희어져 추수하게 되었도다(요 4:34-35).

로버트슨은 예수님의 구령열정이 어떻게 드러나 있는지를 이렇게 부연 설명하였다.

> 요한복음 4:34은 예수님께서 자신의 메시아적 자의식을 분명하고 명확하게 알고 있었음을 보여주고 있다. 그분은 성부 하나님께서 자신을 보내셨다는 사실을 결코 의심하지 않았다.[5]

---

5 Robertson, "Word Pictures in the New Testament," on John 4:34.

예수님은 자신의 사명을 열정적으로 인지하고 계셨다. 제자들은 구원자 그리스도와 달리 잃어버린 자들에 대한 구령열정을 갖고 있지 않았다. 예수님께서 보았던 것을 저들은 볼 수 없었다. 잃어버린 자들을 향해 가지셨던 예수님의 비전과 사랑과 마음이 저들에게 결여되어 있었던 것이다.

주님은 당신에게 무엇을 원하실지 생각해보라. 평범하거나 예측 가능한 일 그 이상일 수 있다는 사실을 항상 유념해야 한다. 하나님은 언제든지 만물 가운데 간섭하실 수 있으시고 만물을 변화시킬 수 있다는 점을 언제나 직시해야 한다.

어느 신학생이 병원 방문 전도에 대한 자신의 경험을 이렇게 들려주었다.

"마이애미 재향병원에 입원해 있는 한 여성 노인을 방문 중에 있었습니다. 그녀에게 로마서 8:28 말씀 '우리가 알거니와 하나님을 사랑하는 자 곧 그의 뜻대로 부르심을 입은 자들에게는 모든 것이 합력하여 선을 이루느니라'고 읽어주자, 그 노인 옆 침대에 누워있던 한 여인이 욕설과 같은 혼잣말로 중얼중얼했습니다. 그녀의 정신상태가 혼미한듯 보였습니다. 복음을 전해도 전혀 듣거나 이해할 수 없는 거의 죽음의 상태에 이른 것처럼 보였습니다. 그래서 마치 제자들이 그랬던 것처럼, 나도 그녀를 멀리하였습니다. 그런데 그녀가 갑자기 일어나 말하기를 '어떻게 죽어야 할지에 대해 제게 전해 줄 말이 그 책에는 없습니까?'라고 하였습니다. 평정을 되찾은 후 나는 '네, 영생에 관한 이야기가 성경에 있습니다'라고 답하였습니다. 결론적으로, 그 여인은 그리스도께 나왔으며, 내가 보는 앞에서 완전히 변화되었습니다. 사실 그녀는 구원받은 것뿐만 아니라, 세례를 받고 예수님의 제자가 되었습니다. 얼마 지나지 않아 그 여인은 숨을 거두었습니다."

그 신학생은 다음의 말로 자신의 이야기를 마쳤다.
"저는 그 여인에 대한 어떠한 열정도 없이 그 여인의 영혼에 대한 어떠한 기대도 없이 병원에 찾아 갔었습니다. 그러나 결과적으로 무슨 일이 일어났는지 한번 생각해 보십시오."

하나님은 능력이 많으신 분이다. 그분의 계획과 섭리는 불변하다. 그러한 믿음과 확신이 우리에게 필요하다. 잃어버린 영혼에 대한 구령열정과 하나님은 무엇이든 할 수 있다는 기대감을 가지고 나아가야 한다. 이것이 이전보다 지금 더 우리에게 필요한 현대교회의 비전인 것이다.

2. 나오는 말

요한복음 4장을 통하여 우리는 다음과 같은 사실을 배웠다.

① 죄인들을 향하여 영적으로 둔감해서는 결코 안 된다.
② 복음의 폭발적인 능력을 결코 잊지 말아야 한다.
③ 영혼구원 열정과 기대감을 가지고 추수 들녘으로 나아가야 한다.

마틴 로이드 존스 목사는 요한복음 4장이 지닌 힘을 다음과 같이 명료하게 요약하였다.

> 우리는 어떤 특정인들을 '희망 없는' 존재라고 간주하는 경향이 있다. 또한 저들은 흠집 있는 지금 그대로의 삶을 고집하며 살아가다가 회개하지도 구원받지도 못한 채 죽을 것이라고 추정한다. 우리는 그저 머리를 흔들어 이렇게 안타까운 심정을 표현한다. "우리는 저들에게 말씀을 전하며 저들을 설득하려고 노력하였다." … 만일 여러분과 제가 남녀를 불문하고 저들을 구원하고자 한다면, 참으로 그것은 부질없는 일이다. 우리의 모든 수고는 분명히 허사로 돌아갈 것이다. 복음은 우리의 것이 아니다. 복음은 인류를 구원하시는 예수 그리스도의 것이다. 그분이 하시고자 하는 일에는 결코 한계라는 것이 없다. 그분의 방식은 우리의 방식과 전혀 다르다. 그분의 관심은 예측된 그리고 한정된 방식이 결코 아니다 … 때문에 특정인들에 대한 희망을 포기해서는 안 된다. 저들의 구원을 위해 하나님께 기도하라. 당신을 당혹스럽게 만들만한 회개는 어디에도 존재하지 않는다. 오히려 여전히 회개하지 않은 상태로 남아 있는 누군가 때문에 당신은 당황해야 할 것이다.[6]

우리 주 예수님께서 하늘로 승천하신 이래 그리고 그분이 다시 오

---

6 Murray, *David Martyn Lloyd-Jones: The First Forty Years*, 226–27.

실 그때까지 항상 지금은 추수의 시기이다. 이러한 진리 때문에 당신이 반드시 명심해야 할 몇 가지 사안이 있다.

① 복음의 능력에 대한 태도는 반드시 성경적이어야 함을 명심해야 한다.
② 예수 그리스도의 생명수를 진실로 맛보지 못하였다면, 회개함과 믿음으로 복음의 기적을 여러분의 삶 속에 받아들여야 한다. 그리스도는 당신의 과거와 당신의 아픔을 아신다. 주님은 당신이 예전에 꿈꾸었던 미래의 가능성을 제공하여 줄 것이다.
③ 그리스도인이라면, 여러분의 사랑하는 잃어버린 자에게도 구원의 기회가 얼마든지 주어져 있다는 사실로 위로를 받아야 한다.
④ 우리가 살고 있는 공동체와 이 나라에 영혼 수확을 위하여 기도해야 한다.

다함께 이러한 교회의 성경적 비전을 향해 나아가자. 그리고 그러한 삶을 힘차게 살아가자.

3. 묵상을 위한 질문

1) 복음에 대한 반응 즉 회개 또는 거절 중에서 어느 것이 여러분을 더욱 당혹스럽게 만드는가?
   다른 사람에게 복음을 증거할 때 당신은 어떠한 기도를 드리는가?

2) 여러분 자신을 가망성 없는 존재로 여겨본 적이 있었는가?
   사마리아인이 예수님을 만난 사건은 당신에게 어떠한 위로를 주고 있는가?
   당신이 다른 사람들에게 위로와 격려를 전할 수 있는 방안이 있는지 생각해보라.

3) 누군가를 회개 불가능한 사람으로 간주하여 멀리하고 있는지 당신 자신을 살펴보라.
   왜 그렇게 생각하는가?
   복음을 영접한 사람들에 대해서도 그런 유사한 생각을 가져본 적이 있었는가?
   설사 그러한 사람일지라도 여러분이 다가가서 희망을 전할 수 있도록 깨우쳐 달라고 하나님께 기도해보라.

4) 누군가의 예상치 않은 만남을 복음전파의 기회로 삼을 수 있도록 하나님은 그 만남을 어떻게 사용할 것 같은가?

여러분은 그러한 기회를 구하고 있는가, 아니면 저들에 대하여 영적으로 둔감한 상태에 있는가?
하나님께서 여러분의 눈을 활짝 뜨게 해주시도록 그리고 그러한 마음을 준비시켜 주시도록 기도해야 한다.

5) 여러분의 마음상태를 되돌아보라.
특별한 기대감을 가지고 안 믿은 사람들에게 다가가고 있는가? 복음을 제시하는 데 있어서 그러한 기대감은 어떠한 영향을 주는가?

7장

비전을 변혁하라
(긍정적 사역)

(빌 1:3-14)

그리스도를 의지하며 믿음으로 살아가십시오. 그리스도 안에 거하는 삶 그분을 가까이 하는 삶을 살아가십시오. 마음과 영과 뜻과 힘을 다하여 그분께 순종해야 합니다. 그분을 더욱더 잘 알기 위하여 매일 매일 힘써야 합니다. 이러한 수고를 통하여 '이 세상의 일시적인 일'을 겪는 동안에도 여러분은 큰 평안을 얻을 것입니다. 그리고 죽음의 한 가운데에서도 여러분은 "결코 죽지 않을 것입니다." 또한 이러한 수고를 통하여 여러분은 분명한 확신 속에 '영생'을 사모할 수 있을 것입니다. "만일 땅에 있는 우리의 장막 집이 무너지면 하나님께서 지으신 집 곧 손으로 지은 것이 아니요 하늘에 있는 영원한 집이 우리에게 있는 줄"(고후 5:1) 또한 알 수도 느낄 수도 있을 것입니다.

―존 C. 라일(J. C. Ryle)[1]

---

[1] J. C. Ryle, "Eternity!" http://www.biblebb.com/files/ryle/PR21.htm.

헬렌 켈러(Helen Keller)는 말했다.[2]
"어떠한 비관주의자도 결코 별의 신비를 밝혀낸 적이 없으며, 지도에도 없는 땅을 향해 항해해본 적이 없으며, 그리고 인류 영혼에 새 하늘을 열어준 적이 없다."

교회 안에 비관주의가 상당하게 존재한다. 하지만 사실상 오늘날은 긍정주의가 대세를 이루고 있다.

새로운 목사가 취임할 때, 교인들은 어떠한 마음을 가질까? 비관적일까 낙관적일까?

이제 빌립보서 1장을 통해 옥중에 있음에도 불구하고 하나님의 주권과 평강과 기쁨을 강조한 사도 바울의 가르침을 살펴보자.

1. 확고한 기초에 근거한 참된 긍정주의

『부정적 생각과 긍정적 힘』(*The Positive Power of Negative Thinking*)이라는 책이 있다. 본서의 저자 줄리에 노렘(Julie K. Norem)은 웨슬리대학교 심리학 교수로서 목표에 도달하기 위하여 "부정적 에너지의 힘을 활용할 수 있어야 한다"고 주장하였다. 본서의 홍보물 일부에 이런 글이 있다.

> "밝은 면을 보라"는 권유에 당신은 항상 지치고 짜증나는가?
> 최악의 상황만을 생각한다고 지적받고 있는가?

---

[2] Helen Keller, "Optimism" (1903), http://www.afb.org.

당신 주변의 낙관적 친구들이 당신을 홀로 내버려두거나 때로는 부정적 상태로 그냥 내버려두기를 원하는가?

이러한 질문에 '예'라고 답한다면, 당신은 아마도 어떤 상황의 최악의 경우를 상상하게 만드는 방어적 비관주의를 활용하여 현대 생활의 중압감을 극복하도록 학습 받은 수백만 사람들 중에 한 사람일 것이다.[3]

미국 교회가 다음과 같은 일을 하지 않으면 안 된다고 내담자들에게 권고하는 자문가들이 있다

① 이 시대의 문화 언어를 사용해야 한다.
② 어떠한 유형의 예배를 비신자들이 정말로 원하는지 정확하게 판단해야 한다.
③ 올바른 마케팅이나 프로그램 그리고 웹사이트 등을 개발해야 한다.

놀랍게도 많은 경우 작은 비용을 통해 자문가로부터 얻은 해결책이 더 유용하게 쓰일 때가 있다.

실망스러운가?
새로운 교인들이 낙담할 것이라고 생각하는가?
리더십에 변화를 가져다 줄 것이라고 생각하는가?

---

3 Julie K. Norem, *The Positive Power of Negative Thinking: Using Defensive Pessimism to Harness Anxiety and Perform at Your Peak* (New York: Basic Books, 2002).

여러분의 목회 사역이 이런 방식이 되어서는 안 된다. 대신에 전염성이 있는 긍정적인 태도로 여러분 자신을 무장시켜야 한다. 어떠한 일을 맞이할지라도 주 예수 그리스도의 교회의 미래에 대하여 그리고 하나님 나라에 있는 여러분의 인생에 대하여 보다 더 낙관적인 자세를 가져야 한다. 잘못된 긍정주의는 "흔들리지마, 너는 할 수 있어"라며 자신의 의지력을 추수리게 한다. 하지만 당신의 긍정주의는 이천 년 넘게 지속된 인간의 연약성, 사탄적 반항, 그리고 세상적 공략 속에서도 우리 주님의 약속인 자신의 교회를 세울 것이며 지옥 문이 교회에 맞서지 못하게 할 것이라는 것은 언제나 변함이 없었다는 믿음에 확실하게 뿌리내려야 한다.

긍정주의가 초기 교회 시대보다 더 분명하게 드러난 적은 거의 없다. 사도 바울이 옥에 갇힘으로써 이방인 복음화에 길이 막히고 말았다. 교회의 미래가 대 위기를 맞이한 듯 보였다. 그러나 사실 감옥에 있는 동안 바울은 하나님께서 자신이 처한 상황을 복음의 진보를 위해 어떻게 사용하고 계신지에 관하여 빌립보 교회에 보내는 작은 감사의 편지로 알려주었다.

격려서신 빌립보서 특히 1:4-14은 하나님께서 여러분을 통해 자신의 교회를 세울 수 있다는 사실을 가르쳐준다. 이러한 점을 이해하려는 낙관적 렌즈가 절대 필요하다. 참으로 이런 것이 긍정적 그리스도인과 교회에 대한 신앙적 선언이다.

선언의 내용은

첫째, 긍정적 교회로서의 중요성

둘째, 긍정적 교회로서의 확신으로 집약될 수 있다.

이 두 사안의 근거가 바울의 서신 속에 분명하게 나타난다.

1) 긍정적 교회로서의 중요성(빌 1:3-11)

빌립보 교회는 바울에게 선물을 주었다. 즉 인생을 변화시킬 수 있는 여섯 가지 중요한 선물이다.

(1) 과거를 존중하라(빌 1:3-5)

사도 바울은 빌립보 교인들을 생각할 때마다 하나님께 감사했다. 저들의 교회 사역은 지난날 많은 일들을 이뤄놓았다. 저들은 다른 교회들을 도왔으며 그리스도의 다른 지체들에게 축복된 존재들이었다. 바울은 저들이 지난 과거에 즐겨 나누었던 교제에 대하여 하나님께 감사하였다.

과거를 기억한다는 것은 종종 성경 속에서 거룩한 행위로 나타난다. 이는 하나님으로부터 칭찬받을 만한 행위였다. 유월절은 하나님께서 이스라엘 백성을 압제받는 속박의 삶에서 자유의 삶으로 어떻게 인도하셨는가를 저들이 기억해야 하는 종교의식이었다. 주의 만찬은 역시 반드시 기억해야 할 명령이었다. 그리스도는 우리의 유월절이며 그의 몸과 보혈을 통해 우리가 자유를 얻었고 현재 우리는 약속의 땅으로 가고 있는 중이라는 사실을 기억하게 해준다. 시편 77:11에 다윗은 지난날 하나님께서 행하신 일을 이렇게 찬양하였다.

> 곧 여호와의 일들을 기억하며 주께서 옛적에 행하신 기이한 일을 기억하리이다(시 77:11).

반면 하나님의 행하신 일을 잊어버리는 것은 죄악이라는 것을 역설하였다.

> 우리의 조상들이 애굽에 있을 때 주의 기이한 일들을 깨닫지 못하며 주의 크신 인자를 기억하지 아니하고 바다 곧 홍해에서 거역하였나이다(시편 106:7).

따라서 과거를 기억하고 존중하는 것은 옳고 좋은 일이며 하나님께 영광을 돌리는 행위이다. 당신이 사역하는 교회를 강력한 방식으로 하나님께서 사용하고 계심을 기억해야 한다. 과거의 가르침 때문에 어느 영혼이 천국에 갈 수 있었다는 점을 깨달아야 한다. 바울처럼 뒤를 돌아보고 기억해야 한다. 지난날 목회 사역에 대하여 감사해야 한다. 교회 복도를 분주히 다녔을 전임 목회자들을 기억하며 감사해야 한다. 여러분의 목회 사역이 발전을 거듭할수록 과거와 단절하려하지 말고 오히려 지난날을 기억하며 존중해야 한다.

그렇다고 해서 지난 과거의 추억 속에 빠져 살 수는 없다. 그렇게 하는 것은 무덤을 세우는 일이며 이미 떠나버린 과거의 사람들 가운데 사는 일이다. 빌립보서 1:6에서 바울은 빌립보 교인들의 시선을 영광스러운 현재와 미래로 향하도록 끌어올렸다. 이것이 긍정적 교회와 그리스도인에 해당하는 두 번째 중요성이다.

(2) 미래를 세워라(빌 1:6)

빌립보서 1:6은 가장 위대한 성경구절 중에 하나이다. "이것을 확신하며"라는 말로서 바울은 이 구절을 시작한다. 하나님은 지난날 위대한 일을 행하시기도 하셨지만 장차 이루실 위대한 새로운 일들도 그에게 있는 것이다. 그리스도인의 삶이란 역동적이고 생동적인 것으로서 장차 다가올 새로운 모든 세대 그리고 각 세대에 이르도록 역사를 관통하며 계속적으로 움직이는 것이다.

이와 같이 하나님은 여러분과 미래 지향적인 관계를 계속 이어 나가기를 원하신다. 과거를 회상하고 존중해야 한다. 반면에 하나님은 자신과 함께 나아갈 미래를 향해 당신을 부르셨다는 사실을 깨달아야 한다. 주 예수 그리스도는 자신의 통치 과정 가운데 당신을 주목하고 계시며 섭리하고 계신다.

유진 피터슨(Eugene Peterson)이 말했듯이, 아래의 성경 본문은 바울이 말하고자 하는 바의 핵심적 내용이다.

> 내가 이미 얻었다 함도 아니요 온전히 이루었다 함도 아니라 오직 내가 그리스도 예수께 잡힌 바 된 그것을 잡으려고 달려가노라. 형제들아 나는 아직 내가 잡은 줄로 여기지 아니하고 오직 한 일 즉 뒤에 있는 것은 잊어버리고 앞에 있는 것을 잡으려고, 푯대를 향하여 그리스도 예수 안에서 하나님이 위에서 부르신 부름의 상을 위하여 달려가노라(빌 3:12-14).

(3) 은혜에 참여하는 영광(빌 1:7)

세 번째 중요성이 빌립보서 1:7에 이렇게 강조되어 있다.

> 너희가 다 나와 함께 은혜에 참여한 자가 됨이라(빌 1:7).

바울 서신의 핵심 주제는 그리스도 안에서 은혜의 진리를 통해 이루시는 하나님의 일에 맞춰 있다. 하나님은 인류를 구원하고자 자신의 아들을 보내셨다. 우리는 우리 자신의 죄악을 위해 죽을 수도 살수도 없다. 반면 하나님은 우리가 할 수 없는 바로 그 일을 이루셨다. 믿음으로 아들을 찾는 자들에게 하나님은 영생을 주신다. 이것이 은혜이다.

> 내가 하나님의 은혜를 폐하지 아니하노니 만일 의롭게 되는 것이 율법으로 말미암으면 그리스도께서 헛되이 죽으셨느니라(갈 2:21).

당신은 은혜로 말미암아 구원을 받았고 또한 보호를 받고 있다. 당신의 목회 사역은 은혜로 점철되어져야 한다.

(4) 예수 그리스도의 사랑과 지식 가운데 충만하게 거하라 (빌 1:8-9)

이 구절을 통해 바울은 '그리스도의 심장'으로 사랑하는 빌립보 교인들에게 자신의 소망을 전하고 있다. 선악을 분별할 수 있는 판단력이 저들에게 있기를 바랐다. '지식과 모든 총명으로' 충만한 그러한 삶을 저들이 살아갈 수 있기를 기도하였다.

(5) 영원한 것을 바라보라(빌 1:10)

빌립보서 1:10 말씀을 살펴보라. 결국 풍성한 주님의 사랑은 "너희로 지극히 선한 것을 분별하며 또 진실하여 허물없이 그리스도의 날까지" 이르도록 도와줄 것이다.

하나님은 당신이 여행 여정 중에 있다는 사실을 기억하기를 원하신다. 그 여정은 그리스도를 향한 믿음의 여정이다. 약속의 땅 즉 전능하신 하나님의 처소를 향하여 가는 여정이다. 어떤 분은 죽음 이후 그곳에 갈 것이며, 다른 어떤 분은 그리스도가 다시 오실 때 그곳에 갈 것이다. 종국에 우리 모두는 위대한 부활의 날에 서로 다시 보게 될 것이다.

하나님의 사람들을 말씀으로 독려해야 한다. 그리스도의 날이 점점 더 다가오고 있음을 성경이 일깨워주고 있기 때문이다.

그리스도의 의를 힘입지 않고서 무슨 수로 정결하고 흠 없는 그분의 보좌 앞에 나아갈 수 있겠는가?

바울이 살았던 그 인생 여정을 오늘날 우리도 동일하게 따라가야 한다. 하나님은 지식과 총명을 주시는 분이시다. 그분의 사랑과 말씀이 우리 안에 충만하게 임할 때, 우리는 영원한 세계를 바라보면서 오늘이라는 시간을 누리며 살아갈 수 있다.

(6) 찬양을 생활화하라(빌 1:11)

끝으로 빌립보서 1:11의 말씀을 묵상해 보자.

> 예수 그리스도로 말미암아 의의 열매가 가득하여 하나님의 영광과 찬송이 되기를 원하노라(빌 1:11).

사도 바울은 우리의 모든 삶이 하나님께 찬양을 드리는 삶이라고 말한다. 긍정적 그리스도인에 대한 가치는 자신의 모든 삶이 곧 하나님을 예배하는 행위로 여기며 살아가는데 있다. 기대감과 벅찬 감동으로 예배에 임하여야 한다. 천국을 바라보는 마음으로 찬양을 생활화해야 할 것이다.

이상과 같이 여섯 가지 중요성을 반드시 이해하고 확신해야 한다.

① 지난날을 존중하라
② 미래를 세워라
③ 은혜에 참여하는 영광
④ 예수 그리스도의 지식과 사랑 가운데 충만하게 거하라
⑤ 영원한 것을 바라보라
⑥ 찬양을 생활화하라

바울처럼 당신이 신앙생활의 역동적 가치를 세워 의존할 때, 당신의 삶과 인간관계에 분명한 변화가 일어날 것이다. 아울러 다음과 같은 몇 가지의 통찰력과 확신을 갖게 될 것이다.

2) 긍정적 교회로서의 확신

(1) 지난 과거의 고통은 오히려 사역을 위한 능력으로 변화되어 나타난다

빌립보서 1:12의 말씀을 유념하자.

형제들아 내가 당한 일이 도리어 복음전파에 진전이 된 줄을

너희가 알기를 원하노라(빌 1:12).

태장이나 거짓재판이나 감금 등 그 어느 것도 복음전파를 막을 수 없으며, 도리어 진전을 가져올 뿐이라고 바울은 고백하였다. 이것이 하나님의 주권적 섭리이며, 이러한 이유로 우리는 어떠한 상황 속에서도 긍정적으로 살아갈 수밖에 없다.

당신의 삶 속에 어떠한 일이 일어나든지 간에, 하나님은 자신의 백성들을 위해 모든 것이 협력하여 선을 이루도록 하신다는 점을 깨달아야 한다(롬 8:28).

하나님이 우리를 위하시면 누가 우리를 대적하리요(롬 8:31).

이 말씀을 확신하자.
이러한 진리는 우리에게 자유함을 가져다준다.
당신의 삶의 여정이 고단하고 힘든가?
고단하고 때론 고통스럽고 불공평한 일들이 당신의 삶 속에 있는가?
당신은 그 모든 것들을 어떻게 헤쳐 나가고 있는가?
바울이 가졌던 확신을 배워야 한다. 그러한 확신은 복음전파에 도움을 가져다 줄 것이며 당신의 삶을 능력있게 만들어 줄 것이다.

(2) 현재의 역경은 복음전파의 증거물로 사용될 수 있다
(빌 1:13-14)

자신을 속박했던 모든 일들이 도리어 사역의 진보를 가져다주었다고 바울은 고백하였다. 하나님의 뜻을 깨닫지 못하는 사람은 교회가 좌초되고 있다고 생각할지 모른다. 에덴동산 안에 좌초의 기운이 있어 보였다. 그렇지만 창세기 3:15에 하나님은 구속주가 오리라는 약속을 주셨다. 그리고 에덴에서 쫓겨나온 첫 조상을 천사가 호위함으로서 그 약속을 이행하기 시작하셨다. 오히려 우리가 겪는 역경은 하나님의 신실하심을 보여주는 증거물이라는 것을 깨달아야 한다.

이집트의 완악한 왕이 히브리인 가정에 태어난 남자 어린아이를 모두 죽이라는 칙령을 내렸을 때, 하나님의 나라가 좌초되었다고 아마 생각했을지 모른다. 그러나 자신의 약속을 성취하시려는 하나님의 신실하심과 언약은 그 역경 중에도 계속되었다. 야심찬 지도자 하만이 유대인들을 박멸하려는 음모를 계획했을 때, 모든 것이 끝나버렸구나라고 생각했을지 모른다. 그러나 낙관적인 책으로 불리는 에스더를 읽어보면 하나님은 그 국난 가운데 자신의 약속을 수행하고 계셨다.

본서의 마지막 반전은 에스더가 백성을 구하였으며, 하만은 자신이 세운 장대에 효수되었으며, 그리고 하나님의 언약은 계속적으로 보존되었다는 점이다.

예수님의 출생시 당한 역경은 천사들에게 모든 것이 끝나버린 것처럼 아마 보였을 것이다. 사탄적 야수성을 지닌 악한 왕 헤롯은 어린 예수님을 죽이려고 하였다. 그러나 그 역경 속에 하나님의 섭리가 있었으며 결국 어린 주 예수님의 생명은 보존되었다.

이러한 섭리가 예수님이 달리신 십자가상에서도 동일하게 나타났다. 영광의 왕 예수 그리스도께서 두 죄인들 사이에서 심히 조롱

당하셨다. 의의 왕이시며 평강의 왕이신 예수님은 자신을 향해 등을 돌린 소위 거룩한 도성 예루살렘 외곽에서 로마의 십자가 형틀에 못박히셨다. 참으로 역경 또는 환난은 결국 반쯤 비워진 유리잔과 같았다. 구원 계획은 흐트러진 듯하였고, 하나님은 아들이 실패한 듯하였다. 그러나 환난 가운데에서도 그리스도를 따르는 믿음의 사람들은 약속 앞으로 나왔다. 한 주간의 첫날 이른 새벽에, 이미 예고되었던 것처럼, 신성한 능력의 광채가 차가운 시신 위에 비쳐졌고, 무덤에 장사되었던 예수님은 다시 살아나셨다. 인류 역사상 가장 강력한 국가였던 로마 제국의 봉인이 깨진 순간이었다. 반면 예수님은 무덤 돌문을 여시고 밖으로 걸어 나오셨다.

예수 그리스도의 핵심 메시지가 바울 자신의 삶 속에 잘 녹아져 있기 때문에 자신에게 일어난 모든 일들이 복음전파의 진보를 가져다 줄 것이라고 고백했던 것이다. 바울처럼 우리도 우리가 겪는 역경 속에서 우리의 교회와 이 민족을 향한 하나님의 섭리적 손길을 바라봐야 한다.

현재 이 세상은 참으로 어려운 시기이며 환난의 때라고 할 수 있다. 텔레비전은 우리가 상상할 수 없는 온갖 추잡한 종류의 도덕적 오물 배수관이 되어가고 있다. 사람은 죄악에 대한 사랑으로 점점 더 오염되어가는 것뿐만 아니라 점점 더 하나님으로부터 멀어져 가고 있다. 일간 신문의 헤드라인에 교회에 관한 기사가 실릴 경우, 대부분의 사람들은 교회를 향해 서슴없이 폄하하고 비방한다.

예를 들어, 다른 남자와 동성애로 살아가는 주교라든지 성도를 학대한 목회자 때문에 법적 소송에 휘말린 교회 등에 관한 기사가 실릴 때면 더욱 맹렬하게 힐난한다. 교회나 교단에서 발행하는 신문에도 목회자들의 도덕적 타락과 부패, 교인들 간의 분쟁과 분열에 대한 기사가 어김없이 실리기도 한다. 어느 부정적 행위도 정당화 될 수는 없다. 반성과 참회가 반드시 필요하다. 하지만 최악의 시기는 항상 영적 각성과 부흥을 교회와 사회에 가져다주었다는 역사적 사실을 기억해야 한다. 우리 스스로 해결할 수 있는 방안이 없다고 느낄 때가 바로 영적 각성의 시기이다. 복음의 능력이 아니면 해결될 수 없다고 느낄 때가 바로 그러한 시기이다.

뿐만 아니라, 복음이 진보되는 시기가 바로 그러한 때라는 바울의 말을 상기해야 한다(빌 1:12). 어떠한 역경과 아픔을 겪는다 할지라도 당신의 삶과 교회는 복음의 진보를 위해 힘써 나아가야 한다.

2. 나오는 말

빌립보서 1장의 메시지가 모든 면에서 무조건 '긍정적이어야' 한다는 의미는 아니다. 오히려 당신의 계획보다 더 크고 위대한 계획을 하나님이 당신을 위해 갖고 계시다는 점을 깨달아야 한다는 것이다. 때문에 그분만을 바라보며 그분께 순종하는 삶이 우리에게 반드시 필요하다.

여러분에게 용기가 될 만한 이런 이야기가 있다.

다운증후군을 앓고 있는 토비(Toby)라는 소년이 있었다. 토비는 장애인 올림픽 대회에 참가하여 50m 달리기를 하고 싶은 꿈을 갖고 있었다. 나이가 거의 30세에 다다랐고 과체중에 천식을 앓고 있었다. 그럼에도 불구하고 자신의 꿈을 결코 포기하지 않았다. 그는 할

7장 비전을 변혁하라   151

수 있다고 믿었다.

 드디어 장애인 올림픽 달리기 대회 날 토비는 축구 경기장 트랙에 다른 경쟁자들과 함께 줄을 맞춰 섰다. 출발 신호에 맞춰 선수들이 일제히 뛰어나갔다. 그러나 토비는 달리기에는 몸이 너무 무거웠고 호흡에도 문제가 있었다. 조금씩 뒤처지기 시작하더니 결국 트랙에 주저앉고 말았다. 잔디가로 실려 나온 토비는 몸을 들썩이며 눈물을 쏟아냈다.

 그때 그의 아버지가 관중석에서 뛰쳐나와 토비에게로 달려갔다. 토비의 아버지는 자신의 아들보다 더 큰 꿈을 가지고 있었다. 그는 아들 토비가 했던 그 이상의 것을 토비가 마칠 수 있기를 원했다. 토비가 경주를 완주하기를 바랐으며, 그것이 바로 승리라고 믿었다. 그래서 그는 달려 나가 아들을 일으켜 세우고 자신의 어깨에 기대게 한 채 함께 달리기 시작하였다.

 그리고 아들에게 큰 소리로 말했다.

 "토비, 이제 거의 다 왔다. 아들아, 너는 반드시 해낼 수 있을 거야."

 토비는 그 말을 알아듣고는 이렇게 고함치듯 큰소리로 답했다. "네, 아버지, 이제 곧 우리가 해 낼 것이예요."[4]

 당신 자신을 토비라고 생각해보라. 당신이 승리할 수 있는 것은 당신의 능력이나 의지가 결코 아니다. 뛰어난 목사나 열정적인 어떤 모임의 응원 때문이 아니다. 어느 누구도 패배와 절망의 자리에 주저앉는 모습을 원하지 않으시는 구원자의 사랑 때문이다. 그분 안에

---

4 이 예화는 필자가 개인적으로 알고 있는 내용이며 이름은 가명을 사용하였다.

서 당신은 승리를 맛볼 것이며 구원을 얻게 될 것이다. 그가 다시 오실 때에 당신의 등불은 준비되어져 있을 것이다. 이런 일이 가능한 것은 당신이 행한 것 그 이상의 것을 그분이 원하기 때문이다. 마음의 상처에 기쁨을 주시겠다고 그리스도께서 약속하셨다. 당신이 연약할 그 즈음에 주님은 더욱 강하신 것이다.

3. 묵상을 위한 질문

1) 당신 교회의 비전 선언문을 살펴보라.
그 비전에 이르지 못했다고 하여 낙망 가운데 있는가?
하나님의 은혜와 당신의 영원한 소망이 그 비전 안에 조화롭게 자리 잡고 있는가?
그렇지 않다면 비전 선언문을 수정해야 한다.

2) 예수님께서 교회를 세우셨을 때 그는 어떤 사람이 교회의 구성원이 되어야 하며 교회의 모습이 어떠해야 할지 알고 계셨다. 이런 사실로 인하여 당신은 어떠한 결론을 내릴 수 있겠는가?
교회로서 당신은 어떻게 큰 그림을 일관되게 바라볼 수 있겠는가?

3) 어떠한 영역에서 당신의 교회는 낙관적 신앙관을 향상시키고 있는가?
부족한 것은 없는가?

변화를 위한 계획을 세워보라.
어떠한 가치가 좀 더 강조될 필요가 있는가?
이 일을 위해 어떻게 최선을 다할 수 있겠는가?

4) 당신의 교회는 과거를 기억하고 있는가?
성도들은 하나님께서 자신들의 삶 속에서 지난날 어떻게 일하셨는지를 서로 나누며 격려하고 있는가?
서로 독려할 수 있는 어떤 기념적인 일을 하고 있는가?
하나님 안에서 즐거워하며 그분의 인자하심을 기억할 수 있도록 시기와 기회를 잘 활용해야 한다.

5) 당신의 희망은 결국 당신의 낙심을 향해 무엇을 말하고 있다고 생각하는가?
이러한 복음적 가치가 당신을 어떻게 변화시켜주고 있는가?

8장

복음을 전파하라
(주님의 최후 말씀, 우리의 첫 사역)

(마 28:16-20)

> 나의 삶이 수많은 실패로 흠집 나있고 수많은 죄악으로 어둡게 그늘져 있지만, 내 안에 계신 이의 선하심 때문에 내가 굴복 당했을지도 모를 수많은 유혹을 이겨낼 수 있었다. 그분은 내가 무겁게 짓눌림 받았을지도 모를 인생의 짐을 견뎌낼 수 있게 해주었으며, 나의 영을 기쁨 가운데 깨어있도록 해주었습니다. 모순적인 상황이 있지만 사실 이러한 것이 하나님의 세상입니다. 하나님과 나는 세상을 재창조하는 사역에 절친한 동반자입니다. 이 동반자적 사역은 위대한 사역으로서 내 인생에 들어와 지금 내 안에 거하고 있습니다. 이 사역은 나의 유일한 보상이며 영감입니다. 또한 장차 올 일에 대한 나의 유일한 희망이기도 합니다.
>
> —W. T. 스테드(W. T. Stead)[1]

---

1 W. T. Stead and G. C. Morgan, *The Welsh Revival* (Boston: The Pilgrim Press, 1905), 13.

비전이란 당신이 이루기 원하는 것이며, 사명이란 그 비전을 이루는 도구이다. 당신의 비전은 반드시 하나님의 영광을 위한 부담감으로부터 태동되어야 한다. 그리고 성경 말씀에 대한 열정, 잃어버린 자들을 향한 마음, 그리고 은혜에 대한 전적 신뢰를 아우르는 핵심 가치에 의해서 형성되어야 한다. 당신은 그리스도 예수의 복음을 통해 주어지는 구원의 감격을 경험하기를 바랄 것이다. 나아가 그분 안에서 누리는 희망찬 새로운 삶을 바랄 것이다. 이것이 바로 당신의 자연스러운 사명이다.

어떻게 그 일을 이룰 수 있겠는가?

사명에 관해 심각하게 고민하는 믿음의 사람과 교회는 마태복음의 마지막 장을 반드시 이해해야 한다. 이 말씀은 교회 사역 중심에 영구히 새겨진 봉인이다. 이것은 주 예수 그리스도께서 우리에게 주신 대위임이다. 또한 그분의 교회에게 주신 제일 큰 사명이다.

1. 언제나 동일하다

어느 날 한 비행기 조종사가 자신의 임무는 늘 동일하다며 투덜투덜하였다. 이륙하고 비행하고 착륙하고 별 다른 것이 없다는 것이다. 우리의 인생 비행도 이와 같다. 언제나 동일하다. 놀람이나 흥분도 없다.

하나님의 말씀은 생명이다. 교회 사역은 전능하신 하나님의 가족 사역이다. 따라서 자신의 창조세계를 향한 하나님 아버지의 마음과 계획에 관한 사안을 다룰 때에 당신은 전과 항상 동일하게 하는 것이 좋다. 찰스 하지(Charles Hodge)는 자신의 학생들을 향해 "어떠한 새로운 것도 이 학교에서 가르쳐지지 않는다는 사실을 여러분을 자랑스럽게 생각해야 한다"고 하였다. 현대적인 비행언어로 이륙, 비행, 착륙이라고 표현할 수 있다. 하나님께로부터 받은 것만을 전달해야 한다. 다른 것은 있을 수 없다.

본 장에서는 당신이 시시 때때로 들었던 그리스도의 대위임에 관한 성경구절을 살펴보고자 한다. 전혀 새로운 것이 아니다. 하나님 말씀은 어떤 부분 그리고 특히 교회 사명의 기초석은 항상 동일해야 한다.

예수님은 사명을 가지시고 동정녀 마리아를 통해 베들레헴에서 태어나셨다. 그는 대제사장적 사역을 성취하기 위하여 성육신하셨다. 피조물 인간은 자신들의 죄 가운데 잃어버린바 되었으며 하나님과 분리된 채 살아왔다. 예수 그리스도는 그러한 인간의 구원을 하나님으로부터 보장받기 위하여 이 땅에 오셨다.

대제사장 예수님은 레위 제사장의 아들이며 자신의 사촌인 세례 요한으로부터 나이 삼십 세에 기름부음과 세례를 받으셨다. 이 기름부음 받은 제사장은 가르침과 고침의 사역을 시작하였다. 자신의 평생의 삶 동안 대제사장 그리스도 예수는 죄가 없으셨다. 구약성경의 약속의 성취임에도 불구하고 제자들조차 믿기 어려울 정도로 대제사장 예수님은 도살당하는 어린양처럼 기꺼이 자기 자신을 죄에 대한 속량 제물로 내어 주셨다. 죄에 대한 그분의 희생은 결국 성전의 휘장을 둘로 갈라 놓으셨다. 우리를 위해 지성소에 들어가셨고 죄의 속박으로부터 우리를 건져 주셨다. 사흘 간 무덤에 장사되었으나 죽음으로부터 다시 살아나셨다. 부활을 통해 예수 그리스도의 제사장직을 하나님은 유효하게 만드셨다. 부활하신 대제사장 그리스도는 제자들과 수백 명의 무리들에게 일시에 보이셨다. 구름 가운데 하늘로 승천하시기 전 예수님은 제자들을 불러 모으셨다.

죄인들의 세계에 다가가고자 하시는 대제사장의 사명이 시작되려는 순간이었다. 제자들에게 그는 최후의 말씀을 하셨다. 그 최후의 말씀은 저들의 것이 되었으며, 이제 우리의 최우선 사역이 되었다. 따라서 예수 그리스도가 지상에서 남기신 최후의 말씀을 통해 땅 위에 남겨진 그리스도의 몸되 교회가 교회의 사명임을 알게 되었다.

최후 유언이 매우 중요하며 더욱더 기억되어져야 한다는 점에서, 예수님의 최후말씀 즉 대위임명령은 영원토록 교회의 가장 중요한 일이 되어야 한다는 점을 생각해야 한다. 중요한 것을 소중하게 지켜야 한다는 말은 아무리 강조해도 지나치지 않을 것이다.

교회의 핵심을 상기시켜주고 중요한 것을 소중하게 지키도록 해주는 것이 당신의 분명한 메시지가 되어야 한다. 그러나 그 전에 먼저 분명하게 인식해야 할 가장 중요한 점은 예수 그리스도께서 직접 교회에 주신 사명이 곧 대위임명령이며, 이 사명은 세상 끝날까지 결코 부인될 수 없고 타협될 수 없는 사명이라는 점이다. 설령 당신의 교회가 멋진 건물과 질서 정연한 예배와 좋은 사람 그리고 세밀히 잘 작성된 비전 선언문을 가지고 있다손 치더라도, 만일 그 모든 것들이 주 그리스도의 대위임명령을 기초로 하지 않은 것들이라면, 결국 교회는 문을 닫게 되고 말 것이다. 다시 한 번 더 강조하면, 주님의 최후 말씀은 반드시 우리의 최우선 사역이 되어야 한다. 이 말씀의 의미를 다음과 같이 좀 더 살펴보자.

1) 우리의 최우선 사역은 언제나 예배 중심이 되어야 한다

제자들은 부활하신 예수 그리스도를 경배하기 위하여 모였다. 존 파이퍼(John Piper)는 가장 성경적인 진술로 "예배란… 선교의

연료이며 목적이다"라고 말했다.[2]

웨스트민스터 소요리문답 제1문은 그 모든 것을 담고 있다.

> 사람의 제일되는 목적은 무엇인가?
> 사람의 제일되는 목적은 하나님을 영화롭게 하고 그를 영원토록 즐거워하는 것이다.

사람은 예배하도록 지음 받았기 때문에 대위임명령이 예배 중심이 되어야 한다는 것은 매우 당연한 귀결이다.

예수 그리스도를 예배하는 중에 그것이 대중적 집회이든지 개인적 기도이든지 또는 가정예배이든지 간에 우리는 인생의 근본의미를 깨달을 수 있다. 우리는 예배하기 위해 태어났다. 창조주 하나님께 더 가까이 다가가기 위하여 그분에게 영광을 돌리기 위하여 지음 받았다. 찬양에 대한 보편적인 열정 그리고 지존자와 교감하려는 인간의 원초적인 열망 등이 부활하신 구원자 예수 그리스도 발아래에서 성취되었다. 그리스도를 예배하는 중에 우리의 참된 비전과 사명을 찾아야 한다. 바로 이런 시각에서 만민이 예수님을 경배할 수 있도록 저들에게 나아가 복음을 전해야 하는 것이다.

찬송 "주 달려 죽은 십자가"의 가사를 묵상해보라.

마지막 구절은 당신의 마음에 대위임명령으로 채워줄 것이다.

> 온 세상 만물 다 가져도

---

[2] John Piper, *Let the Nations be Glad: The Supremacy of God in Missions* (Grand Rapids: Baker Books, 1993), http://disciplethenations.org/index10.html. July 20, 2011.

주 은혜 못다 갚겠네
놀라운 사랑 받은 나
몸으로 제물 삼겠네³

하나님의 영광과 그분의 뜻을 위하여 당신의 심장이 불꽃처럼 타오르고 있는가?

예배 중에 당신 자신의 죄악을 깨닫게 될 때 비로소 당신은 인생의 근본적 의미를 추구하게 될 것이다. 그리고 하나님께서 당신과 함께 하기 원하신다는 근본적 진리를 발견하게 될 것이다. 그러므로 교회 예배에 전념하는 것은 매우 당연한 행위이다. 그리스도 예수를 영접한 사람들은 다른 사람들에게 나아가 복음을 증거해야 한다. 그리고 저들을 예배로 인도해야 한다. 예배는 이러한 가르침을 예배자들에게 일깨워 준다.

하나님의 근본적인 목적은 세상 종국에 모든 사람들이 주님을 경배하도록 나오게 하는 것이다. 시편 말씀을 묵상해보라.

> 땅의 모든 끝이 여호와를 기억하고 돌아오며 모든 나라의 모든 족속이 주의 앞에 예배하리니(시 22:27).

> 온 땅이 주께 경배하고 주를 노래하며 주의 이름을 노래하리이다 할지어다(셀라)(시 66:4).

---

3 Isaac Watts, "When I Survey the Wondrous Cross" (1709). 참조, *The Trinity Hymnal* (Philadelphia: Great Commission Publications, 1990).

> 주여 주께서 지으신 모든 민족이 와서 주의 앞에 경배하며
> 주의 이름에 영광을 돌리리이다(시 86:9).

> 조각한 신상을 섬기며 허무한 것으로 자랑하는 자는 다 수치
> 를 당할 것이라 너희 신들아 여호와께 경배할지어다(시 97:7).

이와 같은 비전은 선지자들의 비전이기도 하다. 그들은 온 인류가 주님을 경배해야 한다는 것을 외쳤으며, 경배드리는 그 날에 대하여 널리 선포하였다. 대표적으로 선지자 이사야의 글을 살펴보자.

> 여호와가 말하노라 매월 초하루와 매 안식일에 모든 혈육이
> 내 앞에 나아와 예배하리라(사 66:23).

교회의 사명은 모든 나라와 민족 그리고 언어가 주의 궁정에 들어와 전능하신 하나님의 이름에 합당한 예배를 드리는 가운데 태동되는 것이다. 또한 교회의 사명은 주님께서 하늘로 승천하시기 전 산상에서 드려진 예배 가운데 전진되는 것이다.

감람산 산상에서 예수님은 교회를 향해 이렇게 말씀하셨다.

> 하늘과 땅의 모든 권세를 내게 주셨으니(마 28:18).

따라서 모든 열방이 하나님을 경배해야 한다는 모든 예언과 모든 성경적 명령은 우리 주 예수 그리스도에게 맞추어져 있다는 사실을 이해해야 한다. 하나님은 경배의 대상이다. 예배를 통하여 우리의 삶을 위한 그분의 뜻을 상기할 수 있다. 이를 위해 하나님은 우리를

예배 가운데로 항상 부르시는 것이다. 때문에 만민이 주님 앞에 나와 오직 그분만을 경배할 수 있도록 저들을 반드시 예배 안으로 초청해야 한다. 이것이 우리의 사명이다.

2) 우리의 최우선 사역은 예수님의 최후 말씀 안에 각인되어 있다

마태복음 28:16-20에는 교회로서 우리가 무엇을 반드시 해야 할 지 또는 어떻게 해야 할지에 대하여 세 개의 구문으로 잘 정의되어 있다.

(1) 너희는 가서 모든 민족을 제자로 삼으라

이것은 소위 하나님 나라의 원심적 특성에 관하여 말하고 있다. 즉 하나님 나라는 결코 정체됨이 없다는 것이다. 계속적으로 밖을 향하여 움직여야 한다. 이스라엘 민족은 결코 인종적 신앙공동체가 되어서는 안 된다. 오히려 열방을 향하여 나아가야 한다. 저들은 하나님의 메시야에 대한 신앙을 통해 은혜로 주어진 구원의 말씀을 세상에 전하도록 선택받았다. 하나님이 아브라함에게 말씀하시기를 그와 맺은 언약을 통하여 아브라함이 세상에 복이 될 것이라고 하셨다. 이사야는 이스라엘 백성의 비전이 너무 지엽적인 것을 지적하였다.

> 그가 이르시되 네가 나의 종이 되어 야곱의 지파들을 일으키며 이스라엘 중에 보전된 자를 돌아오게 할 것은 매우 쉬운 일이라 내가 또 너를 이방의 빛으로 삼아 나의 구원을 베풀어서 땅 끝까지 이르게 하리라(사 49:6).

제자들이 예루살렘에만 머물러 있다는 것은 저들이 너무 지엽적인 것에 매달려 있다는 것이다. 하나님이 진정으로 원하는 것은 저들이 그리스도에 대한 소식을 만방에 전하는 것이었다. 그리스도에게 돌아올 사람들에게까지 열려있는 하나님의 은혜의 메시지를 그저 우리끼리 듣고 있으면, 이것은 우리가 매우 작은 일 또는 지엽적인 일에만 매달려 있다는 것을 의미한다. 한 곳에만 머물러 있어서는 안 된다. 다른 사람들에게 다가가 복음의 메시지를 전해야 한다. 하지만 그러한 일조차 작은 일에 불과할지 모른다.
　오히려 큰 꿈을 갖고 이 메시지가 필요한 모든 열방을 찾아가야 한다. 어쩌면 그것조차도 작은 일에 불과할지 모른다. 즉 땅 끝까지 복음을 들고 찾아가야만 한다. 그곳에서 만나는 남녀노소 모두에게 자신들의 죄를 회개하도록 외쳐야하며, 부활과 생명의 주이신 그리스도 예수께 돌아오도록 권면해야 한다. '가라'는 말씀은 여전히 우리에게도 적용된다. 때문에 어떠한 방식을 통해서라도 그 일을 시행하여야 한다.

(2) 세례를 베풀고 가르침을 주라

　우리는 세례와 가르침을 주어야 한다. 제자들은 우주적 교회를 이루는 지역 교회 가운데 들어갔다. 이것은 교회 설립의 필요성을 말해주는 것뿐만 아니라, 교회 가운데 말씀과 성찬을 중심으로 잘 정돈된 교제의 필요성을 말해주고 있다. 이것이 바로 교회 성장의 유일한 방식이다. 또한 이것은 세상을 향해 단지 한번쯤 복음을 외치는 행위 그 이상을 의미한다. 교회의 소명은 각 나라와 민족 가운데 전략적으로 교회를 세우는 것이다. 교회가 존재하는 한 가르침을 교회의 우선적 사역으로 삼아야 한다. 교회가 이러한 사역을 잘 감당할 수 있도록 우리는 기도와 협력과 재정적 지원을 아끼지 말아야 한다.

예수님은 제자들에게 명령하셨다.

> 내가 너희에게 분부한 모든 것을 가르쳐 지키게 하라
> (마 28:20).

그 일은 단시간 내에 이루어질 수 없는 사안이다. 지역 교회가 반드시 수행해야 할 평생의 사역이다.

에베소 교회 장로들을 향하여 바울은 삼년간 꺼리지 않고 '하나님의 뜻'을 저들에게 전하였다. 이 말의 의미는 목회자로서 당신은 교인들과 복음으로 교제할 필요가 있는 것뿐만 아니라, 당신 자신을 '입증된 일군'으로 저들에게 반드시 보여주어야 한다는 것이다. 달리 말하면 당신은 하나님의 말씀을 연구하고 배우는 것 그리고 신앙의 교리를 탐구하는 것 등과 같은 행위를 하나님을 위한 사역으로 삼아야 한다는 것이다. 이 모든 행위는 말씀을 통해 하나님의 마음을 깨달을 때 가능한 일이다. 우리 주님은 대위임명령에 한 가지 약속을 더하셨다.

3) 우리의 최우선 사역은 그리스도의 약속을 전하는 것이다

주님의 약속은 바로 이것이다.

> 볼지어다 내가 세상 끝날까지 너희와 항상 함께 있으리라
> (마 28:20).

스데반이 예수님은 약속된 그리스도이시라고 증언할 때에 스데반 자신의 최우선 사역은 그리스도의 최후 말씀을 전하는 것이었다. 그로 인하여 돌에 맞아 죽음을 맞이하였지만, 그 죽음의 현장에 예수님은 그와 함께 있었다. 베드로가 가서 회개와 믿음의 메시지를 전하라고 부름 받았을 때에 예수님은 그와 동행하셨다. 주님은 베드로의 십자가 처형 시에 바로 그 곁에 계셨다.

다소 지역 출신의 바울이 예수님으로부터 가라고 부름 받았을 때에 예수님은 그를 결코 홀로 버려두지 않았다. 그는 부르셨고 그와 함께 동행하셨다. 바울이 네로 황제에 의해 처형당할 때조차 저 유명한 교회 설립자요 서방의 위대한 선교사인 바울은 결코 혼자가 아니었다. 예수님이 그곳에 함께 계셨다.

요한 위클리프가 성경을 영어로 번역했다는 이유로 처형당할 때 예수님은 그곳에 계셨다. 루터가 오직 믿음으로 의로워진다는 설교를 했다는 이유로 이단으로 고소되어 보름스 성에 불려가 생명의 위협을 받았을 때 그는 "저는 이 입장을 고수한다"고 응수하였다. 그렇게 담대할 수 있었던 이유는 그리스도가 그와 함께 하셨기 때문이었다. 은혜의 교리를 설교한다는 죄명으로 존 낙스가 포악한 여왕으로부터 생명의 위협을 받았을 때 예수님은 그와 함께 하셨다. 위대한 설교자 찰스 스펄전이 자신의 몸에 있는 깊은 상처와 심각한 좌절감에 빠져 있을 때 그리고 그의 개혁주의 신앙이 한물간 시대착오적 사상이라고 자신이 속한 교단으로부터 외면당했을 때에도 그가 견고하게 설 수 있었던 것은 예수님이 그와 함께 하셨기 때문이었다.

우리의 신앙 선조들이 언덕위에 세워진 도시를 꿈꾸며 세상 끝까지 복음의 빛을 비추고자 영국에서 출항했을 때 예수님은 그들과 함께 하셨다. 북대서양의 거센 바람과 거친 파도가 저들의 꿈을 가로막고 희망을 앗아가는 듯하였을 때에도 예수님은 그곳에 계셨다. 저들이 이 나라를 건설하기 위하여 어려움을 견딜 때 주님은 함께 하셨다.

우리가 전하는 복음에 대하여 점점 더 적대적인 태도를 보이는 이 시대의 심령들과 맞설 때에도 예수님은 분명히 우리와 함께 하실 것이다. 믿음의 삶을 살아가고 자녀들을 복음으로 가르칠 때에도 주님은 함께 하실 것이다. 오늘날 나라와 민족을 향하여 예수 그리스도를 전하려는 사명과 교회의 비전을 세울 때 주님은 분명히 교회와 동행하실 것이다.

> 내가 결코 너희를 버리지 아니하고 너희를 떠나지 아니하리라(히 13:5).

이 말씀을 기억하라. 이 약속은 지난 과거부터 현재까지 그대로 이루어졌다. 때문에 현 세대에서 다음 세대에 이르기까지 이 약속은 변함없이 유효할 것이다. 이 약속은 우리의 확신이다. 그분의 동행과 임재는 우리의 최후 승리를 보장하는 근거이다. 예수 그리스도의 최후의 말씀은 한 가지 더 중요한 것을 깨우쳐 준다.

4) 우리의 사역은 영원히 계속되는 것이 아니다

예수님은 "세상 끝날까지"(마 28:20) 우리와 함께 하실 것이다. 이 세상은 영원히 지속되지 않을 것이다. 대위임명령에는 일몰 즉 끝이 있다. 예수 그리스도는 다시 오시며, 다시 오실 때 그는 모든 교회를 그 앞에 부르실 것이고 세상을 심판하실 것이다. 주님의 재림은 모든 세대의 그리스도인들이 깨어있도록 그리고 사역에 집중하도록 일깨워준다. 세상은 머지않아 일몰을 맞이하게 될 것이다. 대위임명령을 주셨던 주님께서 곧 다시 오실 것이다.

따라서 예수님의 최후의 말씀은 모든 민족에게 나아가 복음을 전할 것을 우리에게 가르쳐 주고 있다. 이것이 우리를 부르신 이유이다. 최후 말씀에 따라, 그의 나라가 확장될 것이며, 하나님 아버지가 그에게 주신 사람들을 모두 구원하실 것이다. 구원받은 자들은 주님의 최후 명령을 위한 신실한 일꾼이 될 것이다.

예수님은 패배가 없으신 분이시다. 설사 지옥문이 교회를 가로막는다 할지라도 그분의 교회는 최후 승리를 거두게 될 것이다. 따라서 이러한 비전을 당신의 교회가 정말 가지고 있는가 아니면 방관적인 자세로 있는가라는 이슈는 아주 중요한 관건이 될 것이다. 실수를 범하지 말아야 한다. 그분의 최후의 말씀은 오늘날 우리 모든 그리스도인들에게 주어진 최우선 과제라는 점을 결코 잊지 말아야 한다.

2. 묵상을 위한 질문

1) 분주함과 낙심과 세상 염려 속에서 당신은 예수님의 대위임명령을 어떻게 수행하고 있는가?
그 대위임명령을 당신의 최우선 과제로 삼고서 그것을 어떻게 지켜나갈 수 있는지 실제적 방안을 생각해보라.

2) 당신은 신실한 예배자인가?
기도하고 성경을 공부하는 시간을 갖고 있는가?
예배를 최우선 과제로 삼기 위해서 당신의 스케줄 또는 생각에 어떠한 변화를 주어야 한다고 생각하는가?

3) 복음에 대한 기초 지식을 가지고 있는 사람들을 포함한 그 밖의 사람들에게 복음을 전하고 가르치려는 자세가 당신의 교회에 있는가?
어떠한 방식으로 좀 더 분명하고 효과 있게 가르칠 수 있다고 생각하는가?

4) 당신 교회의 우선순위를 검토하라. 교회의 청중들이 예배의 목적을 분명하게 갖고 주일 예배에 참여하는가?
저들을 주님의 제자로 삼는 일에 분명한 소명을 당신 교회는 가지고 있는가?
보다 열정적인 전도자가 되도록 당신은 저들을 어떻게 양육하고 권면하는가?

5) 당신의 마음가짐을 살펴보라.
마치 하나님이 당신을 버리신 것처럼 생각하거나 행동하지 않는가?
복음을 통해 당신 안에 분명한 변화가 일어나고 있는가?

9장

성장을 추구하라
(그리스도의 건강한 제자)

(행 2:42; 8:4)

> 은혜 가운데 성장해 갈수록 더욱 더 영광 가운데 거하게 될 것입니다. 영광 가운데 있는 사람들이 가득할지라도 아직도 영광 가운데 거해야 할 사람들이 더 많이 있습니다.
>
> —토마스 왓슨(Thomas Watson)[1]

세례란 예수 그리스도를 믿기로 작정한 자가 자신의 믿음을 공개적으로 드러내는 외적 표식이다. 세례를 통해 교회 공동체의 구성원이 된 사람들은 본인 스스로에게 이러한 질문을 해야 한다.

"예수님을 주님과 구원자로 영접한 자들에게 하나님은 과연 무엇

---

[1] Mark Water, *The New Encyclopedia of Christian Quotations* (Grand Rapids: Baker Books, 2000), 456.

을 원하실까?"

이 질문에 대한 하나님의 답변이 사도행전 2:38-42과 8:1-4에 잘 나와 있다.

현대교회에 필요한 성경적 비전은 단지 아이디어에 관한 것이 아니다. 받은바 풍성한 은혜에 따라 그리스도를 위해 사는 삶에 관한 것이 되어야 한다.

1. 예수 그리스도의 건강한 제자가 되는 방법은 무엇인가?

하나님은 말씀을 통하여 교회의 신자들에게 그 질문의 답을 가르쳐 주신다. 대표적인 성경으로 사도행전을 꼽을 수 있다. 특히 사도행전 2:42과 사도행전 8:4은 제자로서 어떻게 강인하고 능력 있는 삶을 살아갈 수 있는지에 대해서 깊은 교훈을 주고 있다.

1) 건강한 제자가 되기 위한 필요한 두 가지 원칙

사도행전 2:42을 통해 두 가지 원칙을 깨달을 수 있다. 베드로를 포함한 제자들이 성령의 기름 부으심이라는 특별한 사건을 경험하게 된다. 이를 통하여 오순절의 초자연적 능력이 나타나게 되었고, 세상을 향하여 힘차게 복음을 증거할 수 있게 되었다. 하지만 사도행전의 추진력은 이미 1:8의 말씀에 기초하고 있었다.

오직 성령이 너희에게 임하시면 너희가 권능을 받고 예루살

렘과 온 유대와 사마리아와 땅 끝까지 이르러 내 증인이 되
리라 하시니라(행 1:8).

성령 역사를 통하여 제자들에게 임한 하나님의 권능은 교회를 높이 세워 주었고 예루살렘을 벗어나 땅 끝까지 복음을 증거하도록 해 주는 동력이 되었다. 참으로 이러한 사도행전의 백미는 동일한 성령의 권능이 현시대의 당신과 교회 가운데 계속되고 있다는 점을 일깨워준다.

우주선이 우주 궤도 안으로 들어가는 모습을 보고 놀란 적이 있는가?

우주선이 우주에 기착할 때 승무원은 무엇을 하고 있으리라 생각하는가?

이제 사도행전 본문을 통하여 마치 교회가 성령의 권능으로 높이 솟아올라 있는 때 과연 신자들은 어떠한 시각을 가져야 하며 어떠한 행동을 해야 하는지에 대하여 살펴보자.

당신의 눈에 무엇이 보이는가?

그리스도의 몸을 이루기 위해 모여 있는 지체들을 볼 것이다. 저들은 어떠한 일에 "힘썼다"(Continued steadfastly)(행 4:42). 다른 영어 성경에는 "그들은 전념하였다"고 번역하였다. 이 단어가 지닌 원어적 의미는 다음의 두 가지 원칙을 가르쳐 주고 있다.

(1) 지속하라(continue)

무엇보다도 지속성 없이는 건강한 제자가 될 수 없다. 초기 기독교 회심자들은 지속성을 가지고 있었다. 베드로의 설교는 단지 저들

에게 믿음의 태동을 가져다주었을 뿐이다. 의로워져야 비로소 거룩하게 될 수 있는 것이다. 구원받아야 비로소 성장하게 될 수 있는 것이다. 제자라는 의미는 '따르는 사람'이라는 뜻이다. 예수 그리스도를 따르는 일은 날마다 새롭게 시작하는 일생의 과정이다.

신학교 교수 한 분이 어느 강의에서 학생들에게 그날 아침 각자의 경건시간을 통해 하나님께서 주신 깨달음을 서로 나누자고 제안하였다. 지목된 한 학생이 답했다.

"사실 저는 오늘 아침에 하나님과 함께하는 시간을 갖지 못했습니다."

교수는 그 학생에게 말했다.

"아 당신은 신학교 수업으로 매우 분주하시군요. 그렇다면 잠시 강의실을 떠나 먼저 주님과 시간을 보낼 필요가 있습니다."

교수는 학생들이 장래 목회자로서 뿐만 아니라 제자로서 날마다 주님과 함께 하는 시간을 계속적으로 갖는 것이 중요하다는 것을 일깨워주었다. 이는 그리스도인의 건강한 생활을 위하여 변할 수 없는 그리고 타협될 수 없는 원칙이라고 강조하였다.

이 이야기는 실제 있었던 일이다. 내가 바로 그 학생들 중의 한명이었기 때문이다. 당시 나는 그리스도론을 배우고 있었다. 이론적인 학습과 이해보다는 오히려 매일의 생활 속에서 그리스도를 알고 순종하는 법을 지속적으로 배우는 것이 더 중요하다는 것을 깊이 깨달았다. 이것은 내가 배웠던 가장 최고의 가르침 중에 하나였다.

그러한 교훈에 당신은 진심으로 동의하는가?

하나님을 추구하는 지속적인 삶이 당신에게 날마다 일어나고 있다고 생각하는가?

아니면 당신은 그리스도 안에 이미 안착하였기 때문에 그러한 수고가 더 이상 필요 없다고 생각하는가?

위대한 종교개혁자 마틴 루터(Martin Luther)는 하나님을 날마다 추구해야 하는 이유와 목적에 대하여 이렇게 천명하였다.

> 모든 그리스도인들은 날마다 교리문답을 통해 자신을 훈련시켜야 하며, 안락이나 허영심 같은 유해한 죄악에 감염되지 않도록 해야 한다. 극도의 조심성과 성실함으로 자신들을 돌보면서 끊임없이 교리문답의 가르침을 실천에 옮겨야 한다. 지속적으로 그것을 읽고 가르치고, 배우고 묵상하고 유념해야 한다. 저들이 사탄에게 사망을 선포하고 반면에 하나님과 모든 성도들 앞에 자신들의 보다 현명한 신앙체험을 드러낼 때까지 결코 멈춰서는 안 된다.[2]

그리스도의 제자로서 당신은 당신의 신앙생활을 지속적으로 어떻게 관리하고 훈련시키고 있는지에 대해서 다시 한 번 깊이 점검해 보아야 한다.

(2) 힘써 지속하라(continue steadfastly)

어떤 성경주석가의 말처럼 이 헬라어 단어의 강조점은 '어떤 행동

---

[2] Martin Luther, *Luther's Large Catechism: God's Call to Repentance, Faith, and Prayer, the Bible Plan of Salvation Explained*, trans. J. N. Lenker (Minneapolis: The Luther Press, 1908), 39.

의 방침에 대한 일편단심의 충성'에 있다.³ 유진 피터슨은 그것을 '한 방향으로의 오랜 순종'이라고 했다.⁴

바울은 그가 설립한 빌립보 교회를 향하여 두려움과 경외함으로 구원을 이루라고 명하였다.

그러한 결단 없이 그리스도를 따른다고 말할 수 있겠는가?

축복을 위해 천사와 씨름하였던 야곱처럼 당신도 제자로서 하나님의 축복이 당신의 삶에 임하도록 힘써 씨름하고 간구해야 한다.

형식적인 그리스도인으로 살아도 된다는 개념은 성경 안에 전혀 없다. 구약이든 신약이든 하나님의 말씀 안에 나오는 제자는 하나님에 대한 지식과 인격적 경험으로 활기차게 전진하는 사람들이다. 저들은 하나님을 위한 입장을 따르며, 무엇보다도 자신들을 하나님과 함께하는 자들로 규정한다. 하나님을 따르기 위해 지속적으로 힘써 계속하지 않으면 건강하고 강인한 제자가 될 수 없다.

제자로서의 당신의 삶은 어떠한가?

믿음의 사람으로서 성장하고 있다는 분명한 표식이 당신에게 있는가?

사도행전에 나타난 건강한 제자의 다섯 가지 표식을 살펴보자. 2장에 네 가지 그리고 8장에 한 가지 표식을 차례로 살펴보자.

---

3   Ajith Fernando, *The NIV Application Commentary: Acts* (Grand Rapids: Zondervan, 1998), 119.
4   Eugene H. Peterson, *A Long Obedience in the Same Direction: Discipleship in an Instant Society* (Downers Grove, IL: InterVarsity Press, 1980).

2) 건강한 제자로서의 다섯 가지 분명한 표식

(1) 예수 그리스도의 건강한 제자는 항상 성경에 기초한다

그들이 사도의 가르침을 받아… 힘쓰니라(행 2:42).

사도들의 가르침이란 무엇인가?

베드로후서 3장을 통해 사도 베드로는 바울의 가르침이 사실상 성경의 가르침과 동일한 것이라고 하였다. 사도들의 가르침은 하나님께서 사도들에게 직접 주신 신적 계시이다. 우리는 이것을 신약성경이라고 부른다. 우리는 사도들의 가르침 조명하에서 구약성경을 이해한다. 따라서 그리스도의 건강한 제자가 되기 위해서 반드시 성경 안에 신앙의 근거를 두어야 하고 그 안에서 성장하여야 한다.

그리스도의 강인하고 건강한 제자는 말씀 속에서 예수님을 더욱 더 지속적으로 배워야 한다. 그러한 제자는 성경을 오류가 없는 무오한 하나님의 말씀으로 신뢰하고 항상 읽고 묵상해야 한다. 그리고 동일한 믿음을 지닌 성도들과 참다운 교제를 나눠야 한다. 더욱이 예수님의 제자는 일관된 강해설교를 통해 더욱 든든하게 성장해야 된다. 이러한 제자는 성경공부와 주일학교 공부반 그리고 하나님의 말씀을 체계적으로 학습하는 개인적 경건생활을 추구해야 한다.

마틴 루터는 반복의 필요성을 강조하는 중요한 가르침을 16세기 자신의 제자들에게 남겨주었다.

목사는 날마다 성실하게 성경공부를 추구해야 하고 끊임없이 바쁘게 공부해야 한다. [하나님의 말씀을] 읽고 가르치고 학습하고 묵상하고 유념하는 일을 꿋꿋하게 지켜나가야 한다.[5]

그리스도를 배우지 않고서는 건강한 제자가 될 수 없다. 말씀 안에 있는 그리스도를 드러내 보이는 일은 전능하신 하나님께서 매우 기뻐하시는 일이다.

(2) 그리스도의 건강한 제자는 교제 가운데 거해야 한다

> 그들이 사도의 가르침을 받아 서로 교제하고(행 2:42).

초기 그리스도인들은 사도의 가르침 안에서 뿐만 아니라 **코이노니아** 즉 교제 가운데 성장하였다. 이것이 건강한 제자의 두 번째 분명한 표식이다.

건강한 제자는 믿음의 사람들과 교제를 반드시 나누어야 한다. 그리스도인들 가운데 함께 머물러 있을 때 우리의 믿음은 은혜 속에서 성장한다. 제자란 따르는 중에 있는 사람이기 때문에 아직 완착하지 못한 상태에 있다고 할 수 있다. 제자라 하여 완벽할 수 없다. 당신도 마찬가지이다. 따라서 함께 나아갈 때 우리가 나누는 교제는

---

[5] Martin Luther, *What Luther Says: An Anthology*, comp. Ewald M. Plass, 3 vols. (St. Louis: Concordia Publishing House, 1959), 2:927. 아울러 본서의 새로운 편집본을 참조하라. *What Luther Says: A Practical In-Home Anthology for the Active Christian*, comp. Ewald M. Plass (St. Louis: Concordia Publishing House, 1986).

우리 모두에게 도움을 준다. 하나님이 절대 필요하듯이 성도 간의 교제도 반드시 필요하다.

"사람들이 나에게 상처를 줄 것입니다. 그들은 완벽하지 않습니다. 오히려 나를 멸시하거나 무시할 수도 있습니다."

이렇게 말하고 싶은 유혹을 받을지 모른다. 사실이다.

그러나 성령의 열매를 상기해야 한다. 다른 교인들과 함께 참된 교제를 나누기 위하여 하나님께 인내와 오래 참음과 지혜를 구해야 한다. 그 때에 비로소 성화의 열매와 성숙한 행동이 나타나게 된다. 고군분투하는 동료 신앙인들과 함께 살아가는 것은 우리로 하여금 하나님을 더욱 의존하게 만들어 준다. 뿐만 아니라 우리 자신에게 격려와 용기와 감동을 가져다준다.

교제 가운데 거한다는 것이 단지 함께 식사한다거나 동일한 교회 또는 교단 내에 활동한다는 의미가 아니다. 이것은 그리스도 예수 안에 함께 거한다는 의미이다. 사도 요한은 자신의 첫 번째 서신서에서 그 의미를 이렇게 설명하였다.

> 우리가 보고 들은 바를 너희에게도 전함은 너희로 우리와 사귐이 있게 하려 함이니 우리의 사귐은 아버지와 그의 아들 예수 그리스도와 더불어 누림이라(요일 1:3).

우리 주 예수 그리스도의 마음은 교제에 대한 열정으로 활기가 넘쳤다. 자신의 대제사장적 기도 속에서 주님은 이렇게 기도하셨다:

> 내가 비옵는 것은 이 사람들만 위함이 아니요 또 그들의 말

로 말미암아 나를 믿는 사람들도 위함이니 아버지여, 아버지께서 내 안에, 내가 아버지 안에 있는 것 같이 그들도 다 하나가 되어 우리 안에 있게 하사 세상으로 아버지께서 나를 보내신 것을 믿게 하옵소서 내게 주신 영광을 내가 그들에게 주었사오니 이는 우리가 하나가 된 것 같이 그들도 하나가 되게 하려 함이니이다 곧 내가 그들 안에 있고 아버지께서 내 안에 계시어 그들로 온전함을 이루어 하나가 되게 하려 함은 아버지께서 나를 보내신 것과 또 나를 사랑하심 같이 그들도 사랑하신 것을 세상으로 알게 하려 함이로소이다 아버지여 내게 주신 자도 나 있는 곳에 나와 함께 있어 아버지께서 창세 전부터 나를 사랑하시므로 내게 주신 나의 영광을 그들로 보게 하시기를 원하옵나이다(요 17:20-24).

이 놀라운 구절은 믿는 자들의 친교가 삼위일체 하나님의 교제에 근거하고 있음을 보여주고 있다. 교제를 종종 인간적인 방식에서 생각하는 경우가 있다. 하지만 **코이노니아**에 대한 성경적인 개념은 성부와 성자와 성령 하나님의 완전한 교제로부터 출발한다. 영원 전부터 시작된 삼위일체 하나님의 교제는 인간의 창조를 낳았다. 이러한 교제로부터 창조된 인간은 범죄로 인하여 하나님으로부터 멀어져 갔다. 하지만 창조물과의 교제를 사랑하셨던 성부 하나님은 성자 하나님과 타락한 인류를 구원하기로 언약을 맺으셨다.

결국 그리스도의 초림은 교제를 회복하기 위한 사랑에 기인한 것이었다. 십자가상에서 죽으신 예수의 희생은 교제를 위한 것이었다. 성부와 성자 하나님으로부터 오신 성령 하나님의 임재는 당신을 위한 하나님의 사랑으로부터 기인한 것이다. 그러므로 교제는 영원한 표식이며 우리의 인성에 기인한 것뿐만 아니라 하나님의 신성으로부터 기인한 것이다. 하나님은 믿음의 공동체와 함께하는 깊은 교제 속으로 당신을 부르고 계신다.

그러나 거기에 멈춰서는 안 된다. 왜냐하면 하나님은 전 세계에 퍼져있는 믿음의 사람들과 **코이노니아**하도록 당신을 부르셨기 때문이다. 건강한 제자는 교제에 전심전력함으로써 드러나게 되어 있다.

(3) 예수 그리스도의 건강한 제자는 예배 가운데 함께 거해야 한다

> 그들이 사도의 가르침을 받아 서로 교제하고 떡을 떼며
> (행 2:42).

"떡을 떼며"라는 구절은 사도시대의 교회가 함께 모일 때마다 함께 예배드렸고 그 예배의 중심에는 주의 만찬과 설교가 있었다라는 의미로 거의 통상 여겨졌다. 교회 역사와 위대한 영적 거장들의 작품들은 또한 이러한 사실을 지지하고 있다.

설사 이 구절이 초기 그리스도인들이 소위 친교 식사 가운데 함께 떡을 떼었다 할지라도 또는 이것이 애찬(성만찬과 친교 식사 둘 모두)이라 할지라도 전체 구절의 문맥이 예배의 개념을 지지하는 것으로 쉽게 이해할 수 있다. 우리 주님은 회당에서 공적으로 예배를 드렸다. 바울은 어느 지역을 방문할지라도 공적 예배를 위해 회당

을 찾아 나섰다. 히브리서 10:25에 함께 모이는 것을 포기하지 말라는 권면이 있다. 따라서 건강한 제자는 규칙적인 예배자가 되어야 한다.

(4) 예수 그리스도의 건강한 제자는 기도 가운데 성장하여야 한다

> 그들이 사도의 가르침을 받아 서로 교제하고 떡을 떼며 오로지 기도하기를 힘쓰니라(행 2:42).

이 마지막 구절은 저들이 기도하기에 힘쓰고 있음을 보여주고 있다. 개인적인 기도뿐만 아니라 특히 공적인 기도나 예배 중 기도 모두를 포함한다.

그리스도의 건강한 제자는 기도를 통하여 예수 그리스도와의 관계 속에서 성장한다. 제자는 공적이고 가정적이고 개인적인 모임과 시간에도 기도를 중요하게 여긴다. 공적으로 예수님의 제자들은 기도 모임에 정기적으로 참여하였다. 초대교회의 예식에 따르면 청중의 기도는 긴 기도로 불렸다. 그러나 오늘날 성경봉독과 더불어 기도는 성경을 믿는 복음주의적 개혁주의 성도라 부르기 어려울 정도로 짧아졌다. 하지만 부흥을 경험했던 믿음의 선조들은 최선의 방식을 알고 있었다.

하나님은 예배를 축복하셨고 왕성한 기도로 자신의 백성을 성장시켰다. 기도 가운데 주님께 간구를 드리는 것뿐만 아니라, 번잡한 생활을 잠시 멈추는 것이며 만왕의 왕이며 만주의 주이신 그리스도께 나아가는 것이다. 일상 가운데 우리는 하나님의 인도와 섭리가 필요하다는 것을 인식해야 한다. 기도는 그러한 변화된 삶을 우리가 살아갈 수 있도록 해준다.

또한 건강한 제자는 가정 기도를 드린다. 가정 기도는 예수 그리스도를 경배하고 그리스도께 자신들의 죄를 고백하고 하나님께 감사드리고 주님께 간구를 드리기 위하여 모인다. 이 모든 행동은 영적 성장과 제자도에 매우 중요한 것들이다. 주님은 우리에게 은밀한 장소를 찾아 기도하라고 말씀하셨다. 이것은 개인 기도를 말하는 것이다. 기도 중에 내가 누구인지 그리고 하나님은 어떠한 분이신지를 깨달을 수 있기 때문에 우리는 개인 기도를 통하여 기도하는 사람이 되어야 한다.

기도와 관련된 고전적 작품을 집필한 올레 할레스비(Ole Hallesby)의 견해를 나는 좋아한다.

> 기도란 우리의 요구에 예수님께서 간섭하시도록 하는 것이다. 기도란 우리의 낙심을 떨쳐버리기 위하여 예수님께 능력을 베풀어 달라고 간구하는 것이다. 기도란 우리의 간구 속에서도 오직 예수님의 이름만이 영광되도록 하는 것이다.[6]

공적이고 가정적이고 개인적인 기도 경건을 갖지 않고서 어느 누구도 그리스도의 건강한 제자가 될 수 없다. 할레스비는 계속하여 이렇게 말한바 있다.

---

6 Ole Hallesby, *Prayer* (Minneapolis: Augsburg, 1994), 204.

주님, 제게 기도를 가르쳐 주십시오"라고 기도해본 적이 있는가? 그렇지 않다면, 기도를 가로막는 장매물은 과연 무엇인가?[7]

(5) 예수 그리스도의 건강한 제자는 복음 증거에 전심 전력해야 한다

그 흩어진 사람들이 두루 다니며 복음의 말씀을 전할새
(행 8:4).

마지막으로 건강한 제자는 다른 사람을 제자로 만들어야 한다. 사도행전의 이 본문에서 사도들은 예루살렘에 남아있었지만 그 밖의 신자들은 사방으로 흩어졌다. "그 흩어진 사람들이 두루 다니며 복음의 말씀을 전할새"라는 말씀에서 "그 흩어진 사람들"은 하나님의 사람들로서 안수 받은 목회자가 아니라 예수 그리스도의 평범한 제자들이었다.

이것은 매우 중요한 가르침이다. 당신이 목회하는 성도들은 당신의 손길이 결코 미치지 못하는 사람들에게 다가갈 수 있는 사람들이다. 당신이 결코 갈 수 없는 곳에 저들은 갈 수 있다. 따라서 복음 전파사역을 능히 감당할 수 있도록 저들을 훈련시키는 일은 목회자인 당신에게 매우 중요한 사역이다. 자신들의 믿음을 나눌 수 있도록, 자신들의 믿음을 변증적으로 잘 변호할 수 있도록, 그리고 성경 지혜가 부족한 사람들과 그것을 나눌 수 있도록 저들을 잘 양육하

---

[7] Ibid.

는 목회 사역이 당신 교회에 반드시 필요하다.

  요약하면 '흩어져' 지역을 두루 다니며 어떠한 상황에서도 '복음의 말씀을 전하는' 성도가 되도록 하는 것을 당신 교회의 비전으로 삼아야 한다.

2. 나오는 말

  예수 그리스도의 건강한 제자는 성경 말씀과 교제와 예배와 기도와 복음증거의 삶 속에서 성장한다. 사실 제자는 교회 전체를 위한 비전의 주체가 되어야 한다. 제자는 항상 함께 모여 성장을 도모해야 하며, 나아가 다른 사람을 제자로 삼아 세상에 내보내야 한다.

  존 파이퍼(John Piper)는 자신의 저서 『주권적 기쁨의 유산』(*The Legacy of Sovereign Joy*)을[8] 통하여 어거스틴과 루터와 칼빈의 생애에 대해서 그리고 하나님을 추구하는 저들의 경건한 신앙에 대해서 기술하였다. 이 세 명의 영적 거장 모두 한때 명목적 그리스도인들로서 연약하고 우유부단하고 유혹에 넘어지고 죄에 빠졌던 인물들이었다. 그러나 그들이 하나님의 은혜를 경험하게 되었을 때 그리고 자신들이 힘써 찾았던 분이 그리스도 안에 있는 하나님이라는 사실을 깨닫게 되었을 때 저들의 생각은 완전히 바뀌게 되었다. 철저하게 주님을 따르는 사람들로 변화되었던 것이다. 예전처럼 형식적인

---

[8] John Piper, *The Legacy of Sovereign Joy: God's Triumphant Grace in the Lives of Augustine, Luther, and Calvin* (Wheaton, IL: Crossway Books, 2000).

것이 아니라 온 마음을 다하여 그리스도를 갈망하고 순종하는 사람들이 되었던 것이다.

예수 그리스도를 당신의 참된 기쁨으로 여기지 못한다면 당신은 단지 당신의 삶에 종교적 부담감만 추가시키고 말 것이다. 무엇보다도 주님께 모든 것을 맡기고, 그분을 주와 구원자로 영접하고, 그분을 인격적으로 경험해야 한다. 이것이 영원하고 행복한 삶의 출발이라는 점을 당신이 깨닫기를 주님은 원하신다.

3. 묵상을 위한 질문

1) 당신의 인생 속에서 하나님과 가장 친밀했었던 시기를 회상해 보라.
그 시기에 성령 하나님은 당신의 경건 생활에 어떠한 능력을 주셨는가?
그 때를 회상할 때 당신은 어떠한 제자도의 표식을 더욱 충실하게 부여잡기를 원하는가?

2) 예수 그리스도를 견고히 따라갈 때 사랑과 우정으로 당신과 함께 할 사람들이 주변에 있을 거라고 생각하는가?
저들은 당신에게 영적 상담을 해주며 함께 기도를 나누며 당신의 신앙고백을 더욱 의존하도록 도와주고 있는가?
그러한 사람이 곁에 있다면 하나님께 감사하라. 그렇지 않다면 그러한 사람을 당신에게 붙여달라고 하나님께 간구하라.

3) 하나님의 삼위일체적 성품처럼 당신도 다른 그리스도인들과 함께 교제해야 한다.
성도 간의 교제는 교회에 대한 당신의 시각에 어떠한 변화를 가져다 줄 수 있겠는가?
소그룹과 기도모임 그리고 다른 기타 모임 등을 통하여 회중 가운데 공동체 의식과 친교를 활성화할 수 있는 방안을 구상해보라.

4) 성도들이 가정과 학교 그리고 직장에서 복음을 증거할 수 있도록 당신 교회는 저들을 잘 양육시키고 있는가?
복음을 널리 전파하기 위하여 성도들을 양육하는 실제적인 방안들을 교회가 세우고 있는지 생각해보라.

5) 당신 자신을 점검해보라.
그리스도 안에서 성장하기를 원하는가, 아니면 지금 이 상태에 그저 만족하고 있는가?

10장

파송에 힘쓰라
(배움을 위한 부르심과 파송을 위한 배움)

(막 6:7-13)

> 수백만 명의 사람들이 예수님의 복음을 듣지 못하고 있습니다. "내가 반드시 가야한다는 것을 증명할 수 있습니까?"에 대해서 물어볼 필요가 없습니다. 반면 "내가 꼭 가지 않아도 된다는 것을 증명할 수 있습니까?"에 대해서는 물어볼 필요가 있습니다.
>
> —찰스 스펄전(Charles Haddon Spurgeon)[1]

마가복음은 기독교의 특징을 알고자 하는 사람들을 위해 기록되었다.

예수님은 어떠한 분이신가?

이 세상에서 그분의 제자가 된다는 것은 무엇을 의미하는가?

---

[1] Charles Haddon Spurgeon, *The Sword and the Trowel, vol. 4, 1874-1876* (Pasadena, TX: Pilgrim Publications, 1978), 102.

마가는 이러한 질문에 답하고 있다. 그는 종종 말로써 뿐만 아니라 그가 사용하는 말의 방식을 통해서도 질문에 답하고 있다. 예를 들어, 마가복음 6장에서 그는 "현 시대에 예수님의 제자가 된다는 것이 무엇을 의미하는가?"라는 질문에 대해 예수님이 답변하는 방식으로 기록하고 있다. 물론 마가가 사용하는 답변 방식은 전혀 새롭거나 놀랄만한 것은 아니다. 이야기를 서로 겹치거나 재배열하는 방식으로 나란히 배열해 갔다. 제자들이 자신의 이야기를 신중하게 반복적으로 깨달을 수 있도록 하기 위한 것이었다.

열두 제자들을 내어 보내시는 예수님에 관한 이야기를 하기 전에 마가는 나사렛에서 거절당하신 예수님에 관한 이야기를 언급하였다. 그 이후 세례요한이 참수당한 이야기를 하였다. 예수님의 거절당하심과 세례요한의 목 베임 사건 중간에 예수님께서 열두 제자들을 파송하는 이야기를 마가는 끼워 넣었다. 따라서 이야기는 거절로 시작해서 파송 그리고 순교로 이어지는 형태를 가졌다. 이러한 방식은 제자도의 의미가 무엇인지를 쉽게 설명해주는 효과가 있었다.

1. 가장 위대한 서재

안쓰러운 일이지만 박사 과정을 공부하는 신학생들 중에는 박사 학위 마칠 날이 점점 다가올수록 하나님으로부터 점점 더 멀어져 가는 경우가 종종 있다. 더욱이 그들 중의 다수가 목사가 되기도 한다. 과연 이런 일이 있을 수 있는 것인가?

만일 신학을 연구하는 기쁨이 하나님을 향한 열정보다 더 크다면, 당신은 큰 위험에 처하게 될 것이다. 다음의 이야기는 나의 말을 이해하는데 도움이 될 것이다.

철학박사 학위를 막 취득한 어느 박식한 목사가 학문과 설교의 향상을 위해 어떤 새로운 방식을 찾으려고 애를 썼다. 하지만 방식 추구에 깊이 빠져들수록 하나님에 대한 자신의 비전과 목적을 점점 더 많이 상실하였다. 학문 연구가 자신의 목적이 되었다. 학문 연구에 몰두한 나머지 비전을 잃고 말았다.

그 목사에게 주님의 섭리가 있었다. 어느 날 그는 웰쉬(Welsh) 출신의 설교자 로버트 목사를 만났다.[2] 주일 예배를 마친 후, 로버트는 그 젊은 목사 내외를 집으로 저녁 식사 초대를 하였다. 매우 뛰어난 웰쉬 설교자 로버트는 회개가 필요한 영혼을 위하여 눈물로써 말씀을 전하곤 하였다. 그럴 때면 무릎을 꿇고 성찬식 난간을 마구 흔들어대었다고 한다. 그는 설교 중에 종종 교인들의 이름을 부르기도 했다. 그는 그 박식한 목사의 이름을 부른 적도 있었다. 여느 웰쉬 설교자처럼 그는 양복 재킷 호주머니에 손수건을 늘어뜨렸다. 머리 모양은 눈 위로 흘러내리는 딜란 토마스(Dylan Thomas) 스타일의 댕기머리를 하고 있었다.

그래서 오른 손을 들어 설교를 강조할 때면 다른 손으로 자신의 댕기머리를 뒤로 넘기는 습관이 있었다. 순수하면서도 때론 거친 행동처럼 보였지만, 로버트 목사의 그런 행동을 교인들은 전혀 개의치 않았고 오히려 그의 설교에 많은 사람들이 영적 감화를 받았다.

주일 저녁, 식사를 마친 후 로버트 목사는 그 젊은 목사 부부와 함

---

2 이 글에 나오는 이름은 가명이다.

께 차를 나누었다. 로버트는 그 목사에게 이런 말을 꺼내었다.
"목사님은 학식이 매우 풍부하시겠습니다. 그렇죠? 박사 공부 때에는 박식하신 분들과 늘 함께 지내셨고, 박사 학위도 취득하셨으니 말입니다. 참으로 대단하십니다."
이 말에 어떻게 답해야 할지 젊은 목사는 머뭇거렸다. 사탄이 그의 눈을 어둡게 하고 있었다. 그것을 알아 챈 로버트는 말했다.
"제 서재에 있는 책들을 한번 둘러보시겠습니까?"
크리스마스 아침을 맞이한 어린아이처럼 자리에서 벌떡 일어나며 말했다.
"그렇게 하겠습니다."
"좋습니다. 그럼 저의 멋진 서재를 한번 둘러보러 갑시다."
그들은 낡은 계단을 천천히 걸어 올라가 서재 안으로 들어갔다. 서재는 어두웠으며 책꽂이는 텅 비어 있었다. 이런 모습에 젊은 목사는 당황하였다. 이때 로버트는 질문했다.
"저의 멋진 서재를 어떻게 생각하십니까?"
"대학교 학생들이 멋진 서재로 인정할만 할까요?"
젊은 목사는 할 말을 잃고 가만히 서 있었다.
그러자 로버트는 말하였다.
"자 여기를 한번 보십시오. 책상은 저쪽에 있습니다. 제가 갖고 있는 책 전부 역시 저쪽에 있습니다. 66권의 책이 제가 갖고 있는 책 전부입니다."
로버트의 텅 빈 서재의 중앙에는 책상 하나가 놓여 있었다. 그리고 그 위에 한권의 성경이 펼쳐져 있었다. 그게 전부였다. 사실 그 방에는 의자조차 없었다.

로버트는 그 목사를 쳐다보며 말했다.

"제 말을 들어보십시오. 몇 년 전 하나님께서 제가 성경 말씀보다 일반 서적들과 학문을 지나치게 의존하고 있음을 깨우쳐 주셨습니다. 그때 모든 책들을 다 치워버렸습니다."

로버트는 연이어 말하였다,

"젊은 목사님, 오직 성령님과 하나님 말씀만을 의지하는 것 외에 다른 것을 바라보아서는 안 됩니다."

그날 밤 그 젊은 목사는 **자신이 가르침 받기 위해 부름 받았고 파송 받기 위해 배움 받았다**는 사실을 깨달았다. 이 이야기를 너무나 생생하게 잘 알고 있는 이유는 내가 바로 그 젊은 목사였기 때문이다. 지금도 결코 잊을 수 없는 귀중한 깨달음이었다.

현시대 교회를 위해 올바른 성경적 비전을 품기 위해서는 우리가 무엇을 위해 부르심 받았는가를 반드시 이해해야 한다. 우리는 세상 가운데 복음을 증거하기 위하여 부르심 받았다. 복음 증거를 위하여 우리는 떠나야 한다. 지금 우리가 함께 모여 신앙생활을 하는 이유는 궁극적으로 떠남을 준비하기 위한 것이다. 우리는 종종 행위를-예를 들어 대중적인 자선 사역(가장 성경적인 행위로 간주하고 있는)과 같은3-통해 사람들에게 복음을 나누어 준다.

하지만 복음전파 자체를 결코 간과해서는 안 된다. 여기서 복음을 전파한다는 의미는 제자들이 두루 흩어져 가는 곳마다 말씀을 전파했다는 그러한 방식을(행 8:4) 말한다.4 소위 '목회자'는 예루살렘

---

3 자녀들아, 우리가 말과 혀로만 사랑하지 말고 행함과 진실함으로 하자(요일 3:18).
4 그 흩어진 사람들이 두루 다니며 복음의 말씀을 전할새(행 8:4).

에 머물러 있었다. 그러나 사도행전 8장은 하나님의 백성들이 박해로 인하여 뿔뿔이 흩어졌음을 보여주고 있다. 저들 모두가 그리스도인들이라고 생각할 수 있겠지만 꼭 그렇지 않을 수도 있다.

참된 그리스도인이란 누구인가?

부르심을 받고 가르침을 받고 그리고 보내심을 받은 자들이 참된 그리스도인들이다. 믿음의 사람들조차 이와 같은 기본적이고 핵심적인 신앙생활의 특징을 제대로 이해하지 못하는 경우가 종종 있다. 마가복음 6:7-13에는 이와 같은 근본적 메시지가 담겨져 있다. 매우 짤막한 진술로 기술된 마가복음의 열두 제자 파송 이야기는 마태복음과 누가복음에도 기록되어 있다. 마태복음의 기록을 통해 제자가 된다는 의미가 무엇인지에 관한 놀라운 가르침을 발견할 수 있다. 열두 제자의 파송에 관한 마태복음의 진술을 다음과 같이 살펴볼 수 있다.

> 제자가 그 선생보다, 또는 종이 그 상전보다 높지 못하나니 (마 10:24).

> 제자가 그 선생 같고 종이 그 상전 같으면 족하도다 집 주인을 바알세불이라 하였거든 하물며 그 집 사람들이랴 (마 10:25).

> 몸은 죽여도 영혼은 능히 죽이지 못하는 자들을 두려워하지 말고 오직 몸과 영혼을 능히 지옥에 멸하실 수 있는 이를 두려워하라 (마 10:28).

누구든지 사람 앞에서 나를 시인하면 나도 하늘에 계신 내 아버지 앞에서 그를 시인할 것이요. 누구든지 사람 앞에서 나를 부인하면 나도 하늘에 계신 내 아버지 앞에서 그를 부인하리라 (마 10:32-33).

내가 세상에 화평을 주러 온 줄로 생각하지 말라 화평이 아니요 검을 주러 왔노라 (마 10:34).

아버지나 어머니를 나보다 더 사랑하는 자는 내게 합당하지 아니하고 아들이나 딸을 나보다 더 사랑하는 자도 내게 합당하지 아니하며 또 자기 십자가를 지고 나를 따르지 않는 자도 내게 합당하지 아니하니라. 자기 목숨을 얻는 자는 잃을 것이요 나를 위하여 자기 목숨을 잃는 자는 얻으리라 (마 10:37-39).

마지막 구절인 마태복음 10:37-39을 다시 한 번 더 읽어보라. 당신의 심령에 어떠한 가르침을 주고 있는가?

성경구절의 요구에 비해 당신의 신앙고백이 너무 가볍다고 생각하지 않는가?

이것이 바로 마가가 설명하는 제자도의 실재이다. 마가는 열두 제자의 파송을 나사렛에서의 거절과 세례 요한의 순교 사이에 끼워 놓았던 것이다. 이러한 문맥 속에서 그리스도인이 된다는 것 즉 제자가 된다는 참된 의미를 이해해야만 한다.

우리는 가르침을 받기 위해 부르심을 받았고 보내심을 받기 위해 배움을 받았다. 이제 참된 신자란 부르심과 가르침을 받기 위한 자들이라는 점을 좀 더 살펴보자. 아울러 파송에 관한 예수님의 가르침에 대해서도 살펴보자.

1) 참된 제자는 예수님의 부르심을 받은 자들이다

예수님의 참된 제자는 예수님의 부르심을 받은 자들이다. 예수님은 제자들을 자신들의 일에 전념하고 있을 때 부르셨다. 성경 본문을 보면, 저들을 보내기 전에 저들을 다시 한 번 더 부르셨다. 예수님은 우리가 구원 받도록 부르시고, 가르침 받도록 부르시고, 보내심 받도록 부르셨다. 제자란 예수님을 위해 자신 스스로 새로이 변화하거나 어떠한 결심을 하는 사람이 아니다. 예수님의 가르침에 따라 자신의 삶에 근본적인 변화를 추구하는 사람이다. 이것이 하나님 말씀의 일관된 교훈이다.

> 너희가 나를 택한 것이 아니요 내가 너희를 택하여 세웠나니 이는 너희로 가서 열매를 맺게 하고 또 너희 열매가 항상 있게 하여 내 이름으로 아버지께 무엇을 구하든지 다 받게 하려 함이라(요 15:16).

> 이 이스라엘 백성의 하나님이 우리 조상들을 택하시고 애굽 땅에서 나그네 된 그 백성을 높여 큰 권능으로 인도하여 내사(행 13:17).

곧 창세전에 그리스도 안에서 우리를 택하사 우리로 사랑 안에서 그 앞에 거룩하고 흠이 없게 하시려고(엡 1:4).

이슈 자체는 매우 단순하다. 즉 예수님이 찾아 오셔서 자신의 말씀을 당신에게 주시고 당신을 부르신다는 것이다. 디트리히 본회퍼 (Dietrich Bonhoeffer)는 그것을 좀 더 잘 설명하였다.

> 한 가지 분명한 사실이 있다. 즉 '양자택일'의 상황에서 오직 그리스도 그분에게만 의존한다면 그것은 우리가 그분을 잘 이해하고 있다는 증거다. 그분은 우리의 삶을 장식하거나 꾸미기 위하여 십자가의 길을 가지 않으셨다. 우리가 그분을 소유하기를 원할 때에 그분은 우리에게 우리의 전 생애에 있어 가장 결정적 사건을 말하도록 요구하신다. 만약 그분을 우리의 영적생활의 작은 일부분으로 간주한다면 우리는 그분을 제대로 깨닫고 있지 못한 것이다. 오히려 우리의 영적생활을 그분에게만 향하게 하거나 단호하게 '아니오'라고 할 때에 그제서야 우리가 영적생활을 이해한다고 말 수 있다.[5]

당신은 하나님의 목적을 이루기 위하여 교회에 있는 것이다. 만일 그렇지 않다면, 당신의 이력서에 한 줄의 자리를 채우기 위하여 있는 것에 불과하다. 또한 어느 교회에 사역했다는 것을 보여주기

---

5 Dietrich Bonhoeffer and Robert Coles, *Dietrich Bonhoeffer* (Maryknoll, NY: Orbis Books, 1998), 43.

위한 명예나 자랑에 불과한 행위이다. 당신의 삶을 향해 부르시는 그리스도의 강권적 소명을 들어야 한다. 그리스도의 몸을 이루는 지체적 소명을 가지고 교회 안에 있어야 한다. 단순한 교회 출석 또는 목회는 결국 아무런 의미가 없는 것이다.

제자도의 필수적 요소는 하나님의 부르심 즉 소명이다. 그리스도 안에서 구원을 얻은 것은 하나님의 부르심 때문에 가능한 일이다. 그리스도 안에서 제자가 되는 일 또한 하나님의 부르심 때문에 가능한 일이다. 그리스도로부터 부르심을 받은 마가복음 6장의 사람들은 자신들이 보내심을 받기 전에 다시금 그리스도로부터 부르심을 받았다. 그리스도에게 반복적으로 나오지 않고서는 그리스도인의 삶을 올바르게 꾸려나갈 수 없다. 구원은 믿음을 통해 단번에 얻어진다. 그러나 제자도는 그렇지 않다. 지속적인 일생의 소명이다. 그리스도의 제자로서 우리는 삶의 방향과 목적과 헌신을 날마다 바르게 세워나가기를 힘써야 한다.

2) 참된 제자는 예수님의 가르침을 받는 자들이다

참된 제자란 예수님으로부터 그분의 가르침을 받는 자들이라는 점을 분명하게 이해할 필요가 있다. 마태복음은 제자들을 파송하기에 앞서 행하신 예수님의 가르침을 좀 더 많이 기술하고 있다. 반면에 마가복음은 그러한 내용을 다른 각도에서 바라보고 있다. 마가는 저들이 그분의 제자들로 나아가기 전에 먼저 예수님께서 자기 자신의 삶의 모범을 통해 저들을 가르쳤다는 점을 극적인 방식으로 보여주고 있다. 즉 예수 그리스도께서 받으신 거절당하심에 관한 것이다. 마가는 제자들이 가지고 가야할 실제적 가르침에 관해서는 말하지 않았다. 반면에 열두 제자들이 파송받기 바로 전에 있었던 예수님의 거절당하신 사건을 언급하였다.

왜 그랬을 거라고 생각하는가?

종종 마가는 독자들에게 해답을 찾도록 빈 공간을 남겨 두곤 하였다. 내용 전개가 빠르게 이뤄지고 있지만 마가는 결코 핵심을 놓치지 않았다. 그곳에 그리스도의 제자들이 배워야할 중요한 가르침이 배여 있었기 때문이다.

어떤 모임은 학문을 매우 혐오스러운 것으로 간주한다. 때문에 하나님의 말씀을 진지하게 연구한다거나 하나님의 본질(예를 들어 신론)을 탐구하는 것을 탐탁치 않게 여긴다. 신학과 학문에 대한 이러한 부정적이고 의심적인 태도는 신앙이 변질되는 것에 대한 경계심 때문이다.

예를 들어, 좋은 믿음을 가진 사람이 신학교 학업을 통해 성경의 가르침을 거부하는 자유주의자가 되는 경우가 종종 있기 때문이다. 그렇다고 해서 진리에 대한 학문적 접근을 멀리하는 것이 옳은 일인가?

마치 어떤 위험스러운 일이 생길지 염려되어 어린 아기에게 목욕 자체를 아예 시키지 않는 행위와 같은 것이다.

마크 놀(Mark Noll)은 『복음주의 지성의 스캔들』(*The Scandal of the Evangelical Mind*)에서 그러한 주제를 다룬바 있었다. 마크는 본서의 첫 번째 페이지에서 "복음주의 지성의 스캔들이란 복음주의적 지성이 없다는 것을 의미한다"고 했다.[6] 어쩌면 과장되고 충격적인 표현으로 들릴지 모른다. 하지만 사도 바울이 이미 지성 또는 마음을 다하는 신앙을 언급했음을 상기해야 한다. 마크는 현대 복음주의가 신앙인의 지성을 새롭게 하는데 실패하였음을 지적하였다. 예수님은 우리에게 마음을 다하여 하나님을 사랑하라고 요구하셨다.

과연 우리는 그 요구를 충실하게 이행하고 있는가?

> 너희는 가서… 내가 너희에게 분부한 모든 것을 가르쳐 지키게 하라(마 28:19-20).

예수님의 대위임명령을 잊어버리지는 않았는가?

당신은 먼저 예수님을 통해 가르침을 받아야 한다. 그렇지 않다면 보내심을 받기에 당신은 아직 준비가 되어있지 않은 것이다. 무익한 학구적 지식이 아니라 구원자를 통해 터득한 지식이 있어야 하기 때문이다. 많은 경우, 구원을 얻기 위해 단지 그리스도의 옷깃을 만지는 것으로 만족한다. 결국 삶의 변혁을 가져다주는 그분의 보다 깊은 가르침을 놓치는 것이다. 어떤 이들은 기독교가 하나님의 전체적인 모습을 제대로 보여주지 못한다고 주장한다. 나아가 기독교의 진리는 참된 것이 아니라고 비판한다.

제자가 된다는 것은 과연 무엇인가?

예수 그리스도의 발아래 무릎을 꿇는 것이다.

---

6 Mark A. Noll, *The Scandal of the Evangelical Mind* (Grand Rapids: Eerdmans, 1995).

당신은 주인 되신 그리스도의 발아래 당신의 무릎을 꿇고 앉아 있는가?

그분의 말씀 안으로 깊숙이 들어가 있는가?

진실로 영혼의 변화를 사모하며, 하늘에 속한 것을 추구하고, 오로지 그리스도에게 집중하는 기도 시간을 갖고 있는가?

3) 참된 제자는 예수님의 보내심을 받은 자들이다

참된 제자란 예수님을 통해 보내심을 받은 사람이다. 예수님의 부르심과 가르침 그리고 보내심 없이는 결코 그분의 제자가 될 수 없다. 보내심에 관한 세 가지 특징을 살펴보자.

(1) 열두 사도들처럼 참된 제자는 사명을 가지고 보내심을 받는다

① 가라

필히 가야한다. 당신은 영적으로 비대하거나 게으른 것이 아니라 도리어 가서 열매를 맺도록 부르심과 가르침을 받은 것이다. 참된 신자는 자신의 믿음을 재생산하는 자들이다. 그리고 구원자의 교훈을 다른 사람들에게 가르치는 자들이다.

② 함께 가라

제자들은 둘씩 짝을 지어 보내심을 받았다. 이것은 증거는 두 사람에 의해서 입증된다는 하나님의 가르침과 일치한다. 따라서 사도들도 그와 같이 하였다. 베드로와 요한, 바울과 바나바, 바울과 실라 등이 짝을 지어 함께 갔다.

어느 목사가 둘씩 짝을 지어 보내는 의미를 이렇게 말한바 있다.
"결코 혼자서 목회 사역을 할 수 없다는 것은 매우 중요한 목회의 신비이다."

이점을 잊지 말아야 한다. 목사에게 사람이 필요하다. 서로 간에 잘 세워주어야 하고 갖춰주어야 하기 때문이다.

다시 말하면, 목사로서 당신의 목회 사역은 복음전파를 위해 성도를 잘 갖춰주는 일이다. 이러한 원리가 모든 그리스도인의 삶 속에 그대로 적용되어야 한다. 교회란 하나의 사유화된 단체가 아니라, 성령의 유기적 공동체이다. 때문에 모든 믿음의 사람들은 그리스도 안에서 하나로 연합해야 한다. 복음을 온 세계에 전하기 위하여 홀로가 아니라 함께 나아가야 한다.

하나의 짝을 이루도록 하는 제도는 미국 군대에서도 활용되고 있다. 특히 공군 비행기들이 일정한 형태로 비행할 때 한쪽의 비행사는 다른 쪽 비행기의 날개를 점검해준다. 비행 가운데 조종사들은 서로 간에 대화를 주고받는다. 저들은 비행 상태와 방향을 서로 간에 알려주고 지켜준다.

이것이 바로 예수님이 둘씩 짝을 지어 내어 보내신 이유이다. 동료와 짝을 이뤄 영적 전쟁터로 나가야 한다. 동료는 당신을 지켜봐 주며 뒤를 방어해주고 격려해주고 안심시켜준다. 당신이 보는 것을 그도 함께 같이 본다. 그리고 그와 더불어 더 좋은 결정을 내릴 수 있다.

이런 것이 바로 복음증거를 위한 중대한 원리이다. 하나님은 교회라는 하나의 팀 안에 당신이 있다. 교회 안에 홀로 고립된 사람은 없다.

사도행전 2장 오순절날 성령의 임재 사건 이후에 성도들은 곧바로 지역 모임에 함께 모였다. 교회에 대한 성경 단어는 **에클레시아**(*ekklesia*)로서 이 단어의 의미는 '모임'(assembly)이다.[7] 구약성경에서 이 단어는 **카할**(*qahal*)[8] 또는 **아체레스**(*atsereth*)[9]로 쓰였으며 이 단어는 '모임' 또는 "거룩한[또는 엄숙한] 모임"(욜 2:15)으로 번역되었다. 다른 곳에서 성령은 히브리어 **에다**(*edah*)[10] 즉 '회중'(congregation)으로 사용하였다. 스데반은 그리스도를 위해 순교 당하기 전에 진술한 자신의 위대한 설교 속에서 '회중'을 의미하는 **에클레시아**를 사용하였는데 모세의 지도 하에 광야에 있었던 이스라엘 백성을 칭하는 것으로써 구약시대의 교회를 의미하였다.

> 시내 산에서 말하던 그 천사와 우리 조상들과 함께 광야 교회에 있었고 또 살아 있는 말씀을 받아 우리에게 주던 자가 이 사람이라(행 7:38).

히브리서에 쓰인 '회중'을 지칭하는 단어 역시 **에클레시아**였다.

---

7 ἐκκλησία. Key Dictionary of the Greek New Testament: Based upon Strong's Greek Dictionary, Updated for the Critical Greek Text (Accordance Bible Software, 7.1).
8 קָהָל Key Dictionary of Biblical Hebrew and Aramaic: Based upon Strong's Hebrew Dictionary (Accordance Bible Software, 7.1).
9 עֲצֶרֶת Key Dictionary of Biblical Hebrew and Aramaic.
10 עֵדָה Key Dictionary of Biblical Hebrew and Aramaic.

이르시되 내가 주의 이름을 내 형제들에게 선포하고 내가 주
를 교회 중에서 찬송하리라 하셨으며(히 2:12).

하나님의 사람들은 "모이기를" 폐하는 자들이 아니다(히 10:25).
일반적으로 그리스도인들이 그러하듯이 하나님의 사람들은 각기
'교회를 가지고' 있는 사람들이다. 각 지체마다 그리스도 안에서 한
몸을 이루어야지 결코 돌출 행동해서는 안 된다. 바울은 디도에게
말하였다.

내가 너를 그레데에 남겨 둔 이유는 남은 일을 정리하고 내
가 명한 대로 각 성에 장로들을 세우게 하려 함이니(딛 1:5).

'장로들'이라는 복수적 의미를 잘 이해해야 한다.
이 모든 것은 교회에 대한 성경적 신학뿐만 아니라 교회를 위한
신적 작정에 대하여 말하고 있다.[11]
주님은 자신의 백성들이 목사와 장로들의 영적 지도 아래 각 지

---

11 교회 신학과 교회 실천(praxis) 이 둘에 대한 이해가 절대 필요하다. 교회의 교리와 실
천에 대한 기초적 이해를 돕는 다음과 같은 저서들을 적극 추천한다. Dietrich Bonhoeffer and John W. Doberstein, *Life Together* (San Francisco: Harper, 1993); Edmund
P. Clowney, *The Church* (Downers Grove, IL: InterVarsity Press, 1995); Mark Dever,
Nine Marks of a Healthy Church, 4th ed. (Washington: IX Marks Ministries, 2005);
Kevin DeYoung and Ted Kluck, *Why We Love the Church: In Praise of Institutions and
Organized Religion* (Chicago: Moody Publishers, 2009); Lesslie Newbigin, *The Household of God: Lectures on the Nature of the Church* (New York: Friendship Press, 1954);
Lesslie Newbigin, *The Open Secret: Sketches for a Missionary Theology* (Grand Rapids:
Eerdmans, 1978); Lesslie Newbigin, *The Gospel in a Pluralist Society* (Grand Rapids:
Eerdmans, 1989).

역 교회의 교제 가운데 함께 거하기를 원하신다.

당신은 동료 순례자들과 더불어 주님의 언약 가운데 있다고 생각하는가?

그렇지 않다면, 그리스도인 형제자매를 찾아 그들과 함께 주님의 언약 가운데 있어야 한다. 교회는 장소가 아니다. 교회는 하나의 움직임이다. 바울은 그것을 '교회의 몸'으로 강조하였다.

> 그러므로 내 형제들아 너희도 그리스도의 몸으로 말미암아 율법에 대하여 죽임을 당하였으니 이는 다른 이 곧 죽은 자 가운데서 살아나신 이에게 가서 우리가 하나님을 위하여 열매를 맺게 하려 함이라(롬 7:4).

교회는 이 낡은 세상 속에 살아가는 모든 그리스도인들에게 지정해 주신 하나님의 집이다. 언젠가 우리는 첫 사람 아담으로부터 시작해서 공중으로 이끌림 받을 마지막 날의 모든 사람들과 더불어 모이게 될 것이며, 새 하늘과 새 땅에서 주님과 영원히 거하게 될 것이다.

③ 권세를 가지고 가라

예수님은 제자들에게 저들이 사탄을 능가하는 권세를 가지고 있다고 말씀했다. 지금 당신이 구속적-역사적 렌즈를 가고 성경을 보지 않는다면 아마 혼란을 겪을 것이다. 헬라어 '보내다'는 **아포스톨레**(*apostle*)라는 단어에서 파생되었다. 오늘날 더 이상의 사도직은 없다. 그러나 오늘날 모든 그리스도인들은 예수님이 주신 권세를 여전히 갖고 있으며 끊임없이 보내심을 받고 있다. 그 권세란 당신을 위해 하나님이 행하신 일을 선포하는 것이다. 그것은 무덤가에 있던 사람이 했던 일과 같은 것이다(막 5:2-20). 그는 고침과 구원을 받았으며, 하나님이 그를 위해 행하신 일들을 증거하였다.

베드로는 다음과 같이 말했다.

> 그러나 너희는 택하신 족속이요 왕 같은 제사장들이요 거룩한 나라요 그의 소유가 된 백성이니 이는 너희를 어두운 데서 불러내어 그의 기이한 빛에 들어가게 하신 이의 아름다운 덕을 선포하게 하려 하심이라(벧전 2:9).

바울은 우리를 그리스도를 통하여 하나님과 화목하게 되었다는 사실을 사람들에게 알리도록 보내심을 받은 "그리스도의 대사"(고전 5:20)라고 하였다. 그리고 에베소서 3:20을 통하여 바울은 "우리 가운데서 역사하시는 능력대로 우리가 구하거나 생각하는 모든 것에 더 넘치도록 능히 하실 이"에 관하여 말하고 있다. 그렇다. 우리는 그리스도의 능력을 가지고 있으며, 바로 그것이 그의 권세인 것이다.

④ 악을 능히 대적하는 권세를 가지고 가라

가정 예배를 드릴 때 그리고 그리스도를 선포할 때, 악을 능히 대적하는 능력이 나타난다. 주변 사람들과 사랑으로 그리스도를 나눌 때, 관계가 회복되고 슬픈 자에게 위로를 주는 능력이 나타난다. 죄인을 하나님의 살아있는 성도로 거듭나게 하는 변화의 능력이 나타난다.

(2) 참된 제자는 열두 사도처럼 명령에 따라 보내심 받은 자들이다

예수님은 제자들에게 무엇을 가지고 어디로 가야할지를 상세히 가르쳐 주셨다. 지팡이와 샌들을 갖고 가도록 허용하셨으나, 음식과 배낭과 돈 그리고 여분의 옷 등을 지니지 말라고 하셨다. 저들은 전도 여정동안 오직 예수님과 그분의 인도하심만 의존해야 했다.

이러한 가르침은 그리스도인들이 당연하게 명심해야 할 중요한 내용이다. 특히 목회자와 교회지도자들이 반드시 유념해야한다. 예수님은 말끔한 옷차림으로 가라고 하지 않으셨다. 단지 가라고 명령하실 뿐이다. 그가 부르셨으니 또한 준비시켜 주실 것이며, 그가 준비시켜주셨으니 또한 공급하여 주실 것이라는 교훈을 일깨워 주고 있다.

신학생들을 가르치거나 때로는 목사들을 재교육시키는 목회자로서 나는 저들에게 하나님으로부터 부르심 받았을 때의 첫 순간을 회상해보라고 권면한다. 그리고 그리스도께서 부르셨던 바로 그 때의 소명을 재확인하라고 저들에게 요청한다. 이것은 마치 부부 갈등을 겪고 있는 사람들에게 상담해줄 때와 크게 다르지 않다. 저들에게 연애할 당시 특히 즐겨 불렀던 노래를 회상해보라고 말한다. 어떤 경우에는 남편에게 아내를 마주보고 그때의 노래를 불러보라고 요청하기도 한다. 우스꽝스러운 연출 같을지 모른다. 하지만 저들의 눈가에 맺힌 편안과 회복의 눈물을 보곤 한다. 나는 본서를 통하여 그리스도와 그분의 교회에 대한 당신의 사랑이 새롭게 회복되기를 원한다. 시온의 찬양이 다시 불리기를 원한다.

> 놀라워라 주 사랑이! 날 위해 죽으신 사랑, 놀라워라 주 사랑이, 어찌 날 위함이온지![12]

이 찬양을 처음 불렀을 때를 기억하고 있는가?

그리스도를 처음 만났을 때의 능력을 통해 당신은 다시금 교회의 비전을 향해 힘차게 전진해야 한다. 그 때의 첫 찬양이 당신의 삶 가운데 반복적으로 들려져야 한다. 예수 그리스도를 위하여 살아가는 당신이 당신 자신의 사명을 확고히 붙잡기 위해서 말이다.

또한 주님은 제자들이 이르는 곳에 머물러 있으라고 명하셨다. 저들은 다른 그곳에서 사역을 하였다. 만약 누군가 자신들을 받아들이면 그곳을 복음전파사역의 전초기지로 삼았다. 제자들은 장소에 대하여 염려할 필요가 없었다.

"식물 심은 곳에서 꽃을 피우게 하라"

이 말을 들어본 적이 있는가?

성경의 가르침이 바로 그런 것이다. 하나님은 당신을 인도할 것이며, 하나님께서 다른 곳으로 인도할 때까지 당신은 그곳에 틀림없이 머물러 있어야 한다. 당신이 전하는 메시지를 사람들이 거절한다면, 예수님의 말씀에 따라 그땐 다른 곳으로 떠나는 것이다. 이 모든 일에는 그리스도에 대한 절대 의존과 복음전파에 따르는 긴박감만 있을 뿐이다.

---

12 Charles Wesley, "And Can It Be That I Should Gain" (1738).

(3) 신실한 제자들은 열두 사도처럼 선포문을 지니고 보내심을 받는다

마가복음 6:12에 나오는 선포 메시지는 "회개하라"였다. 마태는 "천국이 가까웠느니라"를 덧붙였다(마 10:7). 누가는 이를 "복음을 전파하며"라는 말로 집약하였다(눅 9:6).

복음의 메시지란 무엇인가?

바로 이런 것이다.

> 죄악에서 돌아서십시오. 나사렛 예수의 오심으로 인하여 하나님의 나라가 이 땅에 도래했기 때문입니다. 그분은 바로 여기에 있습니다. 그분은 바로 예수 그리스도이십니다. 다른 사람을 구하지 마십시오. 오직 그분에게 돌아올 것을 진심으로 초청합니다.

마가복음 6:13은 "회개하라"는 메시지와 필수적으로 한 짝을 이루는 말씀을 소개한다. 그것은 "저들을 고치니라"이다. 그 구절에 명시된 기름 바름은 단순한 상징이다. 올리브 기름은 즉각적으로 또는 기적적으로 질병을 고칠 수 없다. 사도들은 하나님이 주신 초자연적 능력 즉 병을 고치고 마귀를 쫓아내는 힘을 가지고 있었다. 당신에게 그와 같은 능력은 없다. 그러나 당신은 치유를 가져오게 할 수 있다.

진실로 당신이 배운 생명력 있는 진리는 바로 이런 것이다. 복음은 말씀과 행위가 반드시 동반하여 나아가야 한다. 단지 말씀만으로도 아니고 단지 행위만으로도 아니다.

전자는 지성주의 또는 안 좋은 의미에서 근본주의이며 후자는 사회 복음이다. 둘 중의 하나만을 참된 복음이라 할 수 없다. 당신이 가난한 자들을 먹일 때 복음은 말씀으로 나아간다. 가난한 자들과 음식을 나눌 뿐만 아니라 저들과 예수 그리스도의 복음을 나누어야 한다. 슬픔 가운데 있는 자들을 위로할 때 복음의 말씀을 먼저 나누어야 한다. 신체적 감정적 위안이 필요한 사람들을 돌볼 때 저들에게 구원자의 은혜로운 복음을 함께 나누어야 한다.

당신은 가르침 받기 위해 부름 받았으며 보내심 받기 위해 배움 받았다. 무언가 필요한 세상의 사람들에게 그리스도를 전하도록 그리고 그리스도가 저들의 구원자가 되도록 보내심을 받았다는 사실을 기억해야 한다.

2. 나오는 말

당신 교회의 비전선언문은 다음과 같은 진리를 틀림없이 반영해야 한다.

> 제자란 반드시 함께 모여야 하고 성장하여야 하고 그리고 예수 그리스도의 제자로서 보내심을 받아야 하는 사람들이다. 왜냐하면 그리스도는 가르치는 것뿐만 아니라 세상에 필요한 사람들과 그 가르침을 나누도록 하기 위하여 당신을 불렀기 때문이다. 보내심 받았다는 사실을 절대 잊지 말라!

참된 제자란 가르침 받기 위해 부름 받았으며 보내심 받기 위해 배움 받은 자들이다.

3. 묵상을 위한 질문

1) 당신 교회의 사역을 점검해보라.
   모임과 성장과 보내심에 대한 균형 잡힌 성경적 접근을 시도하고 있는가?
   사역의 어떤 측면에서 변화와 발전이 필요하다고 생각하는가?

2) 당신의 삶을 주관하시는 하나님을 향한 당신의 자세에 대하여 되돌아보라.
   인도와 섭리를 위해 날마다 그리스도께 나아가고 있는가, 아니면 자신의 능력으로 살아가고 있는가?
   기독교 서적을 포함하여 그 밖의 다양한 서적들을 성경보다 더 신뢰하고 있는가?
   당신 자신보다 하나님을 더욱 더 의지하기 위하여 어떠한 노력을 하고 있는가?

3) 어떠한 사역 영역에서 당신 교회는 잠시 멈춰 설 필요가 있다고 생각하는가?
   하나님께서 당신 교회의 사역을 위해 주신 구체적인 비전을 가지고 있는가?

복음전파라는 긴박성 측면에서 당신은 어떻게 살아가고 있는가?

4) 당신 교회의 성도들은 그리스도를 위하여 고통당하고 있는가? 저들을 격려할 수 있는 방안에 대하여 생각해보라.
한 주간 내내 직면하게 될 성도들의 시련과 어려움을 위해 예배를 어떻게 준비하고 있는가?

5) 당신 자신의 마음가짐을 살펴보라.
예수님의 발 앞에 무릎 꿇기를 원하며 그분의 가르침을 받기 원하는가?
복음은 과연 당신을 얼마만큼 변화시켜주고 있는가?

11장

강해설교에 전념하라
(성경적 설교의 표지)

(느 8:1-6; 행 13:13-20, 26-41)

> 강해설교는 성경 본문의 설명과 그 적용을 주된 목적으로 삼는 설교의 한 유형입니다. 다른 모든 이슈와 관심은 성경 본문을 중점적으로 설명하는 일에 부수적일 뿐입니다.
>
> —알버트 몰러(R. Albert Mohler)[1]

교회 비전은 설교를 아주 중요한 요소로 간주한다. 본 장에서 언급하고 있는 성경구절은 하나님의 말씀을 선포하는 일이 얼마나 중대한가를 보여준다. 이것은 단지 목사들에게만 해당하는 설교학적 이슈가 아니다. 우리 모든 그리스도인들에게 관련된 일이다. 사실 미국 초창기 수많은 대학교들은 성경을 배워 장차 설교 사역에 뛰어들려는 목회자들을 위해서 그리고 성경을 '주의 깊게 공부하는 법'을 터득하고자 하는 사람들을 위해서 설립되었다. 만일 당신이 하나

---

[1] Mark Dever, et. al., *Preaching the Cross* (Wheaton, IL: Crossway, 2007), 66.

님의 비전을 반드시 성취하고자 한다면, 하나님의 말씀을 사역의 중심으로 삼아야 할 뿐만 아니라 반드시 그 말씀을 올바르게 선포해야 한다.

1. 2불짜리 화분에 담긴 50불짜리 정원수

어느 날 한 남자가 값비싼 나무 한그루를 사서 자신의 정원에 심고자 하였다. 나무를 사기 전에 나무에 붙어있는 설명서를 꼼꼼히 읽어보았다. 거기에는 "많은 꽃과 건강한 잎사귀를 지닌 멋진 장미 관목"이라고 쓰여 있었다. "우리 집 정원에 아주 잘 어울리는 관목이구나"라고 그는 생각하였다.

큰 기대감을 갖고 나무를 사가지고 와서 정원 화분에 심었다. 꽃이 피기를 기다렸지만 그 장미나무는 시들시들하더니 곧 죽고 말았다. 그래서 같은 종류의 장미나무를 사가지고 와서 다시 심었다. 두 번째 심은 나무 역시 죽고 말았다. 화가 난 그 사람은 죽은 관목을 들고 가게에 찾아가 주인에게 설명서가 엉터리라고 따져 물었다. 마치 사설 탐정가처럼 그 주인은 정원에 심은 관목의 위치와 태양의 방향 등에 관하여 그 사람에게 꼼꼼히 물었다. 잠시 후 나무가 죽은 원인을 찾아냈다.

그 주인이 물었다.

"당신이 나무를 심을 때 당신이 사용했던 화분에 대하여 말해주십시오."

그러자 묘목집 주인이 안경을 벗으며 답하였다.

"네… 구멍이 한 개 나있는 값싼 화분을 사용했습니다."

그러자 주인이 말했다.

"구덩이도 잘 팠고 흙도 좋았고 거기에 비료도 잘 준 것 같습니다. 하지만 50불짜리 나무를 2불짜리 화분에 심은 격이 되고 말았습니다. 그것이 문제입니다."

1) 2불짜리 설교에 담긴 50불짜리 하나님

우리는 인위적으로 고안된 세상적인 방법을 통해 기적적인 변화를 기대하는 실수를 종종 범한다. 당신이 목양하는 교인들은 어떻게 살아가야 할지, 어떻게 결혼생활을 유지해나갈지, 어떻게 자녀들을 양육해야 할지, 어떻게 어려움을 극복해야 할지, 그리고 마치 건설 현장과 같은 세상에서 어떻게 자신들의 영혼에 평안과 위안을 줄 수 있는지 등에 관한 성경적인 해답을 원한다. 강단에서 선포되는 설교를 통해 또는 목회 사역을 통해 이러한 문제에 대한 해답을 저들은 당신에게 기대할 것이고 때로는 분명하게 요구할 것이다.

목회자는 이런 부분에 대하여 유의해야 한다. 심리치료사가 환자들과 의자를 마주하여 앉아있듯이 당신 역시 교인들과 의자를 마주하여 앉아있다. 저들이 심리치료 일을 한 가지씩 처리해나가듯이 당신도 공적으로 일반적으로 당신의 목회 사역을 처리해나가야 한다. 목회 사역을 향상시키기 위하여 각종 세미나에 참석하거나 최근 경향의 화술과 리더십을 탐구할 수 있을 것이다. 그렇게 하는 이유는 많은 사람들을 교회로 불러 모을 수 있다거나, 저들이 하나님을 만나서 신앙 가운데 성장하고 의미 있는 삶을 경험하도록 도와줄 수 있을 거라고 믿기 때문이다.

　우리 주변에는 2불짜리 설교에 50불 가치의 하나님을 담으려는 설교자들이 제법 많이 있다. 이를테면 강단에 앉아 있는 설교자와 청중석에 앉아 있는 교인들 가운데 많은 사람들이 2불짜리 기적을 갈망하고 있다. 세상적이고 인위적 방법을 통해서도 교회가 얼마든지 기적적으로 변화하고 발전할 수 있다는 그릇된 생각에서 출발한 결과이다.

　존 스토트(John Stott)는 강조하였다.

> 설교는 기독교에 매우 필수적인 항목이다. 만일 설교가 없다면 기독교 정통성에 필수불가결한 요소를 잃는 것과 같다.[2]

　미국 카버넌트신학교와 카버넌트대학교 설립자인 로버트 레이번(Robert Rayburn)은 신학생들이 그리스도론을 공부한 이후에 곧바로 배워야할 과목이 바로 설교학이라고 강조하였다. 설교의 중요성을 확신하고 있었기 때문이다. 그래서 레이번은 "그리스도가 학문의 왕인 반면에 설교는 여왕이다"[3]라는 표현을 주저 없이 사용하였다.

　1989년 미국장로교회(PCA) 총회석상에서 총회장 임기를 마치고 물러나는 케네디(James Kennedy) 목사는 어느 노 목사의 말을 인용하여 그 자리에 참석한 목사 총대들에게 다음과 같이 질문하였다.

---

[2] John R. W. Stott, *Between Two Worlds: The Art of Preaching in the Twentieth Century* (Grand Rapids: Eerdmans, 1982), 15.
[3] Bryan Chapell, *Christ-Centered Preaching: Redeeming the Expository Sermon* (Grand Rapids: Baker Books, 1994), 17.

"당신이 설교하도록 부르심을 받았을 때… 왜 당신은 왕이 되기 위하여 몸을 굽혀야 합니까?"[4]

교회를 세워 가시는 하나님의 계획 가운데 설교가 포함되어있다는 주장에 어떠한 이견이 있을 수 없다.

> 여호와의 말씀이 내게 임하여 이르시되 인자야 너는 네 민족에게 말하여 이르라(겔 33:1-2).

하나님은 에스겔에게 그가 성의 파수꾼이 되어 적군이 다가올 때 그 소식을 백성에게 크게 외치라고 하셨다. 만일 백성들이 그 소식을 듣고 주의를 기울이면 생명을 보존하게 될 것이다. 그렇지 않으면 파멸에 이를 것이다.

로마서를 통해 설교가 자신의 구속 계획에 있어서 가장 근본적인 요소라는 점을 하나님은 밝히 보여주셨다.

> 그런즉 그들이 믿지 아니하는 이를 어찌 부르리요 듣지도 못한 이를 어찌 믿으리요 전파하는 자가 없이 어찌 들으리요 보내심을 받지 아니하였으면 어찌 전파하리요 기록된 바 아름답도다 좋은 소식을 전하는 자들의 발이여 함과 같으니라. 그러나 그들이 다 복음을 순종하지 아니하였도다. 이사야가 이르되 주여 우리가 전한 것을 누가 믿었나이까 하였으니 그

---

[4] 캘리포니아 로스앤젤리스에서 개최된 1989년 미국장로교회(PCA) 총회시에 기록한 필자의 개인 메모이다.

러므로 믿음은 들음에서 나며 들음은 그리스도의 말씀으로
말미암았느니라(롬 10:14-17).

설교 즉 말씀전파를 통해 위대한 일을 기대하거나 열망하는 것은 매우 올바른 신앙적 자세이다. 성경에 나오는 나무 비유는 성경적 설교만이 건강하고 생기 있는 나무를 생산한다는 것을 보여준다. 또한 메시지의 자료가 그와 같은 나무와 열매를 생산해낼 수 있다는 점을 보여준다. 다시 말하면, 설교 속에 분명히 하나님이 선포되어야 한다는 것이다.

사도행전 13:13-41은 바울과 바나바 그리고 마가 요한 등의 일행이 떠나는 첫 번째 선교여행에 관한 기록이다. 마가는 중도에 돌아가 버렸고, 바울이 나머지 일행을 인도하였다. 주님은 저들을 비시디아(소아시아 지방) 안디옥으로 이끄셨다. 그곳에서 회당예배에 참석하여 말씀을 전하도록 초대받았다. 말씀을 전한 사람은 바울이었다.

이 성경구절을 통해 성경적 설교의 표식을 깨달을 수 있다. 만일 하나님의 뜻을 사람들에게 전달하는 데 있어서 설교가 그렇게 중요한 역할을 한다거나 성경적 설교의 표식을 구분할 수 있다면, 교회를 세워나가시는 하나님의 청사진을 당신은 분명하게 이해할 수 있을 것이다. 이제 사도행전 13:13-41 통해서 성경적 설교의 일곱 가지 표식과 그 적용에 대하여 자세히 살펴보자.

2) 성경적 설교의 일곱 가지 표식

(1) 성경적 설교는 하나님의 지명을 통해 표식 된다

만일 말씀전파를 위한 모든 수고가 전능하신 하나님의 지명 하에 이뤄진 것이 아니라면, 듣는 자들의 삶 속에 축복을 가져다주는 그러한 설교를 전혀 기대할 수 없을 것이다.

① 하나님은 설교자를 지명하신다

사도행전 13:13에 따르면 바울은 안디옥 회당으로 들어갔다. 이때 회당의 지도자가 바울에게 말씀을 전하도록 장소를 제공하게 된 것은 그 모든 진행이 하나님의 손에 의해 이루어졌다는 것을 의미한다. 바로 그 시간에 그곳으로 자신을 보내신 분이 하나님이라는 사실을 바울은 깨달았다.

사도행전 13:16은 "바울이 일어나"라고 했다. 당신은 반드시 자리에서 일어나는 설교자가 되어야 한다. 당신은 말씀을 전하도록 하기 위하여 하나님이 준비하시고 부르시고 채워주시고 보내신 사람이라는 확신을 가져야 한다. 하나님은 바울에게 그렇게 하셨고, 셀 수 없는 수많은 설교자들에게 그렇게 하셨다. 교회의 위대한 사건이 있을 때마다 거기에는 자리에서 일어나 "하나님께서 나에게 말씀을 전하도록 부르셨다"고 증거하는 사람들이 있었다.

목사 후보생은 자신의 소명이 말씀전파임을 천명해야 한다. 사실 목사 후보생 지원 시, 당회와 노회 앞에서 그것을 선언하고 그 다음에 신학교에서 그리고 목사 안수식에서 거듭하여 자신의 소명을 선언한다. 하나님은 그 소명을 이루어 가시는 분이다. 하나님의 부르심을 진실로 받은 자들만이 그 소명을 인지할 것이다.

어느 누구가 직업적으로 목회 사역에 들어선 사람의 설교를 들으러 교회에 가겠는가?

어느 누구가 취미로 개업한 의사나 변호사를 찾아가겠는가?

당연히 아닐 것이다. 매우 위험천만한 일이다. 당신이 누군가에게 복음을 증거할 때 하나님께서 바로 그 시간에 당신을 그곳으로 인도하였음을 이해할 필요가 있다. 이런 것이 하나님께서 설교자를 지명한다는 의미이다.

② 하나님은 사람들을 지명하여 불러 모으신다

또한 하나님은 설교자가 전하는 메시지를 들을 수 있도록 사람을 지명하여 불러 모으신다. 사도행전 13장에 하나님은 소아시아 도시에 복음을 전파하도록 바울과 바나바를 보내셨다. 주님은 저들이 찾아갈 수 있는 회당을 준비하셨고 그 날에 사람들을 불러 모으셨다.

하나님은 주변의 사람들을 감동시켜주셔서 하나님의 은혜와 지식 가운데 구원받고 성장할 필요가 있음을 저들로 하여금 깨닫게 하신다. 하나님의 인도하심 속에 지금 이 순간 말씀을 읽고 있다면 그 말씀은 당신을 위한 것이 된다. 설교를 듣는 가운데, 말씀을 읽는 가운데, 그리고 말씀 낭독을 듣는 가운데 하나님의 은혜에 대한 분명한 기대감이 있어야 한다. 이 모든 일은 하나님의 주권 속에서 이루어진다. 하나님의 주권 속에서 하나님은 설교자와 사람을 지명하여 자신의 완전한 뜻을 성취하여 가신다.

(2) 성경적 설교는 사명감과 열정으로 표식 된다

사도행전 13:16에서 바울은 일어나 손동작을 취하였다. 손동작의 의미를 정확히 알 수 없지만 그가 말하려고 하는 것에 대한 열정과 생동감을 표현해 주는 듯하다. 하나님으로부터 받은 메시지를 이제 전하려고 하는 행동으로 보인다.

성경적 설교는 사명감에 의해서 표식 된다. 바울은 사명을 가지고 있었다. 설교자의 삶은 하나님의 부르심에 의해서 변화된다. 하나님의 부르심을 받은 설교자는 반드시 사명을 가지고 살게 되어 있다. 그와 같은 사명감이 있어야 앞으로 전진할 수 있으며, 말씀을 전하는 기회를 가질 수 있으며, 열정적으로 복음을 사람들에게 전할 수 있는 것이다.

내면으로부터 타오르는 사명감과 열정은 설교자들마다 각기 다르게 나타날 수 있다. 조나단 에드워즈(Jonathan Edwards)는 설교 원고의 단어 하나하나를 차분하게 읽는 설교자로 알려졌다. 그렇지만 그 말씀을 듣던 수많은 사람들이 그리스도에게로 회심하는 사건이 발생하였다. 반면 조지 휫필드(George Whitefield)는 (어떤 이는 과장되었다고 말하지만) 매우 생동감 있는 위대한 설교자였다. 휫필드는 자신만의 방식으로 자신의 사명과 열정을 표현하였다.

달리 말하여 만일 당신과 당신 교인의 삶 가운데 놀라운 변화가 있기를 원한다면 당신은 먼저 사명감으로 채워져 있어야 한다. 그리고 그 사명감은 틀림없이 당신을 먼저 변화시켜줄 것이다.[5]

---

[5] 설교자와 청중 모두 다음의 글을 필독해야 한다. Bruce Mawhinney, *Preaching with Freshness* (Grand Rapids: Kregel Publications, 1997).

당신의 설교 준비와 전달을 위해 기도해달라고 교인들에게 요청하라. 오직 이러한 방식을 통해서만이 하나님께서 당신 교회를 그리스도의 건강한 제자로 만들어 가시고 있음을 기대할 수 있다.

(3) 성경적 설교는 성경 의존을 통해 표식 된다

이러한 논지가 아주 명백한 기준임에도 불구하고 설교자와 청중들이 이 기준을 노골적으로 무시할 때가 종종 있다. 분명하고 간명한 사실은 성경적 설교는 성경 의존을 통해 표식 된다는 점이다. 설교는 하나님의 말씀에 반드시 기초해야 한다. 성경 본문은 이러한 점을 아주 뚜렷하게 보여주고 있다. 바울은 성경 외에 그 어느 것도 의존하지 않았다.

웨스트민스터 신앙고백서 작성자들은 신론이 아닌 성경론을 가장 먼저 다루었다.[6]

이와 같이 우리는 자연 현상적 증거로서 사람의 생각이나 마음에 의존하지 않고 오류가 없고 무오한 성경 말씀의 해석에 의존해야 한다.

"사람들이 성경을 믿지 않으면 어쩌지요"

이렇게 반문할 수 있다. 하나님 자신이 성경 말씀에 생기를 불어넣으셨다는 것이 우리의 대답이다. 하나님은 인간에게 생기를 불어넣으셨으며, 그의 영이 그 일을 이루셨다. 찰스 스펄전은 사자를 방

---

[6] Presbyterian Church in America, *The Westminster Confession of Faith and Catechism: As Adopted by the Presbyterian Church in America: with Proof Texts* (Lawrenceville, GA: Christian Education & Publications Committee of the Presbyterian Church in America, 2007).

어하는 방식으로 성경을 변호하였다고 한다. 즉 사자가 지나가도록 길을 비켜가야 한다는 것이다. 하나님의 말씀 외에 그 어떤 교훈을 통하여 인생에 기적적인 결과를 가져오리라고 우리는 기대할 수 없다.

관광객들이 드나드는 대다수의 오래된 교회들은 도난을 방지하기 위해 성경을 종종 강단에 묶어 놓는 경우가 있다. 이것은 적절한 그림을 연상케 해준다. 즉 어떤 영원한 가치를 지닌 거룩한 현상이 당신의 사역 가운데 나타나기를 원한다면, 성경책을 당신의 서재 책상위에 단단히 묶어 놓아야 한다는 사실을 반드시 기억해야 한다.

(4) 성경적 설교는 그리스도 중심성으로 표식 된다

바울의 설교 자체를 주목해 보자.

① 성경적 설교는 구약성경에 하나님의 구속사적 사역의 이야기로 표식 되는데, 구약에 나타난 구속사는 하나님께서 이스라엘을 선택하시고, 저들을 이집트에서 건져내고, 저들에게 약속된 땅을 주시며 그리고 선지자를 주시고, 저들을 보호하시고 지키시는 내용으로 채워져 있다.
② 이제 바울은 예수 그리스도와 하나님이 약속한 자로서의 그리스도의 역할로 전개하고 있다.

바울의 설교 중심에는 항상 예수 그리스도가 있었다. 구약에 나타난 하나님의 행위는 자신이 기름 부어 세우실 자를 위하여 기초 작업을 놓은 일이었으며, 그 기름 부음 받은 자가 장차 오실 것인데 그가 바로 예수님이라는 사실을 바울은 강력하게 선포하였다. 바울은 예수님의 생애와 사역을 강조하였다. 우리를 위해 사셨던 그분의 삶과 우리의 죄 값을 지불하셨던 그분의 죽으심을 믿음으로 말미암아 우리가 구원받는다는 사실을 선포하였다. 그의 설교는 예수 그리스도의 죽으심과 부활을 확실하게 강조하였다.

만일 당신의 설교에 예수 그리스도와 그분의 십자가에 대한 언급이 없다면, 당신은 수준 미달의 설교를 한 것이다. 혹 성경의 어떤 본문을 통해 윤리적이거나 감동적인 메시지를 얼마든지 전할 수 있을 것이다. 하지만 바른 그리스도인의 성장을 기대한다면, 당신의 설교는 반드시 그리스도에 대한 메시지를 담고 있어야 한다. 이와 같은 주장이 설교학의 고전서와 같은 라이언 채플(Bryan Chapell)의 『그리스도 중심의 설교』(Christ-Centered Preaching)[7] 안에 명백하게 기술되어 있다.

그리스도를 설교하고 그리스도를 설교하는 교회를 응원해야 한다. 목사와 성도들이 이러한 설교를 교회 사역의 중심으로 삼을 때, 영혼 구원과 삶의 변화 그리고 세상의 변혁을 온전히 기대할 수 있다. 만왕의 왕이시며 만주의 주이신 그리스도를 높여야 한다. 그러할 때, 자녀들이 그리스도께 돌아오고, 갈등구조의 결혼 생활이 치유되고, 슬픔이 위로가 되고, 상처받은 마음이 치유 받게 될 것이다. 설교를 통해 그리스도 홀로 높임을 받으셔야 한다. 오직 그분만이 사람들을 그 자신과 진리의 말씀 안으로 이끄시며[8] 자신의 새롭고

---

[7] Bryan Chapell, *Christ-Centered Preaching: Redeeming the Expository Sermon*, 2nd ed. (Grand Rapids: Baker Academic, 2005).
[8] "내가 땅에서 들리면 모든 사람을 내게로 이끌겠노라 하시니"(요 12:32).

영원한 왕국 안으로 인도하실 수 있기 때문이다. "선생이여 우리가 예수를 뵈옵고자 하나이다"(요 12:21)라는 빌립의 요청이 바로 매 주일 우리의 요청이 되어야 한다.

(5) 성경적 설교는 인간의 죄 상태에 관한 메시지로 표식 된다

모세의 율법으로는 저들이 도저히 구원받을 수 없다는 점을 회당에 모인 유대인을 향하여 바울은 외쳤다(행 13:39). 구원받을 수 있는 유일한 길은 오직 예수님에 대한 믿음뿐이라고 설파하였다. 계속하여 말하기를 저들은 죄인이며 자신들의 행동을 통하여 자신들을 구원할 수 있는 능력이 저들에게 없다고 분명하게 증거하였다.

성경적 설교의 표지 중에 하나가 바로 죄를 선포하는 것이다. 문제에 대한 진단 없이 고침이 있을 수 없다. 설교도 마찬가지이다. 데이빗 니콜라스(David Nicholas)가 "사람은 구원자가 필요한 죄인이라는 기분 나쁜 소식을 저들이 필히 듣기 전까지는 저들에게 좋은 소식을 전해 줄 수 없다"[9]고 말한 바를 바르게 깨달아야 한다.

많은 설교자들이 죄에 대한 메시지 선포를 좋아하지 않는다. 하지만 성경적 설교자가 되고자 한다면, 절대적으로 그렇게 해야 한다. 예수님은 무언가로부터 우리를 구원하시기 위하여 오셨다. 그 무언가가 바로 죄이며, 죄의 결과로 하나님의 영원한 형벌이 뒤따른다는 것을 선포해야 한다.[10]

---

9 Spanish River 장로교회의 담임목사를 역임했던 대비드 니콜라스와 필자 간에 나누었던 대화 내용이다.
10 설교나 간증을 통해 인간 죄성에 관한 성경적 당위성을 분명하게 일깨워줄 수 있는 좋은 자료로 다음을 참조하라. R. C. Sproul, *Saved from What?* (Wheaton, IL: Crossway Books, 2002).

(6) 성경적 설교는 예수 그리스도 안에서 주어지는 용서를 통해 표식 된다

어떤 설교자는 심판에 관해 설교하는 것을 좋아하지 않는다. 반면 어떤 다른 설교자는 설교의 그러한 면을 좋아하면서도 설교의 여섯 번째 표시인 예수 그리스도 안에서의 용서에 관해 선포하지 않는다.

신실한 어느 여성도가 강단에서 끊임없이 교인들을 책망하는 설교를 하는 담임 목사에 관하여 다른 교회 목사에게 털어 놓았다. 그녀는 다음과 같이 토로했다.

"나는 우리 교회 목사님에게 '우리가 여기에 와 있어요. 우리의 삶에 도움을 주시고 하나님의 심판 그 이상의 것으로 제발 우리를 먹여주세요'라고 말하고 싶습니다."

바울은 심판 그 이상 것을 설교했다. 본문을 통해 바울은 죄 용서의 메시지를 제시하였으며, 성경의 언약에 따라 예수님을 믿는 자들은 누구든지 구원받게 될 것이라고 설교하였다. 하나님의 사랑과 은총과 용서, 이 모든 것은 자신의 아들 예수 그리스도 안에서 인격화되어진 것으로서 사람들에게 분명하게 제시되어져야 할 것이다. 그리스도를 통해 나타난 하나님의 사랑은 인간의 삶의 질을 변화시킨다. 치유와 감동을 주며 다른 사람에 대한 사랑을 싹트게 해준다.

(7) 성경적 설교는 예수 그리스도를 영접하기 위한 경고로서 표식 된다

마지막으로 성경적 설교의 일곱 번째 표지가 성경 본문에 나타나 있다.

① 예수 그리스도는 죄인들에게 구원자로서 제공되었다.
② 그리스도가 없다면 우리는 심판을 맞게 된다. 감출 수 없는 분명한 사실이다.

우리는 인간의 죄성과 그리스도 안에 있는 하나님의 사랑 그리고 믿는 자들에게 주어지는 새생명 등에 관한 메시지를 선포한다. 하지만 이 모든 것들은 경고의 말씀과 함께 분명히 전해져야 한다. 이 세상을 떠나게 될 그 날과 그 시를 우리는 모른다. 그러나 우리가 다음과 같은 사실을 벌써부터 경고 받았음에 틀림없다. 예수님만이 유일한 길이다. 따라서 사람들은 자신들의 죄악으로부터 그리고 그분의 통치를 거부하는 삶으로부터 반드시 돌아서야 한다. 그리고 오직 그분만을 따라야 한다. 한 마디로 말하면, 회개하라 그렇지 않으면 멸망하게 된다는 메시지이다.

2. 나오는 말

사도행전 13장에 나오는 바울의 설교는 하나님 중심적 메시지에 대한 반박할 수 없는 표식을 제공해주고 있다. 이 하나님 중심적 메시지 안에서 우리는 새생명과 영원한 생명을 희망할 수 있다. 그리고 그 안에서 우리의 삶 속에 기적적인 일을 베푸시는 하나님을 기대할 수 있다.

영국의 위대한 청교도 리차드 백스터(Richard Baxter)는 설교 사역과 설교 사역의 초자연적 결과에 관해 가장 아름다운 감성적 표현으로 말한 바 있었다. 키더민스터(Kiddeminster)의 설교자는 수많은 현대 설교자들에게 반드시 명심해야 할 감동적인 이행시를 다음과 같이 남겨주었다.

> 나는 다시 결코 설교할 수 없다는 심정으로 그리고 죽어가는 사람들에게 죽어가는 사람처럼 설교를 하였다.[11]

모든 설교는 열정 가운데 전달되고 받아들여져야 한다. 설교위원회, 교구목사, 지역감독관, 그리고 이 땅을 말씀으로 채워야한다고 주장하는 사람은 누구든지 에릭 알렉산더(Eric Alexander)의 말에 주목해야 한다.

> 성경적 설교는 의미적으로 영적인 것이다. 이 말은 성경적 설교에 관한 가장 역동적 표현이라고 본다. 그 뜻은 바로 이런 것이다. 참된 설교의 임무는 본질적으로 지적이거나 심리적이거나 수사학적인 것이 아니다. 도리어 그것은 근본적으로 영적인 것이다.[12]

종교개혁자들 그리고 저들의 전후에 살았던 신실한 설교자들과

---

[11] Richard Baxter, *Love Breathing Thanks and Praise* (1681), pt.2, st.29. 이 문구는 정확한 인용출처 없이 설교에 관한 수많은 글 가운데 사용되어 왔다. 왜냐하면 이 문구가 설교를 앞둔 개신교 목회자들을 일깨우는 참된 기도로 사용되어 왔기 때문이다. 다음의 글이 하나의 실례가 된다. David Martyn Lloyd-Jones, *Preaching and Preachers* (Grand Rapids: Zondervan Publishing House, 1972), 86.
[12] Eric Alexander, *What is Biblical Preaching?* (Phillipsburg, NJ: P&R Publishing, 2008). 11.

더불어, 물론 지금 천국에 편히 거하고 있는 성도들과 함께 나는 바로 이런 것이 설교의 핵심이라고 집약하여 말하고 싶다. 즉 오늘날 교회의 비전은 수사기법과 모양새와 개성을 반드시 뛰어넘어야 한다. 성공회나 침례교, 오순절이나 장로교, 그리고 감리교나 메노나이트교나 어떠한 교회이든지 간에 설교는 그 교회의 근본적 사안이 되어야 한다. 설교란 옛 시대에서 현 시대로 자신의 말씀을 가져오시는 하나님의 초자연적 사역이다. 바로 이것이 선지자 이사야가 당시에 외쳤던 울부짖음이었고, 오늘날 목마른 영혼의 울부짖음이기도 하다.

> 이는 비와 눈이 하늘로부터 내려서 그리로 되돌아가지 아니하고 땅을 적셔서 소출이 나게 하며 싹이 나게 하여 파종하는 자에게는 종자를 주며 먹는 자에게는 양식을 줌과 같이 내 입에서 나가는 말도 이와 같이 헛되이 내게로 되돌아오지 아니하고 나의 기뻐하는 뜻을 이루며 내가 보낸 일에 형통함이니라(사 55:10-11).

3. 묵상을 위한 질문

1) 안디옥에서 행한 바울의 설교는 시대 속에 흐르는 하나님의 구속 계획에 대한 이야기를 진술하고 있다.
   바울과 같은 기회가 주어진다면 교회와 신앙 그리고 복음에 관한 이야기를 당당하게 선포할 수 있겠는가?

2) 하나님은 당신 주변에 있는 심지어 당신이 좋아하거나 이해하기 힘든 사람들조차 신자들의 구성체로 삼으셨다. 이러한 시각에서 저들을 대하는 당신의 신앙적 자세를 점검해보라.
당신은 저들을 어떻게 구체적으로 목양하겠는가?

3) 성경적 설교와 가르침은 사명감과 열정으로 표시된다.
교회는 사명감을 지닌 목회자와 교회 지도자들을 어떻게 격려할 수 있겠는가?
어떠한 면에서 당신은 당신의 사역 가운데 사명감과 열정을 느끼고 있으며, 그러한 사실은 당신과 당신의 생각에 어떠한 변화를 가져다주고 있는가?

4) 어떠한 면에서 교회 지도자들은 회중들이 성경적 설교와 가르침을 받고 있다고 확신하는가?
목사를 신뢰한다는 측면에서 목회자에 대한 장로의 책임은 무엇인가?
반면 교회 평신도들에 대한 목사의 책임은 무엇인가?
회중들이 그러한 책무에 어떻게 하면 잘 역동적으로 주의를 기울이게 할 수 있는지 생각해보라.

5) 당신의 신앙고백이 포함된 개인적 간증을 작성함으로서 당신의 마음상태를 점검해보라.

12장

살아있는 예배를 사모하라
(주의 궁정을 사모함)

(시 84:1-4; 요 4:16-26)

> 칼빈은 예배란 자기 백성의 심령 가운데 일하시는 성령의 성화케 하는 사역이라고 했습니다. 오늘날 칼빈의 말을 이해한 사람이라면 예전의식 속에서 성령의 역사하심을 찾으려는 관심을 분명하게 가져야 합니다. 무엇보다도 영과 진리로 하나님께 영광을 돌리도록 해야 합니다. 예전의식의 문제를 예배의 문제로 전환할 필요가 반드시 있습니다.
>
> — 휴그 올드(Hughes Oliphant Old)[1]

성경적 비전은 비전의 성취를 위하여 믿음직한 성경적 수단을 필요로 한다. 앞 장에서 비전을 실현할 수 있는 믿음직한 수단 즉 성경적 설교에 대하여 살펴보았다.

---

[1] *Give Praise to God: A Vision for Reforming Worship; Celebrating the Legacy of James Montgomery Boice*, ed. Philip Graham Ryken (Phillipsburg, NJ: P&R, 2003), 435.

본장에서는 예배에 관한 이슈를 짚어보고자 한다.
하나님을 어떻게 예배해야 하는가?
이것은 신앙생활에 있어서 가장 큰 질문이다. 또한 이것은 현대교회의 중대한 사안이기도 한다. 한 여인이 예수님께 예배에 관한 이슈를 다음과 같이 끄집어 놓았다. 예수님의 대답을 요한복음 4:16-26을 통해 찾을 수 있다.

1. 하나님은 정확히 어디 계신가?

어느 가족이 유럽 여행 중에 있었다. 저들은 엄청 큰 교회 한곳을 방문하기로 계획했다. 부모는 아들에게 이제 '하나님의 집'에 들어갈 것이니 아주 조용하게 다녀야 한다고 말했다. 저들은 교회 안으로 들어가 뒤쪽 편에 있는 한 의자를 발견하였다. 그 안에 있는 대부분의 사람들은 자신들처럼 여행자들로 보였다.
엄마는 아들에게 속삭이는 작은 말로 말하였다.
"멋지게 장식된 성찬난간으로 둘러싸인 강단을 보아라. 참으로 아름답구나."
아버지 또한 엄마에게 말했다.
"저기 장엄한 스테인글래스 창문이 보이지 않나요? 티파니(Tiffany), 정말 장엄하군요."
그녀는 머리를 끄덕였다. 한동안 저들은 그렇게 교회 내부를 돌아보았다.
잠시 후 교회의 목회자가 들어왔고, 성가대와 오르간이 아름답게 연주되면서 예배가 시작되었다. 그러던 중에 어린 아들이 아주 곤란스러운 표정을 지으며 이렇게 물었다.

"아빠, 엄마, 내 눈에는 설교자도 보이고 성가대도 보이고 오르간도 보이는데… 그러면 하나님은 정확히 어디에 계신건가요?"

참으로 좋은 질문이다. 예배에 집중하는 일은 가능하다. 그렇다고 해서 참되게 하나님을 경배한다고 말할 수 없다. 이 어린아이처럼 어쩌면 당신도 기도와 찬양과 멋진 건물과 많은 음악이 있는 교회에 참여할 수 있으나 당신의 삶 속에 있는 하나님의 임재를 보지 못할 수 있다. 그것을 정확하게 설명하기 힘들다. 하지만 당신은 무언가 중요한 것을 놓치고 있는 것이다. 즉 그 아이처럼 예배 가운데 과연 하나님이 임재하고 있는지 고개를 갸우뚱거리고 말 것이다.

요한복음 4장은 예배에 관한 장이다.

본문을 보면 어느 사마리아 여인이 우물가에서 예수님을 만난다. 그 만남을 통해 예수님은 그 여인에게 자신의 죄를 깨닫게 한다. 하나님으로부터 유죄판결을 받은 듯이 몹시 당황한 그녀는 대화의 주제를 얼른 바꾼다. 그녀는 당시의 소위 '예배 논쟁'에 관하여 말하기 시작한다. 오늘날도 사람들은 전통적인 예배와 현대적인 예배 간의 형식이나 예전 그리고 즉흥적인 형태나 악기 사용 등과 같은 문제로 논쟁을 벌인다. 실제로 오늘날 예배에 대한 많은 논쟁은 우물가의 여인의 상황과 매우 유사하다. 그런데 그 논쟁의 많은 부분은 예수님이 말씀하셨던 예배의 핵심을 놓치고 있다.

성경을 신중하게 살펴보라.

사실 예수님은 '영과 진리'의 살아있는 예배에 관하여 말씀하고 있다. 심지어 참된 예배와 거짓 예배가 있다는 것을 암시하는 '참되게 예배하는 자'라는 문구를 사용하고 있다.

청교도 예레미야 버로우(Jeremiah Burroughs)는 『복음 예배』(*Gospel Worship*)[2]라는 제목의 훌륭한 책을 기록하였는데, 본서는 예수님이 설명하였던 예배에 딱 맞는 아주 좋은 저서이다. 지난 세기 토저(A. W. Tozer)는 '잃어버린 보석'이 되어가고 있는 복음주의 교회의 예배에 관하여 진술한바 있다.[3]

수많은 현대교회 안에 존재하는 잃어버린 보석이란 바로 예수 그리스도의 임재에 초점을 맞춘 예배를 뜻한다. 존 스토트는 예배를 '살아있는 예배'라고 부른다.[4]

무슨 말인가?

간단하게 말하면, 살아있는 예배란 형식의 문제를 넘어 살아계신 하나님과의 만남을 기대하는 영혼의 참되고 진실된 예배를 뜻한다.

요한복음 4장에서 예수님은 살아있는 예배에 관하여 가르치고 있다. 만약 당신이 초자연적 결과를 성취하기 위하여 주님에 의해 쓰임 받는 교회가 되고자 한다면, 초자연적 방식 가운데 오직 살아있는 예배에만 집중해야 할 것이다.

살아있는 예배의 정의는 무엇인가?

우리는 비난을 받아들여야 하는 시대에 살고 있다. 문자적으로 말하면 마치 데이빗 고든(T. David Gordon)의 『왜 쟈니는 찬양을 노

---

[2] Jeremiah Burroughs, *Gospel Worship: Or the Right Manner of Sanctifying the Name of God in General, and Particularly in These 3 Great Ordinances, 1. Hearing the Word, 2. Receiving the Lord's Supper, 3. Prayer* (Ligonier, PA: Soli Deo Gloria Publications, 1990).

[3] A. W. Tozer and Gerald B. Smith, *Whatever Happened to Worship?* (Camp Hill, PA: Christian Publications, 1985), 7.

[4] John R. W. Stott and Timothy Dudley-Smith, *Authentic Christianity* (Downers Grove, IL: InterVarsity Press, 1995), 73.

래할 수 없는가』(*Why Johnny Can't Sing Hymns*)[5]와 같은 시대에 살고 있다.

예배 문제에 있어서 회중들 간에 예배 형태와 특성과 악기와 그리고 다른 습관이나 태도 등에 관해 의견이 상반될 수 있다.

이럴 때 과연 살아있는 예배의 핵심은 무엇이 되어야 하는가?

예배는 교회 생활에 매우 중요하기 때문에, 테리 존슨(Terry Johnson)이 명시한 것처럼[6] 신학을 운반하는 참된 '양동이'이기 때문에 논쟁이 있다고 하여 전혀 놀랄 필요가 없다는 것이 한 가지 해답이다. 예배가 최우선 사안이 되어야 한다. 예배는 의논을 유발해야 한다. 공적 예배 속에 있는 응답 즉 은혜 언약에 대한 재헌신에 관하여 논의해야 한다.[7] 창조주에 대한 피조물의 응답에 관하여 말해야 한다. 결국 이러한 점들을 종합해 볼 때 예배는 세상 가운데 살아가는 하나님의 백성 공동체와 우리의 증거에 생명력을 준다.

과연 우리는 무엇이 살아있는 예배인가를 참되게 정의할 수 있겠는가?

예배에 관한 성경적 신학 없이 오늘날 교회의 성경적 비전을 세울 수 없다. 제시된 성경 본문을 통해 살아있는 예배에 관한 분명한 다섯 가지 특징을 살펴보자.

---

5 T. David Gordon, *Why Johnny Can't Sing Hymns: How Pop Culture Rewrote the Hymnal* (Phillisburg, NJ: P&R Publications, 2010).
6 Terry Johnson, *Leading in Worship: A Sourcebook for Presbyterian Students and Ministers Drawing upon the Biblical and Historic Forms of the Reformed Tradition* (Oak Ridge, TN: Covenant Foundation, 1996), 2.
7 참조, R. J. Gore, *Covenantal Worship: Reconsidering the Puritan Regulative Principle* (Phillisburg, NJ: P&R Publications, 2002).

1) 살아있는 예배의 다섯 가지 특징

(1) 살아있는 예배는 소품이 아닌 사람에 관한 것이다

요한복음 4:20에서 여인은 "우리 조상들은 이 산에서 예배하였는데 당신들의 말은 예배할 곳이 예루살렘에 있다 하더이다"라고 말한다. 그러자 예수님은 참되게 예배하는 자는 장소가 아니라 사람에 대하여 관심을 가져야할 때가 다가오고 있음을 그녀에게 답한다. 즉 살아있는 예배는 소품에 관한 것이 아니라 사람에 관한 것이다.

사마리아 여인은 예수라는 인물을 피하기 위한 우회로 예배에 관해 언급한 것같이 보인다. 하지만 예배에 관한 논쟁은 그리 새로운 이슈가 아니다. 예수님 당대에도 있었고 그 이전에도 있었고 오늘날에도 존재하는 문제이다.

사마리아인들은 참된 예배는 아브라함과 야곱이 희생제물을 드렸던 그리심 산에서 반드시 행해야 한다고 믿고 있었다. 반면 유대인들은 예배의 올바른 장소는 예루살렘이라고 생각하였다. 따라서 사마리아인들은 기원전 400년에 그리심 산에 성전을 지었고, 유대인들은 그것을 기원전 128년에 파괴하였다. 오늘날 우리는 기타 연주자가 오르간 연주자를 앞서거나 방해하는 것을 원하지 않는다. 그러나 예배 논쟁은 전혀 새로운 이슈가 아니라는 점을 깨달을 수 있다. 그 어느 논쟁도 오히려 신령과 진정으로 예배드리는 것에 관한 이슈가 아니다.

히브리서 저자는 "그러나 너희가 이른 곳은 시온 산과 살아 계신 하나님의 도성인 하늘의 예루살렘과 천만 천사와"(히 12:22)라는 말로서 살아있는 예배에 대해 기록하였다. 살아있는 예배는 산과 도성에 관한 것이 아니다. 시온 산은 하나님의 백성이 언제나 함께 모였던 하나님의 장소이다. 하나님의 도성은 더 이상 예루살렘이 아니다. 이제 하나님의 도성은 하나님이 머무시는 장소이다. 그는 자기 백성의 찬양 가운데 거하신다.

캠벨 몰간(Campbell Morgan)은 주장하였다.

> [예배란] 장소의 문제가 아니다…. 그것은 단순한 지성적 사안도 아니다. 예배드리기 위해서 사람은 반드시 자신의 인격과 영과 진리로 아주 깊은 곳까지 내려가야 한다. 가면을 벗어 던지고 자신의 삶을 응시함으로서… 솔직해야 하고 현실 직시를 해야 한다.[8]

이것이 예배에 대한 복음적 원칙이다. 예배란 소품에 관한 것이 아니라 예수님이라는 인물에 관한 것이다.

예배는 원칙과 구성요소와 감정표현을 가지고 있다. 이 여인처럼 우리는 대부분의 시간을 원칙과 구성요소에 관한 논의보다는 감정표현에 더 많이 소비하는 경우가 있다. 예배의 핵심 원칙은 예수님이 예배의 중심이 되어야 하는 것이지 어떤 소품도구가 될 수 없다는 것이다. 참된 예배는 산에서나 예루살렘에서 이루어지는 것이 아니라, 예수님을 주님으로 고백하는 사람들의 심령 가운데 이루어진다. 예수님은 예배 장소에 대한 문제로 그 여인이 더 이상 혼란을 겪

---

[8] G. Campbell Morgan, *The Gospel According to John* (New York: Fleming H. Revell Co., 1933), 76.

지 않도록 하셨다. 오히려 그녀에게 예배의 원칙을 일깨워주었다. 예수님은 예배의 감정표현 문제로 당신이 교착상태에 빠지는 것을 원하지 않으신다. 오히려 그분은 예배의 원칙이신 주님만을 바라보도록 우리를 일깨워주신다. 우리는 예수님만을 예배해야 한다.

(2) 살아있는 예배는 살아있는 역사 속에 이뤄진다

> 너희는 알지 못하는 것을 예배하고 우리는 아는 것을 예배하노니 이는 구원이 유대인에게서 남이라(요 4:22).

이 말씀을 통해 살아있는 예배의 두 번째 원칙을 발견한다. 이 말씀은 살아있는 예배가 살아있는 역사 속에 이뤄지고 있음을 알려준다. 하나님의 주권 속에 일어나는 진정한 삶의 정황 속에서 예배가 이루어진다는 사실을 예수님은 가르치고 있다. 역사 가운데 일하시는 하나님의 이야기를 벗어나서 우리는 예배할 수 없다.

예배란 예배자에게 동기를 부여한다든지 종교적 감정을 갖도록 하는 것이 아니다. 그러한 예배는 참된 예배가 아니다. 예수님은 이 점을 사마리아 여인에게 말하고 있다. 예수님은 참된 예배 즉 살아있는 예배는 하나님의 구속 역사 속에 이뤄지고 있다는 점을 강조한다. 하나님은 주권적이시며, 그분이 우리를 창조하셨다. 인간은 죄와 반역과 참담함에 빠지고 말았다. 뭔가 중대한 변화가 일어나지 않는 한 인간은 영원한 형벌을 받아야 하며, 하나님과의 영원한 분리의 길을 가야 했다. 그런데 중대한 변화가 일어났다. 하나님이 그 일을 먼저 실행하셨다. 인간을 구원하시기 위하여 하나님은 이 땅에 내려와 육체를 입으시고 인간이 되셨다. 신인의 형상으로 예수님이 오신 것이다.

예배는 역사적 구속적 정황 속에서 이루어져야 한다. 그렇지 않으면 참된 예배라 할 수 없다. 얼마나 편안한가 또는 얼마나 감동적인가라는 문제는 중대하지 않다. 살아있는 예배는 그리스도 중심적인 하나님의 구원계획의 역사와 관련되어 있다.

커버넌트신학교 브라이언 채플(Bryan Chapell) 교수에 따르면 예배는 복음 이야기를 매 주일마다 반드시 반복적으로 선포해주는 본질적 기능을 가지고 있다.[9] 이러한 주장은 아래와 같은 성경 가르침을 잘 반영해 주고 있다.

> 너희는 그의 언약 곧 천 대에 명령하신 말씀을 영원히 기억할지어다. 이것은 아브라함에게 하신 언약이며 이삭에게 하신 맹세이며 이는 야곱에게 세우신 율례 곧 이스라엘에게 하신 영원한 언약이라(대상 16:15-17).

결국 당신이 드리는 예배는 당신의 삶 속에서 매 주일 이어지는 언약의 갱신 사건이 되어야 한다. 매 주일 당신은 주님 앞에 나와야 하며, 그분에게 감사를 드려야 하며, 예수 그리스도를 통한 구원으로 인하여 그분을 찬양해야 한다.

---

[9] Bryan Chapell, *Christ-Centered Worship: Letting the Gospel Shape Our Practice* (Grand Rapids: Baker Academic, 2009), 134.

(3) 살아있는 예배는 살아있는 믿음을 요구한다

살아있는 예배의 세 번째 특징을 살펴보자. 요한복음 4:23-24에서 예수님은 영과 진리로 드리는 참된 예배에 관하여 말씀하신다. 이 말씀은 우리가 드리는 살아있는 예배는 살아있는 믿음을 요구한다는 것을 가르쳐준다.

여기에서 언급한 '영'이란 우리의 예배가 소품이나 건물 등과 관련이 없다는 사실을 말한다. 또한 그것은 하나님은 영이시기 때문에 하나님의 영에 충만한 사람만이 예배 가운데 하나님과 관계를 맺을 수 있음을 말한다. 이러한 영적 예배 즉 살아있는 예배를 드리기 위해서는 살아있는 믿음이 반드시 필요하다.

고린도전서 2장에 상기의 내용과 관련된 중요한 구절이 나온다.

> 육에 속한 사람은 하나님의 성령의 일들을 받지 아니하나니 이는 그것들이 그에게는 어리석게 보임이요, 또 그는 그것들을 알 수도 없나니 그러한 일은 영적으로 분별되기 때문이라 (고전 2:14).

만일 당신이 성령 하나님의 감동을 받지 않거나, 죄를 회개하지 않거나, 그리고 믿음으로 예수 그리스도를 영접하지 않는다면 올바르게 예배드릴 수 없다. 성령의 감동과 죄에 대한 회개와 믿음을 가지고 예배를 드리는 가운데 당신은 하나님과 올바른 관계를 맺을 수 있다.

감동 속에 예배를 드리고 있는가?

아름답게 찬양할 수 있고 말씀을 깨달을 수 있다.

하지만 진정 당신의 영은 그리스도를 통해 변화되어 가고 있는가?

그렇지 않다면 당신이 드리는 예배는 살아있는 것이 아니고 죽은 것이다. 그리스도의 이름으로 자신에게 나오지 않는 사람의 예배를 하나님은 받지 않으실 것이다. 그리스도께 당신의 삶을 드림으로써 가식적인 예배에서 살아있는 예배로 나아가는 날이 바로 오늘이 아니겠는가?

(4) 살아있는 예배는 반드시 살아있는 말씀에 기초해야 한다

요한복음 4:23에서 주님은 영으로 뿐만 아니라 진리로 예배드릴 것을 가르치신다. 이것은 살아있는 참된 예배의 네 번째 특징을 보여준다. 살아있는 예배는 살아있는 말씀에 반드시 기초해야 한다.

예배는 하나님의 말씀에 근거해야 한다. 오늘날 예배에 관해서 특히 당신이 좋아하는 그리고 청중이 좋아하는 예배 등과 같은 호감 있는 예배에 대하여 많은 말을 한다. 그러나 그러한 생각의 순서를 바꾸지 않는다면 오류에 빠지게 될 것이다. 당신이 좋아하는 것이 아니라 하나님이 좋아하시는 것을 먼저 물어야 한다.

다시 말하면, 표현 방식은 다양할 수 있겠으나 올바른 질문을 해야 한다.

"당신이 드리는 예배는 얼마나 성경적인가?"

예배가 말씀으로 충만해 있는가?

하나님의 말씀은 진리이다. 이 진리의 말씀이 반드시 예배의 기초석이 되어야 한다. 또한 참된 예배에는 치유함이 있어야 한다. 당신의 설교를 통하여 어떤 사람이 구원함을 얻는다든지 또 어떤 다른 사람은 위로함을 받는다든지 하는 그러한 소망을 가져야 한다. 하나님께서 청중들의 심령에 죄를 깨닫도록 해줄 것이라는 기대감을 가져야 한다.
 이유가 무엇인가?
 예배 가운데 선포되는 성경 말씀은 치유를 얼마든지 일으킬 수 있기 때문이다. 하나님의 말씀은 진리이다. 진리는 당신을 자유롭게 만들어 주실 것이다. 따라서 예배의 전 과정을 통해 얼마든지 일어날 수 있는 치유를 당신은 반드시 기대해야 한다.

(5) 살아있는 예배는 살아계신 주님께로 인도한다

> 여자가 이르되 메시야 곧 그리스도라 하는 이가 오실 줄을 내가 아노니 그가 오시면 모든 것을 우리에게 알려 주시리이다. 예수께서 이르시되 네게 말하는 내가 그라 하시니라 (요 4:25-26).

 이 본문 속에서 살아있는 예배의 다섯 번째이자 마지막 특징적 요소를 정의할 수 있다. 그것은 살아있는 예배는 살아계신 주님께로 인도한다는 것이다.
 예배에 관한 예수님의 가르침은 자신이 하나님의 아들로서의 자기 계시로 귀착된다. 항상 살아있는 예배란 바로 그런 것이다. 예배에 관한 가르침 이후 뒤따른 종말론적 계시는 여인 자신의 구원뿐만 아니라 수가성 전체의 부흥과 개혁을 이끌어 내었다. 살아있는 예배는 살아계신 주님에 관한 모든 것을 담고 있는 것이다.
 크레이그 반즈(Craig Barnes)가 워싱톤 D.C의 내셔널(National)장로

교회에서 목사로 있을 때, 그는 어린이 예배에 대한 특별한 목회 철학을 가지고 있었다. 이 교회에 다니는 부모들은 자신의 자녀들이 공적 예배에 대한 이해를 잘 배우고 있다고 확신하였다. 어린이들을 지도하는 교사들은 모든 예배의 말미에 어린이들에게 자신들의 물건을 가지고나와 반즈 목사의 무릎에 앉도록 초대하였다. 그러면 반즈는 어린이 한 명 한 명에게 "주님은 너를 사랑한단다"라고 조용히 속삭여주었다. 반즈는 모든 아이들이 모든 예배 가운데 하나님의 사랑의 속삭임을 듣는 예배자로 자라나기를 바라는 것이 자신의 목회 꿈이라고 말하였다.[10]

바로 이런 것이 청중 안에 있는 어린이뿐만 아니라 당신 자신을 위한 예배의 비전을 세우는 시작점이 될 것이다. 하나님의 생각은 바로 이런 것이기 때문에 그러한 비전을 가져야 할 것이다. 예배는 둘 중의 하나이다. 건조하고 생명력이 없고 하나님의 사랑의 속삭임이 없는 예배이든지, 아니면 예배자들을 주님 앞에 나오도록 그리고 "너에게 말하고 있는 내가 바로 그 하나님이다"라는 속삭임을 듣도록 초대하는 살아있는 예배이다. 당신이 인도하는 예배를 통해 청중들은 하나님의 사랑을 깨달을 수 있어야 한다. 매 예배마다 저들이 하나님의 속삭임을 들을 수 있도록 말이다.

---

10 반즈 박사가 내셔널장로교회 담임목사로 있을 때에 예배에 참석하여 필자가 경험바이다.

2. 나오는 말

하나님의 말씀 가운데 예배보다 더 중요한 것은 없다. 성경 속에 나오는 예배라는 단어는 명사가 아니라 동사이다. 예수님의 가르침을 통해 하나님은 단지 예배에 관하여 말하거나 생각하거나 공부하거나 또는 예배 형식과 소품에 관하여 논쟁하는 것을 허락하지 않았다. 예수님은 영과 진리로 하나님을 예배하라고 일깨운다. 그분은 살아있는 예배 즉 주의 은혜로 변화되는 예배 가운데로 당신을 부르신다. 성경 본문을 통하여 아래와 같이 살아있는 예배를 정의할 수 있다.

① 살아있는 예배는 살아있는 역사 속에 이뤄진다.
② 살아있는 예배는 소품이 아닌 사람에 관한 것이다.
③ 살아있는 예배는 살아있는 믿음을 요구한다.
④ 살아있는 예배는 반드시 살아있는 말씀에 기초해야 한다.
⑤ 살아있는 예배는 살아계신 주님께로 인도한다.

예배가 당신의 생활 속 어딘가에 딱 들어맞아야 할지를 생각해 보았는가?
옥스포드대학교의 저명한 예배학 교수이자 저술가인 이블린 언더힐(Evelyn Underhill)은 자신의 저서 『예배』(Worship)에서 다음과 같이 말했다.

우리는 우주의 전 생명체를, 보이든지 보이지 않든지 그리고

의식하든지 의식하지 않든지 간에, 우주의 기원자며 보존자
며 귀결자이신 분께 영광을 돌리는 하나의 예배 행위로 생각
하는 감각을 가지고 있다.[11]

성경은 하늘이 하나님의 영광을 선포한다고 말한다. 선지자 이사야는 이 땅과 이 땅의 거주자들이 다시 얻게 될 천국에서 예배하게 될 때에 대하여 기록하였다.

> 너희는 기쁨으로 나아가며 평안히 인도함을 받을 것이요 산들과 언덕들이 너희 앞에서 노래를 발하고 들의 모든 나무가 손뼉을 칠 것이며(사 55:12).

웨스트민스터 소요리문답 역시 "인간의 제일되는 목적이 하나님을 영화롭게 하고 그를 영원토록 즐거워하는 것이다"라고 진술한다.

분명한 것은 하나님에 대한 예배가 우선이 되어야 한다는 점이다. 그러나 하나님의 사랑을 경험하였음에도 불구하고 예배가 그 사랑에 대한 응답이라는 사실을 철저하게 이해하지 못한다면, 예배를 당신의 삶의 최우선 순위로 삼지 못할 것이며 예배를 사랑하지 못할 것이다.

아주 어린 유아 시절부터 엄마와 떨어져 살았던 어린 소녀가 있었다. 그녀의 엄마는 심한 화상을 입어 수차례에 걸쳐 수술을 받았으

---

11 Evelyn Underhill, *Worship* (New York: Crossroad, 1982), 62.

며 끝내 어떤 집으로 옮겨져 지냈다. 어린 딸은 다른 지역에 살고 있는 이모 집에 맡겨져 살았다. 아이가 성장하여 엄마가 살고 있는 곳을 알게 되었고 엄마를 찾아가 만나고 싶었다. 그녀를 돌봐주는 이모는 엄마의 젊은 시절의 아름다운 모습이 담긴 사진을 보여주었다. 그때마다 엄마를 보고 싶어 견딜 수가 없었다. 드디어 엄마가 있는 요양소를 찾아가 엄마를 만나기 위해 방을 향해 갈 때, 그녀는 주체할 수 없을 만큼 흥분하였다. 진정하라는 간호사의 타이름도 귀에 들어오지 않았다.

  그녀가 방으로 들어섰을 때 그녀의 엄마는 등을 뒤로한 채 휠체어에 앉아 있었다. 엄마가 돌아서자 그만 소녀는 비명을 지르고 말았다. 그와 같은 흉한 얼굴을 이제껏 본적이 없었기 때문이다. 사람의 얼굴이라 할 수 없을 정도로 일그러진 흉터가 얼굴에 가득하였다. 그녀가 보아왔던 사진과는 전혀 다른 모습이었다. 소녀는 눈물을 흘리며 방을 뛰쳐나갔다. 간호사가 따라 나와 라운지에서 울고 있는 그녀에게 다가갔다. 간호사는 그 소녀가 갓난아기이었을 당시 일어난 화재 사건에 대하여 들려주었다. 그녀의 엄마가 생명의 위협을 무릅쓰고 자신의 아기를 구하기 위하여 화염 속으로 뛰어 들어갔었다. 아기를 안전하게 구하였지만 지붕에서 떨어진 조각더미에 그만 엄마가 갇히고 말았다. 그때 입은 얼굴 화상이 너무 끔찍하여서 수차례의 수술을 하였음에도 불구하고 더 이상 나아지지 않았다는 것이다.

  간호사는 소녀에게 "저 많은 상처는 너를 위한 사랑의 상처란다"라고 말해 주었다. 어린 딸은 자신의 못된 마음을 그제서 깨닫고 후회하며 달려가 자신을 구해준 엄마를 꼭 껴안고 엉엉 울었다.

이 이야기는 당신을 향한 하나님의 사랑을 보여주는 사진과도 같다. 아마 당신은 당신의 마음속에 경배에 대한 사진을 가지고 있을지 모른다. 그 사진에는 스테인레스 창문과 기도서 그리고 찬양대의 찬양으로 가득 차 있을 것이다. 또는 당신이 들고 있는 사진에는 찬양과 경배 팀의 경쾌한 현대적 찬양을 비쳐주는 프로젝터 스크린이 있을지도 모른다. 그 두 사진 모두 예배의 표현 방식일지 모르나 예배의 원칙은 아니다.

우리가 종종 들고 다니는 예배 사진은 진정한 예배 사진이라고 말할 수 없다. 예배의 진정한 이미지는 슬픔에 익숙하신 분의 이미지 그리고 척박한 언덕 십자가 위에서 당신의 죄를 대신 담당하신 비애 가득한 분의 사진이어야 한다.

당신을 위해 죽으시고 죽음으로부터 다시 살아나신 예수 그리스도를 당신의 구원자로 바라보아야 한다. 죽었다가 다시 살아나시기까지 당신을 사랑하신 분이 예배 가운데 있다는 사실을 믿어야 한다. 그렇지 않는 한, 당신은 영과 진리로 예배드릴 수 없을 것이다. 이블린 언더힐의 고백을 되새기며 예배 자리로 나와야 한다.

> 당신이 필요하기 때문에 오늘 저는 하나님 당신을 찾아 나옵니다…. 저는 당신의 존엄을 찬양하며 당신의 발 앞에 나의 모든 것을 내어 놓습니다."[12]

이러한 고백 없이 당신은 참된 예배를 하나님께 드릴 수 없다.

12　Ibid., 9.

반면에 완악한 심령들이 그분의 사랑의 상흔으로 인하여 부서지고 깨어질 때 비로소 저들은 영과 진리로 참된 예배를 드릴 수 있다. 이런 것이 살아있는 예배이다.

예배에 참석하고 있는가?

예배를 인도하고 있는가?

아니면 예배를 드리고 있는가?

결국 해답은 교회에 대한 당신의 비전과 그 비전 속에 있는 당신의 마음에 잘 드러나 있다. 살아있는 예배는 형식과 장소와 상황을 초월한다. 그리고 예배의 초점을 예수 그리스도께 힘써 맞춘다. 예수님이 높아지실 때, 인간은 그분께 최고의 예배와 경배를 드림으로써 낮아지는 것이다. 오직 그분만이 예배의 대상이신 하나님이시기 때문이다.

3. 묵상을 위한 질문

1) 예배를 준비할 때 당신은 하나님의 말씀 안에서 온 마음으로 기뻐하는가?

당신과 함께 예배드리는 자들도 당신의 기쁨을 동감하고 있는가?

당신 안에 그 기쁨을 가득 채워달라고 그리고 다른 사람들에게도 동일한 기쁨이 가득하게 해달라고 하나님께 기도하라.

2) 예배의 다양한 요소들을 생각해보라.
    그 요소들을 통해 예수 그리스도를 좀 더 잘 깨달을 수 있겠는가?
   예배드리러 갈 때에 당신은 무엇을 생각하는가?
   예배 집중을 방해하는 어떠한 문제가 당신에게 있는가?

3) 몇 문장으로 복음을 요약해보라.
    당신이 듣는 설교 안에 그러한 복음적 요소가 있는가?
    당신이 설교를 통해 들은 내용은 과연 복음과 잘 연관되어 있는가?

4) 당신이 하나님께 예배드리는 것은 사랑 때문인가 아니면 의무 때문인가?
   어떠한 이유로 하나님께 예배를 드리는가?
   교인이나 방문객에게 예배의 목적을 분명하게 보여주기 위하여 당신의 교회에 어떠한 변화가 필요하다고 생각하는가?

5) 당신의 마음상태를 살펴보라.
    당신의 삶을 그리스도의 주권에 어떻게 온전히 드리고 있는가?

13장

사랑의 친교를 나누라
(소속감을 심어 주는 교회)

(행 28:11-16)

> 주인 없이 홀로 있는 고상한 영혼은 마치 홀로 타오르는 석탄과 같습니다. 그 영혼은 점점 뜨거워지기보다는 오히려 점점 차갑게 식어질 것입니다.
>
> —십자가의 요한(John of the Cross)[1]

바울은 말씀을 전파하며 교회를 세웠던 안디옥 도시를 떠나 고린도로 갔다. 고린도에서 유대인들로부터 거절당한 바울은 다시는 유대인들에게 설교하지 않겠다고 선언하였다. 그 후 그는 하나님께서 회당장을 구원하시는 것을 목격하였다. 주님은 바울에게 찾아와 위로의 말씀을 전해 주시며 새로운 사명을 주셨다. 이제 고린도를 떠나 자신의 민족에게 복음을 전하기 위하여 예루살렘에 가도록 했

---

[1] Mark Water, *The New Encyclopedia of Christian Quotations* (Grand Rapids: Baker Books, 2000), 368.

던 것이다. 예루살렘에서 그는 체포되었다. 로마 황제 시저에게 탄원하기 위하여 또 다시 그는 로마를 향해 먼 길을 떠났다. 사도행전 28:11-16에서 바울은 멜리데 섬에 잠시 기착하여 있다가 다시 로마로 떠나는 배에 올라탔다. 종착지인 로마에 다다를 즈음에 바울도 잘 모르는 믿음의 형제들이 그를 반갑게 맞이해 주었다.

성경 본문을 묵상하면서 당신 스스로 다음과 같은 질문에 답해 보라.

당신이 사막 한가운데 홀로 기거하는 은자나 수도사라면 무엇으로 하나님을 기쁘게 할 것인가?

다른 그리스도인들과 단절된 은둔생활 속에서 과연 제자도의 삶을 실천하며 살 수 있을까?

성경적인 목회 비전을 향해 당신이 나아가기를 바라는 하나님의 방식에 대하여 생각해보라. 그것은 사랑의 친교라는 통로를 통하여 당신의 비전을 이루어 가는 방식이다.

1. 왕따 당하기

'신입생'으로서 학교에 처음 갔을 때 느끼는 가장 두려운 감정은 무엇일까?

소외감 또는 따돌림과 같은 감정일까?

게임을 위해 두 팀으로 편을 나눌 때 선택받지 못해서 느끼는 왕따 감정은 무엇일까?

어느 편에도 들지 못해 느끼는 일종의 공허한 마음은 무엇일까?

새로운 학교나 직장으로 이전하여 그곳 환경에 적응하고 소속하는 등의 일련의 과정은 많은 사람들이 절대적으로 공감하는 사안이다. 물론 이런 과정은 인류가 느끼는 보편적인 경험이다. 단지 어린 아이나 청소년들에게만 해당하는 문제가 절대 아니다. 사람은 누구나 자신의 소속감을 필요로 하는 것이다.

텔레비전 인기 프로그램 **치어스**(Cheers)를 기억하는가? 그 식당에 드나드는 모든 사람들은 서로의 이름을 잘 알고 있을 뿐만 아니라 서로 간에 익숙하고 편안하게 잘 어울려 지냈다. 선술집이 소속감을 주는 장소라고 말하는 것이 적절한지 모르겠지만, **치어스**의 주제송이 사도행전 28:11-16에 나오는 "주 믿는 형제들"로 얼마든지 대체될 수 있다고 나는 생각하였다. 성경 본문을 통해 하나님께서 교회를 소속의 장소로 만드시어 인류 고통을 위한 해결책으로 제공해 주시는 것을 볼 수 있다. 설령 교회 안에 있는 사람들이 당신의 이름을 설령 모른다 할지라도 저들 모두가 당신의 상황과 절박함 그리고 당신에게 절대 필요한 구원을 잘 알고 있다. 바로 그런 곳이 교회이다.

21세기 사회는 이동성이 매우 용이하고 빠른 특성을 가지고 있다. 하지만 이동에는 반드시 고통이 수반된다. 아브라함과 이삭과 야곱은 가족들을 이끌고 이 지역에서 저 지역으로 이 나라에서 저 나라로 끊임없이 이주하며 살았다. 이동은 때때로 저들에게 고통을 가져다주었다. 이 나라를 건설하기 위하여 자신들의 고국을 떠났던 초기 미국 청교도들도 많은 어려움을 겪었다. 바울이 부활하신 구원자의 명령을 순종하기 위하여 자신의 직업과 집과 명예를 내려놓았을 때 그 역시 고통을 겪었다. 이동에는 고통이 수반된다. 그러나 이동과 재배치 그리고 이주와 이전은 현재 우리 삶의 일부이고 언제나 우리 삶의 일부였다.

사도행전 본문을 자세히 살펴보면, 교회가 소속감을 주는 장소, 체계적으로 운영되는 환영의 안식처, 사람들이 당신을 만나는 장소, 즉 '영구적인 공동체'[2]이며, 그러한 소속감이 그리스도인들에게 강력한 힘의 원천이 된다는 점을 알 수 있다.

이러한 시각에서 본문을 좀 더 자세히 살펴보자.

1) 교회는 환영의 안식처가 되어야 한다

사도행전 28:11-16에서 저자는 배가 멜리데를 떠나 이탈리아 반도를 향해 항해를 시작했다고 말한다. 아주 흥미로운 부분은 저들이 탄 배의 선미에 그리스 신 제우스의 쌍둥이 아들 카스토로(Castor)와 폴룩스(Pollux)의 두상이 새겨져 있었다는 것이다. 하나님의 구원 계획이 부지중에 우상들에 의해 일보 전진하기도 하는데, 이것은 이교 우상조차 세계선교를 향한 하나님의 계획을 막을 수 없다는 것을 증명하는 것이다.

레기온을 향해 수라구사를 떠난 배는 잠시 보디올에 정박했다. 그곳에서 바울과 누가는 몇몇의 그리스도인들을 발견하였다. 다음 도착지에서 그리스도인들을 만나기로 되어있었는데 이곳 보디올에서 저들은 그리스도인 형제들 즉 부활하신 그리스도의 제자들을 만났다. 저들은 서로의 공통된 믿음을 함께 나누었고 보디올의 그리스도인들은 바울과 누가를 저들 가운데로 환대하였다. 여행 중이었던

---

[2] 예를 들어 다음과 같은 책을 참조하라. Brian Habig and Les Newsom, *The Enduring Community: Embracing the Priority of the Church* (Jackson, MS: Reformed University Press, 2001).

바울과 누가는 그곳에서 숙식뿐만 아니라 집처럼 편안한 사랑의 장소를 제공받았다.

바로 이런 것이 교회가 제공하는 위대한 사역이다. 교회는 환영과 환대의 안식처가 되어야 한다. 교회는 소속감을 주는 장소가 되어야 한다. 바울과 누가의 경우처럼 거칠고 힘든 인생 여정 속에 살아가는 사람들에게 교회는 안식처가 되어야 한다. 긴 여행 중에 고집 세고 해묵은 이교인들과 힘든 시간을 보낼 수도 있다. 여러분들 중에도 바울과 누가의 경우처럼 비기독교적 사상을 지닌 사람들과 함께 일하는 경우가 있을 것이다. 인생 여정 중에 회의론주의자와 하나님을 조롱하는 사람들을 만날 수 있다. 어쩌면 이것이 좋은 기회일 수 있다. 비록 그들이 하나님의 집에 대해 낯설 수 있지만, 그들에게 복음을 전할 수 있으며 구원 메시지를 선포할 수 있기 때문이다. 우리 모두에게 기독교적 환영과 환대가 가득한 참된 안식처인 교회가 절대적으로 필요하다.

다윗은 찬양하였다.

> 할렐루야, 내가 정직한 자들의 모임과 회중 가운데에서 전심으로 여호와께 감사하리로다(시 111:1).

자금도 마찬가지이지만, 가장 어려운 시기 때마다 하나님의 옛 백성들은 구속받은 다른 사람들과 더불어 안식처(성소)를 찾았다.

교회는 언제나 사람들을 환영하고 받아들이고 먹이고 안식을 제공하는 장소가 되어야 한다. 당신은 그러한 교회, 그러한 유형의 그리스도인을 원하지 않는가?

그러하기 위해서는 교회 구성원 모두가 환대적인 마음을 가지고 있어야 한다. 이러한 사람들이 바울처럼 지치고 피곤한 여행자들에게 관심을 베푸는 그리스도인들이 될 것이며, 선한 싸움을 싸우는 믿음의 사람들을 힘껏 존경하고 대접하는 참된 그리스도인들이 될 것이다.

미국 내 수많은 지역들이 여러 유형에 따라 나누어져있다. 인종과 지역 특성 그리고 사회적 신분 등에 따라 아주 다양한 형태로 나누어져있다. 바울은 그러한 현상을 이렇게 반박하였다.

> 형제들아 내가 우리 주 예수 그리스도의 이름으로 너희를 권하노니 모두가 같은 말을 하고 너희 가운데 분쟁이 없이 같은 마음과 같은 뜻으로 온전히 합하라(고전 1:10).

우리는 분열과 분쟁으로 가득 찬 세상에서 살고 있다. 따라서 무엇보다도 우리는 성령으로 연합하기를 힘써야 할 것이다. 또한 하나님의 사랑이 절대적으로 필요한 나그네 인생들에게 기독교적 환대와 온화함을 베풀어 주어야 할 것이다. 바로 그런 것이 교회의 참모습이다. 즉 교회는 신앙 여정 중에 있는 믿음의 형제들에게 환대를 제공하는 안식처가 되어야 한다.[3]

사도행전 28:14 끝부분은 바울과 누가가 보디올 형제들과 함께 며칠 머물러있는 동안 새로운 힘으로 재충전되었음을 시사하고 있다. 본문에 '그래서'라는 단어가 나온다. 즉 "그래서 우리는 이와 같이 로마로 가니라" 했는데 문맥상 큰 의미를 지니고 있다. 달리 표현

---

[3] 교회 안에서 행해지는 진정한 환대에 관한 성경적 가르침에 대하여 다음의 책을 참조하라. Alexander Strauch, *The Hospitality Commands: Building Loving Christian Community: Building Bridges and Neighbors* (Littleton, CO: Lewis and Roth Publishers, 1993).

하면, 보디올 형제들이 베풀어준 사랑과 환대와 관심은 하나님의 뜻에 따라 여행길에 서 있는 바울과 누가에게 가장 필요한 것들을 제공하여 주었다는 뜻이다. 저들이 살았던 시대나 우리가 살고 있는 현시대나 다 그렇듯이 영원히 한곳에 머무를 수 없다. 오늘은 이곳 내일은 저곳으로 얼마든지 이동할 수 있다. 어떤 이는 사명 때문에 어떤 이는 단순한 이주 때문에 그럴 수 있다. 어떤 이는 그곳이 어디일지라도 하나님의 부르심에 순종하기 위하여 기꺼이 떠날 것이다.

당신은 환대하는 그리스도인인가?

의심할 바 없이 이러한 새로운 결심이 당신에게 요구된다. 이동이 빈번하고 빠르게 이루어지는 현 세상에서 교회는 사람들을 기쁘게 환영하고 환대하는 하나님의 안식처가 되어야 한다.

2) 교회는 사람이 있는 그곳에서 그들을 만나주는 장소가 되어야 한다

사도행전 28:15은 바울과 누가가 지역 교인들의 환대와 환송 속에 로마를 향해 다시 떠나는 모습을 보여준다. 로마제국의 수도를 향한 여정 중에 저들은 네아폴리스를 거쳐 **압비오 가도(Via Appia)**-제국 내 모든 도로들 중에서 가장 오래되고 가장 곧고 가장 완벽하게 닦여진 길4-방향을 향하여 북서쪽으로 나아갔다. 거기에서 로마의 그리스도인들이 저들을 맞으러 나왔다고 성경은 말한다. 어떤 이

---

4 Tremper Longman, David E. Garland, et. al., *The Expositor's Bible Commentary, vol. 10: Luke-Acts*, rev. ed. (Grand Rapids: Zondervan, 2007), 568.

들은 약 70km나 떨어진 곳에서 압비오 광장(일종의 고대 휴게소)까지 바울과 누가를 맞으러왔다. 다른 이들은 약 53km나 떨어진 곳에서 세 여관(Three Inns, 롬 28:15 참조)까지 찾아왔다.

그러나 주목해야 할 점은 그 정황에 관한 누가의 기록이다. 즉 바울과 누가를 환영하고 그들이 있는 곳까지 찾아와서 그들을 만나주는 로마 그리스도인들의 친절한 모습이다. 바로 이점이 누가와 성령 하나님께서 당신으로 하여금 깨닫기 원하시는 중요한 부분이다.

성경에서 말하는 교회는 예수님의 대리인들로 구성되어 있다. 주님의 대리인들은 자신들의 안락한 지역을 떠나 사람들이 있는 곳으로 찾아가는 자들이다. 사람들의 삶의 한 지점 그리고 그들에게 필요한 시점 바로 그곳에서 그들을 기꺼이 만나기 위해 긴 여행조차 마다하지 않는 자들이 바로 주님의 대리인들이다. 교회는 선교를 위해 문화적 장벽을 극복한다. 필요한 경우, 낯선 언어를 습득하거나 타문화 적응 훈련을 마다하지 않는다. 교회는 여행 중인 사람들이 머무는 바로 그곳에 찾아가 그들을 만나야 한다.

그렇게 하는 이유는 저들을 교제권 안으로 인도하기 위한 것이다. 교회는 초문화적 선교 속에서 그러한 교제를 이루어가야 한다. 우리의 문화 속에서도 마찬가지이다. 안락하고 편안한 환경을 떠나야 한다. 고통의 시기를 겪고 있는 믿음의 형제들을 찾아가 만나야 한다. 상처받은 사람들에게 다가가야 한다. 절망 가운데 빠져있는 사람들에게 희망을 나눠주기 위하여 때로는 장거리 여행을 마다하지 않고 떠나야 한다.

기나긴 여정이 끝나갈 무렵, 여행의 나머지 길을 함께 걸어가고 싶은 누군가를 원할 때가 있기 마련이다. 믿음의 형제와 자매들이 먼 곳으로부터 찾아와 소위 압비오 광장에서 당신을 반가이 맞이해 주는 그런 모습을 상상해보라.

저들을 만났을 때 당신은 저들이 얼마나 반갑고 기쁘겠는가?

여행에는 수고가 반드시 뒤따른다. 하지만 누가처럼 당신과 함께 동행하는 사람들이 당신 곁에 있다는 사실로 인하여 하나님께 감사하라. 저들과 함께 하는 사역은 매우 강력하여서 놀라운 치유를 동반할 뿐만 아니라 그리스도께서 당신과 항상 함께 하고 있다는 사실을 일깨워 준다.

사람들이 필요로 하는 바로 그런 장소에서 그들과 만나는 그리스도인이 되어야 한다. 저들이 슬픔에 쌓여 있을 때뿐만 아니라 희로애락의 시간을 겪고 있을 때에도 그들에게 찾아가 만나주는 그리스도인이 되어야 한다. 당신의 안락한 환경을 뒤로하고 기꺼이 여행을 떠나는 그리고 이전에 가본 적이 없는 곳을 향해 기꺼이 떠나는 사람이 되어야 한다. 그리스도의 이름으로 환영의 손길을 이방인을 향하여 뻗어야 한다. 언젠가 당신이 장기간 여행 중인 바로 그 사람이 될지도 모른다. 그리고 당신을 만나기 위해 먼 길을 마다하지 않고 찾아와 주는 누군가가 당신에게도 필요할지 모른다.

3) 교회는 감사와 찬양의 원천이 되는 장소가 되어야 한다

바울이 그들을 보고 하나님께 감사하고 담대한 마음을 얻으니라(행 28:15).

이 성경 본문에 영적 감화력을 불어 넣은 성경 저자 누가와 주님은 여행 중인 사람들을 환영하기 위하여 먼 길을 찾아가는 그리스도인의 힘을 당신이 분명하게 깨닫기를 원하신다. 로마 그리스도인들의 수고는 실제로 하나님을 예배하고 복음을 진전시키는 원인이 되었다. 때문에 바울이 하나님께 감사드린다고 반응했던 것이다. 자신들을 만나기 위해 찾아온 그들 때문에 바울은 "하나님께 감사하고 담대한 마음을" 얻었다.

진실한 기독교 사랑은 복음적이어야 한다. 경배와 찬양을 창조하며 용기를 창출해야 한다. 하나님께 드리는 참된 찬양과 감사는 믿는 자들에게 앞을 향해 나아가도록 담대한 용기를 준다. 그런 의미에서 다른 사람을 위한 당신의 사랑의 수고는 단순히 친절한 행동만으로 끝나는 것이 아니다. 즉 그리스도 예수를 위한 복음 사역으로 이어지는 것이다. 예수님은 말씀하셨다.

> 누구든지 너희가 그리스도에게 속한 자라 하여 물 한 그릇이라도 주면 내가 진실로 너희에게 이르노니 그가 결코 상을 잃지 않으리라(막 9:41).

말씀의 참된 의미를 깨달아야 한다.

자신들의 은사가 무엇인지 모르는 사람도 있을 것이다. 그러나 사도행전 28:15("맞으러 오니")에 나오는 로마 그리스도인들의 행동을 따라하지 못할 그리스도인은 한 명도 없을 것이다.

바울이 축복을 받고 하나님이 찬양을 받는 그러한 결과는 다른 사람을 배려하는 마음으로 바울을 맞이하러 나갔던 사람들로부터 시작되었다.

이것이 바로 은사이다. 로버트 스티븐슨(Robert Louis Stevenson)은 "우리가 사랑하고 있는 한 우리의 섬김은 계속된다. 친구라면 어느 누구도 쓸모없는 사람은 없다"고 했다.5 이것 또한 성경적 진리이다. 당신이 다른 사람들과 친구가 될 때 하나님께 찬양과 영광이 된다. 믿음의 사람을 세우는 결과가 뒤따르기 때문이다.

매 주일 아침 어떤 용기가 필요한 사람이 당신 주변에 있을 수 있다. 아마도 저들이 누구인지 어떠한 상황에 처해 있는지 당신은 알고 있을 것이다.

저들이 있는 곳으로 찾아가 저들을 만나고 신앙 여정에 필요한 용기를 저들에게 나눠주는 것은 당신에게 주신 하나님의 계획이다. 교회 안에 당신이 잘 모르는 사람들도 있을 수 있다. 목마른 사람에게 시원한 한 잔의 물이 되도록 당신 자신을 주 예수 그리스도에게 온전히 맡겨라. 그리하면 그분이 당신을 사용하실 것이다.

교회의 핵심은 바로 이런 것이다.

만일 사람들이 교회로부터 자신들이 받은 용기와 축복에 대하여 하나님께 감사하지 않는다면, 무슨 소용이 있겠는가?

하나님은 자신의 교회가 삶 가운데 하나님의 임재와 능력을 필요로 하는 사람들을 위하여 용기와 힘의 근원이 되는 장소가 되기를 원하신다.

---

5 R. L. Stevenson, *Lay Morals: And Other Papers* (New York: C. Scribner's Sons, 1915), 50.

2. 나오는 말

성경 본문에 따르면, 교회가 소속감의 장소와 환대의 안식처 그리고 사람들이 있는 곳에서 저들을 만나는 장소로서 사람들을 섬길 때 교회는 저들의 신앙 여정에 용기를 제공할 것이라고 하였다.

추운 겨울 저녁, 뉴욕 주 로체스터(Rochester)의 자기 집을 향해 가던 어느 사업가에게 발생한 한 실화가 있었다. 길고 힘든 사업 출장에서 돌아오던 중이었다. 고속도로를 빠져나와 집 방향으로 회전할 때 그는 제네시(Genesee) 강둑에 우르르 몰려 서 있는 일단의 사람들을 보았다. 무슨 일 생긴 것인지 또는 도와 줄 것이 있는지 살펴보기 위해 차를 멈춰 세웠다. 그때 그는 한 아이가 물에 빠져있다는 사실을 알게 되었다. 날이 어두워 물에 빠진 아이를 뚜렷이 볼 수는 없었지만 그 아이의 비명 소리만은 분명하게 들을 수 있었다. 그 사업가는 경악하며 말하였다. "아이가 물속에 빠져 있다는데 당신들은 여기에 그냥 서서 구경만 하고 있단 말인가요?"

그 후 곧바로 어둡고 차가운 제네시 강으로 뛰어 들어갔다. 아이를 발견한 후 자신의 팔로 감싸 안고서 강가로 힘겹게 끌고 나왔다. 아이 얼굴에 묻은 물기를 닦아내며 머리카락을 뒤로 넘겨주는 순간 그는 자지러질 정도로 놀랐다. 그 아이가 다름 아닌 자신의 아들이었기 때문이다. 어떤 아이의 생명을 구하기 위해 물속에 뛰어 들어 갔다가 그는 자신의 아들을 구했던 것이다.[6]

---

[6] Paul Lee Tan, *Encyclopedia of 7700 Illustrations* (Rockville, MD: Assurance Publishers,

예수 그리스도의 교회는 위험을 감수하는 장소이다. 믿는 자들은 자신들의 편안한 지역을 떠나 다른 사람들을 섬기는 사람들이며, 모든 위험을 (모든 것을 내어주신 예수님을 본받아)감수하는 사람들이다. 교회가 그리스도로부터 값없이 받은 그분의 은혜를 여정 중에 있는 다른 사람들에게 나누어 줄 때 교회는 복을 받게 된다.

교회는 사람들에게 알려진 클럽이나 사교단체나 협회 등과 같은 곳이 아니다. 교회의 회원이 되기 위한 유일한 자격조건은 믿음의 고백이다. 당신의 깨어짐을 고백하고, 예수 그리스도의 죽음과 부활을 통한 하나님의 치유와 구원을 받아들인다고 고백하고, 현재의 삶과 영원한 삶을 위해 오직 그분만을 의지한다고 고백하면 된다. 교회 안에서 우리가 죽을 때 비로소 우리가 산다. 그 안에서 우리의 생명을 타인을 위해 내어줄 때 비로소 우리는 우리 자신을 위한 생명을 얻게 된다. 이러한 교회가 은혜의 장소이며, 영접의 장소이며, 도움의 장소이며, 그리고 참된 소속감을 주는 장소이다.

3. 묵상을 위한 질문

1) 교회의 방문자들을 생각해보라.
   그들을 어떻게 환영하고 있는가?
   기쁨으로, 적당하게, 또는 무관심하게?
   방문자들과의 관계를 잘 갖기 위해서 당신에게 어떠한 변화가

1979), 568.

필요하다고 생각하는가?

2) 교회 안에서 느낄 수 있는 일반적인 연대감에 대하여 분석해 보라.
교인들이 자신들의 소속 공동체에 잘 정착하여 있는가 아니면 많은 사람들이 여전히 교회 주변을 맴돌고 있는가?
교인들이 사교적이고 친절한가 아니면 파당을 짓고 있는가?
대부분의 행사가 연령이나 성별이나 특별한 이해관계로 나뉘어져 있는가?
주일 예배 외에 그 밖의 친교 행사와 프로그램을 잘 운영하고 있는가?

3) 잘 모르거나 냉담한 비그리스도인들에게 복음을 전할 때 당신은 어떻게 복음을 효과적으로 전할 수 있겠는가?
당신 교회의 예배는 젊은 그리스도인들에게 다가갈 만하다고 생각하는가?
어떠한 변화가 필요하다고 생각하는가?

4) 교회의 성도들은 서로 간의 짐을 어떻게 나눠지고 있는가?
고통을 겪고 있는 교인을 도와주는 성도들의 연합된 모습을 본 적이 있는가?
교인들이 서로를 위해 어떻게 기도해야 할지를 알고 있는가?
친교를 보다 더 좋게 할 수 있는 방안에 대하여 숙고해보라.

14장

자애 사역을 확장하라
(하나님의 손과 마음을 닮아가기)

(행 20:33-35)

> 자애를 구하고 있습니까? 먼저 당신의 이웃에게 자애를 베푸십시오.
>
> —요한 크리소스톰(John Chrysostom)[1]

교회 밖의 사람들은 교회 안에 있는 사람들에게 뭔가 특별히 다른 점이 있는지 항상 주시하고 있음을 당신은 알고 있는가?

한 친구가 자신의 장애 아이를 돌보도록 고용했던 어느 가사도우미에 관한 이야기를 내게 해주었다. 가사도우미 여자는 맨하튼의 취업알선기관으로부터 앞으로 입주하여 살게 될 자신의 집 환경에 대해서 정확하게 전달 받지 못하였거나 제대로 숙지 못한 듯이 보였다. 그녀의 첫인상이 가사도우미보다는 소호(Soho) 지역의 거리 예

---

[1] Mark Water, *The New Encyclopedia of Christian Quotations* (Grand Rapids: Baker Books, 2000), 783.

술가에 더 어울려 보였기 때문이다. 몸에는 여기저기 문신이 새겨져 있었고 차마 상상치 못할 신체 부위에 피어싱 구멍이 여럿 뚫려 있었다. 그러한 그녀가 이 크리스천 가정에 가사도우미로 입주하여 기숙하며 일하게 되었던 것이다.

어느 날, 식탁에 앉아있던 나의 친구가 무언가 특별한 느낌을 그녀로부터 받았다. 즉 전혀 다른 배경과 신앙을 지닌 그래서 무언가 부족해 보이는 이 젊은 아가씨인 그 가사도우미가 자기 가족의 모든 동선을 일일이 주시하고 있음을 깨달았다. 첫 인상과 달리 가정에 일어나는 모든 것들을 아주 열심히 메모하며 돌보고 있다는 사실을 알게 된 것이다. 마치 그녀의 행동이 자신들의 생활 즉 매사 모든 일에 뭔가 새롭거나 다른 것은 없는지 항상 관심을 갖고 돌보는 듯이 보였다. 내 친구는 가사도우미의 그러한 태도와 순종적인 자세에 크게 감탄하였다.

우리 주변에는 주님을 모르는 채 교회만 왔다 갔다 하는 사람이 많이 있다. 사실 그들은 교회라는 언약공동체 안에 있다고 할 수 없는 자들이다. 하지만 몸에 문신과 피어싱 구멍을 지닌 그 가사도우미처럼 저들은 교회를 주목하여 보고 있으며 교회에서 나는 소리를 유심히 듣고 있다.

사도행전 20장을 통해 본장의 교훈을 살펴보자. 본문을 통해 바울은 에베소 교회 지도자들에게 자신이 그들과 어떻게 살았는지 그리고 세상이 보고 듣고 있기 때문에 그러한 세상 속에서 저들이 어떻게 다르게 살아야하는지에 대하여 일깨워주고 있다.

> 내가 아무의 은이나 금이나 의복을 탐하지 아니하였고 여러분이 아는 바와 같이 이 손으로 나와 내 동행들이 쓰는 것을 충당하여 범사에 여러분에게 모본을 보여준 바와 같이 수고하여 약한 사람들을 돕고 또 주 예수께서 친히 말씀하신 바 주는 것이 받는 것보다 복이 있다 하심을 기억하여야 할지니라(행 20:33-35).

1. 사람들은 우리가 자신들에게 관심을 갖고 있는지를 틀림없이 알아본다

신학교를 막 졸업한 어느 젊은 사역자가 교회에서 첫 사역을 시작하였다. 신학교 때 배운 이사야서 수업을 여전히 흥미롭게 여기고 있던 그는 "제2이사야: 해석학적 논쟁과 주해적 난해"라는 제목의 연속 설교를 시작하였다. 첫 주에 100명의 사람이 참석하였다. 두 번째 주에도 연속 설교를 계속하였고 약 75명의 사람이 참석하였다. 그는 흔들림 없이 연속 설교를 이어 나갔으나 참석자의 수는 50명으로 줄어들었다. 몇 주에 걸쳐 그가 배운 모든 지식을 쏟아 부었음에도 불구하고 청중석에 남아 있는 교인들의 수는 결국 두 손으로 셀 정도로 줄어들고 말았다.

최악의 상황을 직면하게 된 그는 절망스러운 심정으로 자신의 신학교 스승에게 전화를 걸었다. 스승에게 자신의 목회 상황을 털어놓았다. 스승은 그에게 무엇을 설교하였는지를 물었다. 답변을 들은 이후 스승은 그에게 말하였다.

"여보게 교인들은 자네가 알고 있는 것에 관심이 없다네. 다만 저들은 자네가 자신들을 향하여 진심으로 관심을 갖고 있는지에 대해 알고 싶어 한다네."

"저들은 당신이 알고 있는 것에 관심이 없다. 다만 저들은 당신이 자신들을 향하여 진심으로 관심을 갖고 있는지에 대해 알고 싶어 한다"는 말은 현대 모든 목회자가 반드시 명심해야 할 매우 귀중한 성경적 격언이다.

성경적인 비전을 실현하는 방법들 중에 하나가 바로 자애 사역이다. 사람들은 당신이 자신들에게 관심을 갖고 있는지를 틀림없이 알아본다.

아래의 인용 글은 밥 로건(Bob Logan)과 래리 쇼트(Larry Short)가 집필한 『자애 사역에 동참하기: 사람을 사역으로 이끌어 내라』(Mobilizing for Compassion: Moving People into Ministry)의 서문에 나오는 내용이다.

논쟁은 피곤한 법이다. 특히 목회에 묻혀 살고 있는 우리 같은 사람들에게는 말이다. 한편에는 세계 복음화 사명에 열정적으로 전념하면서 구속받은 사람들로 가득 찬 하늘나라만 소망하는 사람들이 있다. 다른 한편에는 상처받은 인간에 대하여 마음 아파하는 사람들이 있다. 인간의 감정적 신체적 아픔이 영혼에 심각한 상처를 입힐 수 있다는 점을 상기해야 한다. 신성을 지니신 예수님은 위와 같은 상반된 이슈로 결코 고민하지 않으셨다. 자비를 베푸시며 동시에 영혼 회심을 추구하시는 일은 그리스도의 심령과 사역 안에 불가분의 관

계로 서로 묶여 있었다.²

　20세기 초, 펄 벅(Pearl S. Buck)은 중국 내 장로교 선교사들이 복음을 너무 지나치게 강조하고 있다며 불평을 털어 놓았다. 그녀는 복음을 전파하는 선교사들보다는 오히려 중국 사람들의 육체적 사회적 필요를 충족시켜줄 수 있는 선교사들을 원하였다. 이에 맞선 보수주의적 선교사들은 그녀의 주장을 강력히 반박하였고, 성육신적인 선교 사역과 접근보다는 오히려 말씀전파 사역에 더욱 치중하였다.
　오늘날 교회의 현주소는 어디인가?
　일전에 조니 에릭슨 타다(Joni Eareckson Tada)로부터 잊지 못할 충격적인 이야기를 들은바가 있었다. 보수주의 교단 내 급성장하는 어느 복음주의적 교회에서 발생했던 사건이었다.

> 휠체어를 탄 어느 여인이 예배당 좌석 중앙 쪽 통로에 자리를 잡았다. 바로 그때에 예배 안내위원이 얼마 전에 교체한 고급 붉은색 카페트 위에 휠체어 바퀴자국이 나있는 것을 발견하였다. 그는 여인에게 조용히 다가가 예배당 입구 넓은 공간 쪽으로 안내해갔다. 그곳은 타일이 깔려있는 곳이어서 새 카페트를 보호할 수 있었기 때문이다. 바로 그 사람이 조니(Joni)가 아니었겠는가 하는 생각을 종종 해본다.

2　Bob Logan and Larry Short, *Mobilizing for Compassion: Moving People into Ministry* (Grand Rapids: Fleming H. Revell, 1994).

이 이야기는 내가 언급하고자 하는 사안의 극단적인 실례가 될지 모르지만, 나의 주장은 복음주의적-보수주의적 교회들과 그리스도인들이 새롭게 각성할 필요가 있다는 것이다. 상한 자, 연약한 자, 애통하는 자 등 사회적 약자들과 소외자들에게 먼저 친히 다가가셨던 예수 그리스도의 총체적 접근방식을 이해하고 따라야 한다. 무엇보다도 우리는 복음의 진리를 확고하고 분명하게 전파해야 한다. 인간의 죄성과 하나님의 거룩함 그리고 십자가 예수 그리스도의 사랑하심과 기름 부으심과 구원 사역 등의 메시지가 담겨 있어야 한다. 아울러 우리 주변에 있는 사람들에게 먼저 관심을 갖고 다가가 사랑과 자애의 마음으로 저들을 섬겨야 한다.

바울은 에베소 교회 지도자들에게 장차 다가올 문제들 즉 야만적이고 늑대 같은 외부 사람들과 쓸데없이 참견하는 내부 사람들에 맞서서 교회를 돌보는 저들의 책임에 대하여 강조하였다. 그리고 부드러운 마음의 소유자 바울은 그리스도 안에 있는 하나님의 은혜로 저들을 먼저 칭찬한 이후에 다음과 같이 저들을 권면하였다.

> 연약한 사람들을 도우라, 자애로운 사역의 교회가 되어라
> (행 20:35).

본문 속에 있는 바울의 모범과 예수님의 요청은 현대 그리스도인들과 교회들이 하나님께서 기뻐하시는 자애 사역을 어떻게 실천을 할 수 있을지를 깨닫게 해준다. 이제 바울을 통해 주님께서 주셨던 두 가지 교훈을 살펴보자.

1) 욕심 없는 삶을 추구하라

(1) 바울의 모범

당시 종교 지도자들은 자신들의 가르침에 대한 물질적 대가를 요구하였다. 하지만 바울은 그런 요구를 하지 않았다. 바울은 그런 유형의 사역을 원하지 않았다. 때문에 바울은 평생 텐트 만드는 직업인으로 살았다. 선물이나 사례를 받을 경우 그것들을 다른 사람들에게 나눠주는 인물이었다. 분명히 바울은 일꾼이 수고의 삯을 받는 것이 마땅하다고 하였다(딤전 5:18). 나아가 말씀과 가르침으로 수고한 자들을 배로 존경해야 한다고 하였다(딤전 5:17). 때문에 디모데전서의 가르침에 따라 수고에는 반드시 대가가 따라야 한다고 주장하는 사람들이 있었다.

그러나 성경 본문은 보다 깊은 의미를 지니고 있다. 즉 바울은 자신이 욕심 없는 삶을 살아가고 있음을 보여주는 것이다. 다른 곳에서는 바울이 하나님께서 자신의 영 가운데 일하고 계시기 때문에 어떠한 상황 속에서도 자신은 행복하다고 고백한다(빌 4:11). 자신의 마지막 권면을 통해 바울은 에베소 교회 지도자들에게 욕심 없는 삶을 살라고 강조하였다. 욕심을 버리고 돈과 명예에 대한 사랑을 버려야만 본장에서 강조하는 자애로운 봉사 사역을 할 수 있다. 달리 말하면, 자애 사역은 욕심을 버릴 때 그제야 시작되는 것이다.

(2) 성경의 가르침

마태복음은 욕심 없는 삶에 대한 예수님의 가르침을 이렇게 기록하였다.

> 너희를 위하여 보물을 땅에 쌓아 두지 말라 거기는 좀과 동록이 해하며 도둑이 구멍을 뚫고 도둑질하느니라 오직 너희를 위하여 보물을 하늘에 쌓아 두라 거기는 좀이나 동록이 해하지 못하며 도둑이 구멍을 뚫지도 못하고 도둑질도 못하느니라 네 보물 있는 그 곳에는 네 마음도 있느니라(마 6:19-21).

바울은 디모데에게 말하였다.

> 그러나 자족하는 마음이 있으면 경건은 큰 이익이 되느니라 (딤전 6:6).

자족함이 없으면 당신의 삶 속에 자애의 마음이 뿌리를 내릴 수 없다. 어떤 의미에서 욕심으로부터 자유로워질 수 있는 자족의 마음은 예수님의 가르침처럼 단순한 것이다. 즉 하나님을 신뢰하는 것이다.

자족하게 될 때, 자애 사역에 놀라운 결과가 나타난다. 하늘에 당신의 보물을 쌓을 수 있으며, 당신의 삶에 깊이 박힌 섬김의 뿌리는 풍성한 열매를 맺을 수 있다. 자족의 삶을 살았던 대표적인 인물로 찰스 스펄전(Charles Haddon Spurgeon)을 꼽을 수 있다.

(3) 찰스 스펄전의 모범

찰스 스펄전은 역사상 가장 위대한 교회지도자들 중에 한 사람이었으며 매우 자주 인용되는 탁월한 설교자였다. 비록 타의 추종을 불허하는 설교자로 알려져 있지만 사실 그는 깊은 연민을 지닌 사람이었다. 그의 자애 사역은 당시 지구상에서 가장 큰 도시로 알려진 런던시 곳곳에 널리 퍼져 있었다. 남녀 아이들을 위한 고아원, 가난한 사람들을 위한 직업훈련학교를 설립하고 가가호호 방문하는 문서 사역(소위 '서적이동판매원') 등을 시작하였다. 옷가지와 음식 제공 그리고 집수리와 지역개발 추진사업 등을 통해 궁핍한 사람들을 섬겼다.

또한 스펄전은 노예제도 폐지와 노동자 권리 등 여러 가지 사회적 문제들에 대한 자신의 주장을 거침없이 펼쳤다. 그는 믿음과 행함은 결코 분리될 수 없는 문제로 확신하였다. 스펄전의 신학은 자신의 전기가 되었고, 그의 전기는 자신의 시대와 그 이후의 시대를 아름답게 만드는 살아있는 선행의 유산이 되었다. 지금 현 시대에도 말씀과 행동으로 약자들 그리고 궁핍한 자들에게 살아계신 예수 그리스도를 전해야 한다. 세상이 복음을 들을 수 있게 해야 한다. 그리스도인들의 행위를 통해 세상 사람들은 복음의 맛을 볼 수 있다. 복음을 붙잡을 수 있고, 복음의 옷을 입어 볼 수 있다[3]

(4) 현대 그리스도인의 도전적 과제

물질주의가 팽배한 현대 사회에서 우리의 도전적 과제는 "그냥 내려놓으라"이다.

나무 상자 안에 있는 바나나를 얻기 위해 상자 구멍에 손을 넣은 원숭이에 관한 이야기를 들은 적이 있을 것이다. 바나나를 얻고자

---

[3] 참조. Arnold A. Dallimore, *Spurgeon* (Chicago: Moody Press, 1984); Lewis A. Drummond, *Spurgeon: Prince of Preachers* (Grand Rapids: Kregel Publications, 1992).

애쓰고 있을 때, 표범 한 마리가 원숭이를 표적물로 삼아 성큼성큼 다가왔다. 원숭이는 빠르게 선택해야 했다. 바나나를 버려두고 도망치든지 아니면 움켜잡은 채 그대로 먹잇감이 되든지 말이다. 결국 미련한 원숭이는 욕심 때문에 바나나를 단단히 부여잡은 채 표범에게 잡혀먹고 말았다.

바로 이런 것이 현 시대 그리스도인들의 부인할 수 없는 고민이다. "그냥 내려놓으라"는 주님의 음성을 들어야 한다. 그저 세상 것에 의존했던 마음을 내려놓아야 한다. 그리스도와 그분의 약속으로 돌아가야 한다. 영원한 생명과 영원한 거처를 위해 오직 그분만을 신뢰해야 한다. 조바심을 버리고 자유로운 삶을 시작하라.

인격적으로 주님을 신뢰할 때 그리고 하나님의 백성으로서 신뢰의 삶을 살아갈 때, 우리는 주님께 순종하며 나아갈 수 있으며 자애 사역을 할 수 있다. 바로 이런 것이 바울이 보여주고자 했던 삶의 태도였다. 끝으로 자애 사역에 대한 예수 그리스도의 요청을 살펴보자.

2) 타인을 위해 기독교적 사랑을 실천하라

사도 바울은 예수 그리스도의 가르침을 인용하여 에베소 교회 장로들에게 교회의 운영에 관한 교훈을 다음과 같이 주었다.

(1) 예수님의 요청

"주는 것이 받는 것보다 복되다"(행 20:35)라는 말씀은 복음서에 나오지 않는다. 이 말씀은 베드로와 야고보를 통해 바울에게 전달해 주었거나 우리의 유익을 위하여 그리스도께서 바울에게 직접 전달해 주었을 것이다.

이 명령의 의미는 매우 명백하다. 행복(기쁨과 인격적 만족)이란 얻는 것이 아니라 오히려 나눠 주는 것이다. 행복은 나눔을 통해 채워지는 것이다. 이것은 인간의 본능적 욕망과 상치한다. 또한 이것은 메디슨(Madison) 거리를 떠올리게 만드는 인간의 비열함과 악한 본능적 욕구와는 전혀 다른 것이다. 도리어 이것은 하나님의 말씀 속에서 종종 발견되는 참된 신앙의 원리이다.

(2) 성경의 가르침

> 가난한 자를 불쌍히 여기는 것은 여호와께 꾸이는 것이니 그 선행을 갚아 주시리라(잠 19:17).

베풂의 사역은 궁극적으로 하나님을 예배하는 행위라는 점을 기억하라. 가난 그 자체가 거룩하다는 말이 아니다. 1960-70년대 자유주의 교회에 잠입하였던 해방신학은 그러한 잘못된 사상을 설파하였다. 전혀 그렇지 않다. 오히려 약하고 가난한 사람들의 필요를 채워주고 생활을 향상시키기 위하여 저들에게 물품이나 돈 그리고 시간과 노력 등을 기꺼이 베풀어줘야 한다. 이 모든 행위는 저들의 인격 안에 배여 있는 하나님의 형상 때문에 가능한 기독교적 선행인 것이다. 하나님은 영혼 구원에 관한 좋은 소식이 사람 가운데 흘러넘치기를 원하신다. 때문에 선행은 영혼 구원을 위한 훌륭한 도구라고 할 수 있다. 바로 이런 것이 야고보가 자신의 글을 통해 부유한 그리스도인들에게 요청했던 말씀의 참된 의미이다.

> 내 형제들아 만일 사람이 믿음이 있노라 하고 행함이 없으면 무슨 이익이 있으리요 그 믿음이 능히 자기를 구원하겠느냐 만일 형제나 자매가 헐벗고 일용할 양식이 없는데 너희 중에 누구든지 그에게 이르되 평안히 가라, 더웁게 하라, 배부르게 하라 하며 그 몸에 쓸 것을 주지 아니하면 무슨 이익이 있으리요 이와 같이 행함이 없는 믿음은 그 자체가 죽은 것이라(약 2:14-17).

(3) 찰스 콜슨(Charles Colson)의 모범

교도소선교협회(Prison Fellowship)의 설립자요 운영자였던 찰스 콜슨은 모든 사람들에게 귀감이 되는 인물이다. 그는 타인을 향해 다가가는 기독교적 접근방식을 자신의 삶을 통해 온전히 보여 주었다. 그는 현대교회가 사역의 방향을 새롭게 재점검할 필요가 있음을 다음과 같은 글을 통해 강력히 주장하였다.

> 19세기의 교회는 신앙인들이 빈민 지역에 찾아가서 그곳의 굶주린 사람들에게 먹이고 가난한 사람들에게 옷을 주고 집 없는 사람들에게 잠자리를 제공하였다…. 그들은 이 나라의 구제와 도덕적 향상을 위한 의미 있는 사역에 앞장서 나갔다. 병원과 대학교와 교육기관들을 세웠다. 복지지원센터를 조직하였으며 배고픈 사람들에게 음식을 주었다. 집단 간의

다툼으로부터 노예제도에 이르는 학대와 차별을 종식하기 위하여 캠페인도 벌였다. 비록 지금은 정부기관이 그러한 수많은 사역을 감당하고 있지만 본디 그리스도인들이 그러한 일에 근본적인 추진 동력을 제공하였던 것이다…. 이런 점이 복음주의적 전통의 유산이었다. 연약한 크리스천 형제들을 도와주는 선행은 지금 우리가 그리스도를 온전히 섬기고 있다는 사실을 보여주는 것이다.[4]

2. 나오는 말

본장의 성경 본문은 에베소 교회를 향한 사도 바울의 마지막 당부와 같은 말이었다. 요약하면 "마음을 얻으라, 연민으로 당신의 진정성을 드러내라"였다.

1) 지니 던(Jeannie Dunne)의 변화

이것은 실제 이야기이기 때문에 실존 인물의 이름을 지니 던이라는 익명으로 사용하고자 한다. 지니는 남부 캘리포니아 지역의 간호사였다. 그녀는 성경을 믿으며 그것을 실천하며 살아가는 신실한 그리스도인이었다. 새 직장에서 주어진 첫 번째 업무는 에이즈(AIDS)

---

[4] Charles Colson, "Will the Church Miss the Volunteer Revolution?" *Christianity Today*, 36.3 (1992): 88.

병동에서 근무하는 것이었다. 그녀와 관련된 이야기를 아래와 같이 기억하고 있다.

> 처음에는 너무 힘들었다. 나는 생각하며 걸었다.
> "오 하나님, 이곳이 제가 원하는 마지막 장소라는 것을 아시지요."
> 그러나 말기 단계에 있는 에이즈 환자와 HIV 양성반응 환자들과 일하기 시작할 때 하나님은 내 마음에 아주 흥미로운 일을 하기 시작하셨다.
> 업무 초기에 나는 내부 환자들 즉 동성애자들과 에이즈 환자들을 돌보기 시작하였다. 그때에 하나님은 아주 분명하게 이렇게 말씀하셨다.
> "네가 그들을 사랑한다고 말하라. 그리고 사회에서 아주 버림받은 저들을 진심으로 사랑하라."
> 그 후 저들이 바로 현대의 문둥병자라는 사실을 깨달았다. 예수 그리스도는 문둥병자들을 어떻게 대하셨는가? 그분은 용기 있게 그리고 연민의 마음으로 그들에게 다가가 그들을 받아들이셨다.[5]

하나님은 지니 던의 마음을 변화시켜 주셨다. 그녀는 믿음의 사람이었을 뿐만 아니라 그녀의 신앙에는 연민의 마음으로 가득 차 있었다. 결국 그녀는 자신뿐만 아니라 자신의 교회가 그리스도의 연민

---

5 필자의 개인 예화집에서 발췌하다.

의 정신과 생명의 복음을 가지고 죽어가는 수백 명의 젊은이들에게 다가 갈수 있도록 만들었다.

2) 당신 마음에 바이러스 검사를 실행하라

지니가 해야만 했던 첫 번째 일들 중에 하나가 자신의 마음을 깨끗하게 하는 것이었다. 자기 자신을 내려놓기 전까지 그녀는 그리스도의 연민의 마음을 가질 수 없었다.

당신은 컴퓨터에 문제가 없는지 종종 별 생각 없이 바이러스 검사를 실행할 것이다.

당신의 컴퓨터가 감염되어 모든 자료가 훼손되거나 없어져버린 경험을 겪어본 적이 있는가?

그렇다면 정기적인 바이러스 검사가 얼마나 중요한지를 잘 알 것이다. 같은 방식으로 당신 마음에 대한 '신앙 바이러스 검사'를 실행할 필요가 있다.

검사 결과가 어떻게 나타날 것인가?

당신의 삶은 욕심으로부터 자유로운가?

다른 사람들을 위해 기독교적 사랑을 실천하고 있는가?[6]

예수 그리스도의 사랑과 연민을 뚜렷한 실천 방식으로 보여주어야 한다. 그리하면 은혜의 복음을 사람들에게 손쉽게 전할 수 있다.

---

6 이 사역에 대한 실제적이고 좋은 사례를 위해서 다음의 저서를 참조하라. Timothy J. Keller and Presbyterian Chruch in America, *Resources for Deacons: Love Expressed Through Mercy Ministries* (Lawrenceville, GA: Christian Education and Publications of the Presbyterian Church in America, 1985).

복음이란 구별 가능해야 한다. 당신이 베푸는 자애 사역을 통해서 말이다. 그때 사람들은 복음을 거부감 없이 기꺼이 받아들일 것이다.

세상 사람들이 당신의 행위를 주목하고 있고 당신의 목소리를 듣고 있다는 점을 항상 기억하라.

과연 그들은 무엇을 보며 무엇을 듣고자 할 것인가?

교회를 위한 성경적 비전은 우리가 볼 수 있는 것뿐만 아니라 저들도 볼 수 있는 것이어야 한다. 우리의 교회가 하나님의 백성 즉 **세상 사람들도 알고 있는** 그러한 사람들이 모여 있는 곳이 되어야 한다.

3. 묵상을 위한 질문

1) 자애 사역의 기회를 잘 활용하라.
하나님은 당신과 당신 교회가 어떠한 자애 사역을 하기 원하시는가?
당신 주변에 있는 절대 빈곤지역은 어디인가?
그 지역에 관심을 가지고 있다는 점을 교회 회중에게 어떻게 보여줄 수 있겠는가?

2) 당신 회중 가운데 어떤 부류의 사람들이 연민과 구제에 필요한 은사를 잘 갖추었다고 생각하는가?
당신은 저들을 어떻게 물심양면으로 지원하고 있는가?

3) 좋은 상담을 구하라. 혹 구제 사역에 관한 참신하고 발전된 아이디어를 가지고 있다면 믿음의 형제자매들에게 필요한 자원과 실천방안을 위해 기도해달라고 요청하라.
  실행을 위해 필요한 실제적인 첫 번째 단계는 무엇일까?

4) 당신이 살고 있는 지역의 사람들이 당신 교회를 주목하고 있다는 것을 느끼고 있는가?
  어떤 유형의 교회 얼굴을 저들에게 보여주고 있는가?
  교회 얼굴을 달리 바꿔야할 필요성은 없는가?

5) 당신의 마음가짐을 점검해보라.
  다른 사람들에게 보여주어야 하는 연민의 마음을 방해하는 그 어떠한 것이 당신 안에 있는가?

15장

기도 사역에 올인하라
(우리의 전부가 되어야 하는 기도)

(대하 4:8-37)

> 사탄은 가장 연약해 보이는 성도가 무릎 꿇는 모습을 지켜볼 때 가장 두려워 떱니다.
>
> —윌리엄 카우퍼(William Cowper)[1]

미래에 대한 당신의 비전이 수넴(Shunem)이라 불리는 아주 먼 곳 그것도 기원전 800년경의 성경 이야기 속에 있다는 사실에 짐짓 놀랄 것이다. 본장의 성경 본문은 절대 위기 속에 있었던 한 여인이 어떻게 자신의 한계 상황을 극적으로 벗어나게 됐는지를 보여주고 있다. 이 이야기를 통해 우리는 기도만이 어떠한 환경 가운데에서도 우리가 할 수 있는 최선이며 전부라는 사실을 이해해야 한다. 뿐만 아니라 종종 간과하거나 오해할 수 있겠으나, 기도 사역이 우리의

---

1 Mark Water, *The New Encyclopedia of Christian Quotations* (Grand Rapids: Baker Books, 2000), 783.

목회 사역에 반드시 필요한 모든 것이라는 점도 반드시 깨달아야 한다.

1. 우리는 전쟁 가운데 살아가고 있다

이 글을 쓰고 있는 시간에도 지구상 어디에서 전쟁이 벌어지고 있을 것이다. 반드시 아프가니스탄과 리비아에서 발생한 내전이라든지 과격한 지하드 이슬람주의자에 맞서는 비정규 전쟁 등만을 뜻하는 것은 아니다.

국회와 보수적 단체 그리고 시청과 기업체 등이 한때 죄악시 했던 이슈들에 관해 논쟁하느라 마치 전쟁하듯이 혈전을 벌이고 있다. 여론조사에 따르면, 불과 20년 전에 이미 타결된 도덕적 이슈들조차 다시 쟁론화되면서 국민의 의견이 양극단으로 치닫고 있다고 한다. 사람은 바라보는 방향에 따라 같은 방향의 시각을 갖기 마련이다. 즉 어느 민족에 속해 있느냐에 따라서 또는 어느 윤리적 기준을 선호하느냐에 따라서 논쟁과 투쟁과 전쟁은 끊임없이 벌어지고 있다.

오늘날의 교회 형편도 별반 차이가 없다. 다양한 교파들 간의 이해와 견해 차이로 현대교회는 논쟁과 분열의 한복판을 걸어가고 있다. 더욱이 불길에 휩싸인 로마시를 바라보며 어찌할 바 몰라 우물쭈물 거리는 것과 같이 현대교회가 바로 그러한 상황에 직면해 있다. 수많은 현대 복음주의 교회들 간에 벌이는 열띤 신학적 목회적 논쟁조차 과연 그것이 합당한 것인지 참으로 의구심마저 든다.

사도 바울이 에베소서를 통해 우리가 싸워야 할 대적을 무엇이라고 했는가?

육체와 피의 전쟁이 아니라 세상의 영적 권세들과의 전쟁이라는 점을 기억해야 한다.[2] 존 파이퍼 목사는 "삶이 곧 전쟁이라는 점을 알 때 비로소 무엇을 위해 기도해야 할지를 깨달을 수 있다"고 했다.[3] 나는 이 말에 전적으로 동의한다.

파이퍼의 말을 제대로 파악하지 못한 채, 교회의 비전과 미래를 논한다면 그것은 매우 어리석은 행위이다. 교회의 비전은 복음전파 사역을 위해 성도들을 잘 준비시켜주어야 하는 것이다. 나아가 복음을 재생산하는 목적으로 저들을 그리스도의 강인한 제자로 성장시켜주어야 하는 것이다. 이러한 교회 비전은 결코 진공 상태 가운데 실현될 수 없다. 다시 말하면 기도 없이 성경적 비전이 세워질 수 없을 뿐만 아니라 성취할 수도 없다.

당신을 현재의 교회로 인도한 것은 기도 때문이다. 오늘날 당신의 교회가 하나님의 은혜의 도구로 사용되는 것 또한 기도 때문에 가능한 일이다. 교회의 비전은 너무나 신성한 것이다. 따라서 한 개인이나 단체가 쉽게 벗어 던질 수 있는 사안이 아니다. 신성한 결과는 거룩한 수단을 요구한다. 우리가 그 일을 위해 앞으로 나갈 수 있도록 하나님께서 제공한 방법이 바로 기도이다. 하나님은 우리와 세

---

[2] "끝으로 너희가 주 안에서와 그 힘의 능력으로 강건하여지고 마귀의 간계를 능히 대적하기 위하여 하나님의 전신갑주를 입으라. 우리의 싸움은 혈과 육을 상대하는 것이 아니요 통치자들과 권세들과 이 어둠의 세상 주관자들과 하늘에 있는 악의 영들을 상대함이라"(엡 6:10-12).

[3] John Piper, *Let the Nations Be Glad!: The Supremacy of God in Missions*, 2nd ed. (Grand Rapids: Baker Academic, 2003), 69.

상을 향한 자신의 신성한 뜻을 완성하기 위하여 기도라는 도구를 통해 강력히 일하신다.

이제 수넴 여인과 엘리사 선지자 그리고 병든 어린아이의 이야기 속으로 들어가 보자. 열왕기하 4:8-37에 나오는 이 놀라운 이야기는 전적으로 기도에 관한 것만은 아니다. 하지만 최악의 상황을 극복하는 데 있어서 기도 사역이 얼마나 중요한지를 너무나 잘 보여주고 있다. 성경 본문은 기도에 관한 여섯 가지 중요 가르침을 우리에게 가르쳐 주고 있다.

1) 기도 사역에 관한 가르침

(1) 기도는 중보자와 중재자가 우리에게 필요함을 가르쳐준다 (왕하 4:8-10)

수넴 여인의 삶에 하나님이 필요한 시기가 다가오고 있었다. 자식의 생명을 살리려는 그녀의 간절함에 주님의 초자연적인 방문이 절대 필요하였다. 그러나 초자연적 기적 즉 강수같이 차고 넘치는 그녀의 믿음은 아주 작은 믿음으로부터 시작되었다. 그녀는 하나님의 사람 엘리사를 믿었고, 남편에게 그를 위해 작은 방을 준비하자고 말했다. 그들은 그렇게 하였고 엘리사는 그곳에 머물렀다. 그녀는 중재자를 원했다. 자신을 위한 중보자를 말이다. 그녀는 엘리사를 그 역할의 적임자로 의심 없이 받아들였다.

우리에게도 하나님의 도움이 절대 필요한 시기가 있으리라는 것을 어느 누구도 부정하지 않는다. 우리의 삶 속에 발생하는 어려움은 예고 없이 언제든지 찾아올 수 있기 때문이다. 지혜와 능력 등 우리의 모든 것으로 해결할 수 없는 상황에 언제든지 직면할 수 있기 마련이다.

"어떠한 위기의 순간에 봉착할지라도 나에게는 모든 문제를 해결할 수 있는 자신과 능력이 있다"고 큰소리치는 사람이 있다면, 나는 그에게 이렇게 물어보고 싶다.

"그렇다면 당신의 영혼의 문제는 어떤가요?"

"이 세상과 작별을 고하고 영원한 세계로 들어갈 때 과연 당신의 영혼은 안전할 것인가요?"

수넴 여인은 엘리사를 하나님의 사람으로 영접하였다. 엘리사가 그녀 자신과 하나님과의 관계 고리를 반드시 형성해 줄 것으로 믿었다. 사실 엘리사는 주 예수 그리스도의 모형이다. 하나님의 사람이며 하나님으로부터 온 사람으로서 하나님이자 사람이다.

즉 바울이 언급한 것처럼 "사람이신 예수 그리스도"(딤후 2:5)의 모형적인 인물이 바로 엘리사이다. 이 여인은 자신의 집에 하나님의 사람이 필요하다는 것을 알았다. 이것은 그녀에게 행운을 가져다주는 토끼 발과 같은 것이 아니었다. 그는 자신의 집에 하나님이 거하시기를 간절히 원하였다. 하나님과 인간 사이의 유일한 중보자는 사람이신 예수 그리스도이시다. 다음과 같은 하나님의 말씀을 유념하라.

> 누가 정죄하리요 죽으실 뿐 아니라 다시 살아나신 이는 그리스도 예수시니 그는 하나님 우편에 계신 자요 우리를 위하여 간구하시는 자시니라(롬 8:34).

그러므로 자기를 힘입어 하나님께 나아가는 자들을 온전히 구원하실 수 있으니 이는 그가 항상 살아 계셔서 그들을 위하여 간구하심이라(히 7:25).

당신에게 필요한 모든 것은 당신의 삶속에 예수 그리스도를 초청함으로써 시작된다. 만약 당신이 이러한 것을 깨닫지 못한다면 그리고 당신의 삶속에 그리스도를 영접하지 않는다면, 도리어 이 성경 본문은 당신에게 크나큰 아픔이 될지도 모른다.

이것이 첫 번째 교훈이다. 즉 하나님과 당신 사이에 중보자가 필요하다는 가르침을 인식해야 한다. 그분은 전능자의 보좌 앞에서 당신을 위하여 중보하여 주실 것이다.

(2) 기도란 은혜 베풀기 원하시는 구원자께 드리는 것이다 (왕하 4:11-17)

수넴 여인은 하나님의 사람이 자기 집에 기거할 수 있기를 원하였다. 그래서 남편과 함께 엘리사를 위하여 방을 준비하였다. 하나님의 사람은 그러한 저들에게 복 베풀어 주기를 원하였다. 그는 저들의 간절한 필요 즉 아기를 원하는 저들의 소원에 가까이 다가갔다. 그리고 기적적인 섭리를 통해 저들의 소원을 들어주었다.

바로 이런 것이 우리에게 자신의 은혜의 선물 즉 우리 삶에 기름 부어 주시기를 원하시는 주님의 모습이다. 그분의 비전은 상처받은 사람들이 그분의 은혜를 받아 맘껏 누리기를 원하는 것이다. 이와 같은 것이 바로 교회의 비전이다. 그분은 자신의 교회가 사람들을 그리스도의 제자로 삼기 위하여 강인한 제자로 함께 모여 성장하는 것을 원하신다. 하나님은 자신의 비전을 우리가 실천하기를 간절히 원하신다.

성경은 말한다.

> 죄의 삯은 사망이요 하나님의 은사는 그리스도 예수 우리 주 안에 있는 영생이니라(롬 6:23).

하나님은 생명을 주셨으며, 타락한 인간에게 은혜 언약을 주셨다. 그 언약으로 말미암아 그분은 우리의 생명을 위해 자신의 아들을 주셨고 우리의 죄를 취하였다. 그분은 타락 가운데 빠진 죄인들을 구하기 위하여 성령을 보내셨다. 성령은 죄인들의 영혼을 고치시고, 저들에게 아들과 딸이라는 이름을 주시는 성자 하나님께 인도하여 주신다.

병든 영혼으로 신음하는 당신에게 필요한 것이 무엇인가?

상한 자의 심령에게 값없이 주시는 하나님의 구원의 선물을 받아야 한다. 구원자를 정확히 알고 있다면, 그로부터 멀리 떨어져 있을 사람은 아무도 없을 것이다. 하나님은 자신의 자녀들에게 즐거이 은혜의 선물을 베풀어 주신다. 기도는 그러한 하나님께 당신이 나아가는 축복의 통로이다.

(3) 기도는 불가능한 상황에 봉착할 때 비로소 간절하게 부여잡게 되는 것이다(왕하 4:18-22)

일사병에 걸린 어린 아들을 위해 할 수 있는 모든 처방은 다했다. 절망에 빠진 아버지는 지혜로운 어머니의 보살핌을 받도록 아이를 어머니에게 보냈다. 어머니는 아이를 곁에 놓고서 자신이 할 수 있는 모든 최선을 다 해보았다. 그럼에도 불구하고 그 아이는 결국 죽고 말았다. 하지만 인간적으로 말하면 그 불가능한 시점에서 그녀는 포기하지 않고 다음 단계를 밟았다. 죽은 아이를 엘리사의 방에 뉘여 놓았다. 그리고 그녀는 하나님의 사람 엘리사를 찾아 나섰다.

이 성경 본문에는 부활에 관한 가르침이 풍부하다. 이 본문은 하나님께서 자신의 아들 성자가 다시 살아날 것을 예언한 것이며, 믿는 모든 자들의 몸도 그와 더불어 다시 살아날 것을 예언한 것이다. 뿐만 아니라 불가능한 상황에 직면했을 때 오직 기적적인 수단만이 상황 극복을 가능케 한다는 사실을 가르쳐주고 있다.

마틴 루터는 교회에서 차지하는 기도의 위치에 대해서 이렇게 말했다.

> 기도는 교회를 위한 강력한 방벽이며 요새이다. 기도는 경건한 그리스도인의 무기로서 누구나 알 수 있거나 발견할 수 있는 것이 아니라 오직 은혜와 기도의 영을 가진 사람에게만 가능한 일이다.[4]

사람들이 말하기를 종교개혁은 성도의 무릎으로 이루어졌다고 한다. 앞을 향한 전진은 항상 기도 가운데 이루어지는 법이다. 하나님은 부흥을 주기도 하시고 가져가기도 하시기에 현 시대에 주 예수

---

4 Martin Luther, *Selections from the Table Talk of Martin Luther*, trans. Henry Bell (repr., Kessinger Publishing, 2004), 69.

그리스도의 교회를 위한 비전의 부담감은 기도로부터 시작되어야 한다. 기도를 통하여 하나님께 나아가지 않고는 이 시대에 희망이 없다는 단호함이 있어야 한다. 사회와 세상이 점점 더 타락해 가고 있다는 표적은 헤아릴 수 없을 만큼 많다. 불신앙적 현상이 도처에서 발견되고 있다. 성경 진리에 대한 무관심이 교회 안에 확산되고 있다. 성경에서 지적하는 죄에 대해서 관용적인 태도 예를 들어, 동성연애와 낙태와 주일성수 무시 그리고 전능하신 하나님과 주 예수 그리스도의 이름에 대한 모독 등을 보이는 경향이 점점 더 늘어나고 있다.

이 모든 것이 심판을 향한 표적이 아니고 무엇이란 말인가?

사회와 나라 그리고 사람이 죽어가고 있다. 하나님의 은혜와 간섭하심이 없다면 이 세상은 머지않아 심판을 받게 될 것이다. 지금은 작은 비전을 구하거나 거기에 매달리는 여유 있는 시기가 아니다. 위급한 시기이다. 따라서 거대한 비전 즉 제3차 영적 대각성운동이 이 땅에 임하도록 힘써 간구하는 큰 비전을 품어야 한다.

수넴 여인이 자신의 문제를 해결해 주실 분은 오직 하나님 한 분뿐이라는 점을 아주 분명하게 깨닫고 있었다. 따라서 그녀는 중재자를 찾아 나섰던 것이다. 이 여인의 비전은 기적에 대한 것이었다. 그녀의 간절한 소원은 죽음으로부터 아이를 되살려 내는 것이었다.

당신의 비전은 단지 교회의 성장과 멋진 프로그램을 위한 것이 되어서는 안 된다. 당신의 비전은 하나님을 위한 것이 되어야 한다. 교회를 통해 이 세계 위에 부으시는 성령의 능력을 보여주어야 한다. 사망과 지옥과 파멸의 권세로부터 우리에게 구원을 베푸시는 하나님을 위한 그리고 하나님의 거룩한 비전이 되어야 한다.

하나님의 말씀이 당신의 비전을 올바르게 세울 수 있도록 해야 한다. 하나님의 말씀이 고난과 역경을 극복하는 힘의 원천이라는 사실을 깨달아야 한다. 위로부터 부어주시는 하나님의 초자연적 능력을 사모하라. 우리에게 그분의 능력이 필요하다.

(4) 기도는 자원하여 행하시는 주님에게로 우리를 인도하는 통로이다(왕하 4:27)

산에 이르러 하나님의 사람에게 나아가서 그 발을 안은지라 게하시가 가까이 와서 그를 물리치고자 하매 하나님의 사람이 이르되 가만 두라 그의 영혼이 괴로워하지마는 여호와께서 내게 숨기시고 이르지 아니하셨도다 하니라(왕하 4:27).

게하시는 여인의 행동을 물리치려고 하였다. 하지만 아들의 생명이 하나님의 사람 엘리사에게 달려있다는 사실을 알고서는 그녀를 더 이상 막을 수 없었다. 수넴 여인은 혈루증으로 12년간 고통당했던 여인과도 같았다. 이 여인은 예수님의 겉옷에 손만 대어도 고침받을 수 있다는 생각에 예수님을 찾아 왔다. 그러한 그녀의 행동과 열망을 군중도 제자들도 제지할 수 없었다.

열두 해 동안이나 혈루증으로 앓는 여자가 예수의 뒤로 와서 그 겉옷 가를 만지니 이는 제 마음에 그 겉옷만 만져도 구원을 받겠다 함이라 예수께서 돌이켜 그를 보시며 이르시되 딸아 안심하라 네 믿음이 너를 구원하였다 하시니 여자가 그

즉시 구원을 받으니라(마 9:20-22).

게하시는 개인적인 바램 또는 욕심을 위해 찾아오는 사람들을 제지하는 것이 곧 하나님의 사람을 위한 것으로 생각하였다. 이는 마치 예수님의 제자들의 태도와 같았다. 제자들은 여인들과 아이들을 멀리 떨어져 있게 하는 것이 주님을 위한 것으로 생각하였다. 그러나 하나님은 간구하는 기도 소리에 기쁨으로 기꺼이 응답하시는 분이셨다. 엘리사는 게하시에게 그 여인을 "가만 두라"고 명하였다. 하나님은 이 순간에도 도움을 간구하는 당신의 기도에 관심을 기울이고 계신다.

당신의 영적 부담감과 비전 그리고 치유와 구원과 지혜 등을 위하여 하나님께 기도로 나아가라. 하나님은 반드시 기도에 응답하여 주실 것이다. 그리고 응답을 통하여 자신의 영광을 당신에게 즐거이 보여 주실 것이다.

"기도란 하나님으로부터 비자발적인 동의를 얻어내는 것이 아니다. 오히려 그분의 최고의 자발적 성품을 부여잡는 것이다"라고 말한다. 따라서 우리는 하나님께 나아가 "당신이 오셔서 우리를 찾아주지 않으시면, 우리에겐 희망이 없습니다"라고 울부짖어야 한다. 자신의 아들을 기꺼이 내어주신 하나님은 기도에 응답하시고 자신의 백성에게 복 주기를 즐거워하시는 분이시다. 당신의 기도는 바로 그러한 하나님께 드리는 것이다. 따라서 기도 가운데 매일 매일 장래에 대한 확신과 기대감으로 차있어야 한다.

전능하신 하나님께 당신이 사랑하는 사람의 구원을 위하여 확신을 가지고 부르짖어야 한다.

> 하나님의 약속은 얼마든지 그리스도 안에서 예가 되니 그런즉 그로 말미암아 우리가 아멘 하여 하나님께 영광을 돌리게 되느니라(고후 1:20).

하나님의 말씀과 약속을 통하여 당신은 최고의 것을 희망할 수 있고, 최고의 것을 바랄 수 있고, 그리고 최고의 것을 기대할 수 있다.

(5) 기도는 종교적 의식이 아니라 기름부음 받은 자들에 임하는 하나님의 능력이다(왕하 4:31-35)

다음과 같은 말씀을 통하여 우리는 기도 사역에 관한 다섯 번째 교훈을 찾을 수 있다.

① 아이를 죽음으로부터 일으키려는 게하시의 수고는 헛된 것이었다(왕하 4:31).
② 오직 엘리사만이 그와 같이 죽음을 거부하는 사역을 위해 기름부음 받았다(왕하 4:34-35).

게하시에게는 능력이 없었다. 하나님으로부터 임하는 기름 부으심이 그에게 없었기 때문이다. 열왕기하 5:20-27에 기술된 게하시의 면모는 오직 개인적 이익만을 추구하는 자에 불과하였다. 냉정하게 비판적으로 말한다면, 그는 하나님의 뜻보다 자신의 탐욕적 목적을 위해 일하는 삯군이었다고 평할 수 있다.

게하시가 떠나자마자, 그 여인은 하나님의 사람을 붙잡고 "내가 당신을 떠나지 아니하리이다"고 간청하였다. 그녀는 하나님과 하나님의 약속을 부여잡고 있었다. 반면 게하시에게는 그런 면이 없었다. 인위적인 종교 의식만이 그에게 있었을 뿐이었다. 하지만 그녀는 자신의 아들을 고칠 수 있는 유일한 길이 바로 선지자 엘리사에게 있다는 것을 알고 있었다.

단순한 종교적 의식은 초자연적 도움을 필요로 할 때 능력을 보여주지 못한다. 영혼 구원과 인간 회복을 원하시는 하나님의 비전은 오직 한 가지 통로만으로 성취된다. 당신의 간절한 소망도 오직 한 가지 통로만으로 성취된다. 그 유일한 통로는 하나님이시다. 자신의 성자 예수 그리스도를 죽음에서 살아나게 하셨다. 예수 그리스도는 하나님의 대적자들을 도리어 하나님의 아들과 딸로 변화시켜주셨고 깨어진 꿈을 치유하여 주셨으며 죽음 가운데 생명을 가져다 주셨다.

시편 46편의 저자는 성령의 감동 속에 그러한 사실을 깨닫고 다음과 같이 고백하였다.

> 하나님은 우리의 피난처시요 힘이시니 환난 중에 만날 큰 도움이시라 그러므로 땅이 변하든지 산이 흔들려 바다 가운데에 빠지든지 바닷물이 솟아나고 뛰놀든지 그것이 넘침으로 산이 흔들릴지라도 우리는 두려워하지 아니하리로다(셀라) (시 46:1-3).

우리 교인들은 목회자인 나보다 곤경에 처해 있는 교인들의 가정들을 너무나 잘 알고 있다. 목사인 내게 들려오는 가슴 아프고 슬픈 이야기는 해마다 줄어들기보다 오히려 밀물처럼 늘어만 가고 있다. 이혼이라는 무질서 그리고 희망과 꿈조차 앗아가 버리는 거친 바다와 높은 산을 날마다 목격하고 있다. 이 시대의 음악은 점점 더 요란하고 더 자극적인 가사와 템포로 변해가고 있다. 이 모든 세대가 지옥으로 휩쓸려 들어가는 어느 장면의 배경음악이 아닐까할 정도로 염려스럽다.

이러한 때에 시편기자가 고백한 '우리의 피난처'와 '우리의 힘'이 바로 하나님이라는 사실을 직시해야 한다. 아기 예수를 죽이고자 사탄이 헤롯왕을 미친 듯이 이용할 때조차 지옥 같은 폭풍 속을 뚫고 성육신하신 분이 하나님이시다. 거룩한 자로 불리는 성자 하나님은 로마제국의 십자가 위에서 모든 슬픔과 고통을 온몸으로 친히 겪으셨다. 자신의 영혼을 무참하게 짓밟고 파괴하는 증오라는 큰 산을 직면하셨다. 죄 없으신 하나님께서 자발적으로 죄인의 되셔서 죄 값을 치루셨기에 지금 우리가 하나님의 거룩한 사람으로 설 수 있게 된 것이다.

하나님께서 친히 폭풍우 가운데 계셨듯이 지금도 당신을 위해 여전히 그 가운데 서 계신다. 거친 바다와 높은 산과 같은 당신의 문제들을 자신에게 가지고 나오라고 부르고 계신다. 당신의 장래 문제든지 자녀의 문제든지 모든 문제들을 가지고 나오라고 하나님은 당신을 부르신다. 죽어가고 있는 당신의 꿈을 내려놓으라. 게하시와 같은 해결 방안은 이제 잊어버리라. 피난처가 되시고 능력의 근원이 되시는 하나님께서 당신을 찾고 계신다. 그분의 부르심을 받아 들여야 한다.

(6) 기도는 기도하는 사람을 변화시킨다(왕하 4:36-37)

성경 본문의 이야기는 어린아이가 고침 받는 것으로 마쳐진다. 그 아이가 기적적으로 다시 살아난 것이다. 이 모든 것은 예수 그리스도의 부활의 능력을 가리키는 것이다. 그러나 그 아이의 어머니 또한 변화되었다. 그녀 자신의 애통한 마음이 사라졌으며, 하나님의 능력을 이전보다 더 깊이 깨달았다. 죽음에서 살아난 이 아이 역시 주님을 섬기는 삶으로 변화되었을 것이 틀림없다.

기도에 응답하시는 하나님은 만물을 변화시키시며 사람과 심지어 모든 세대를 변화시키시는 분이다. 시편 46:8을 통해 시편기자는 "와서 여호와의 행적을 볼지어다"라고 하였다. 하나님의 사람들의 간증은 부흥을 위한 강력한 힘이다. 당신의 교회가 오늘이나 내일이나 언제든지 항상 기도하는 교회가 되기를 힘쓰라. 하나님은 기도에 분명히 응답하시며 죽어가는 꿈을 다시 살리시며 그리고 희망 잃은 가정과 개인들을 다시 회복시켜 주신다. 때문에 받은 은혜에 대한 간증을 널리 전파할 수 있도록 기도해야 한다. "와서 여호와의 행적을 볼지어다"라고 기쁨으로 전해야 할 것이다.

2. 나오는 말: 계산기로 당신의 길을 찾으라

현 시대를 살아가고 있는 사람으로서 오늘의 현실을 외면하며 살 수 있겠는가?

배우 톰 행크스(Tom Hanks)가 열연한 우주 탐사 영화에 누구나 공감할 수밖에 없는 다음과 같은 이야기가 나온다.

지구로부터 200,000마일이나 멀리 떨어져있는 아폴로 13호가 중심을 잃고 추락하고 있을 때, 선장 러브엘(Lovell)은 긴급히 타전했다.

"휴스톤, 문제가 발생했다"

이 긴박한 소식은 당시 전 세계의 주목을 이끌었던 긴 여정의 시작이 되었다. 미우주항공국(NASA) 역사상 최악의 비극이 될 뻔했던 이 사건은 결국 도리어 NASA의 최고의 업적이 되었다. 그 당시 우주선이 지구로 귀환하는 일은 달에 착륙하는 것보다 몇 배나 더 힘든 기술적 난제가 뒤따랐기 때문이다.

문제는 산소 탱크의 파열로 발생되었으며 이로 인하여 우주선은 심각한 손상을 입었다. 저들이 살아서 돌아오게 할 수 있는 산소와 동력과 전기 그리고 열이 충분하지 않았다. 희망이라곤 전혀 보이지 않았다. 사태를 수습하려는 지상통제본부의 노력은 상황을 더욱 악화시켰다. 한 가지 문제를 해결하고 나면 또 다른 문제가 우주선에 발생하였다. 생명을 위협하는 문제는 분초를 다투는 아주 긴박한 사안인 것이다.

수십 명의 기술전문가들이 쉴 새 없이 계산기를 두들기며 새로운 해결방안을 찾고자 노력하고 있을 때 나는 아주 놀라운 사실을 발견하였다. 오늘날 우리가 당연하게 사용하고 있는 첨단의 컴퓨터와 계산기가 그때에는 없었다는 것이다. 오늘날 수초 안에 해결될 수 있는 계산이 그 때에는 몇 시간 심지

어 며칠이 걸렸던 것이다.[5]

아폴로 13호와 수넴 여인처럼, 우리도 또한 매우 심각한 문제를 가지고 있다. 영적 각성과 부흥만이 문제 해결의 열쇠이다. 현대 그리스도인들에게 있어서 지금은 옛 기본으로 돌아가야 할 시기이다. 불가능한 상황을 직면하게 될 때 우리는 기본 원칙으로 돌아가야 한다. 이를 위해서 우리는 기초훈련을 잘 받아야 한다. 우리를 집으로 안전하게 인도할 수 있는 방안이 무엇인지를 깨달아야 한다. 우리의 재능을 통해서가 아니라 기도를 통해서 가능한 일이다.

불가능해 보이는 교회의 꿈 그리고 변혁적 은총과 구원의 비전을 어떻게 정착시킬 수 있겠는가?

그러한 비전을 장차 어떻게 지속적으로 세워나갈 것인가?

마케팅 플랜 같은 멋진 프로그램이나 기발한 아이디어에 달려 있는가?

아니다. 이 모든 일은 오직 기도에 달려 있다.

기도는 가능성의 통로이다. 기도에 관하여 다음의 두 가지 사안을 반드시 유념해야 한다.

첫째, 기도 사역에 전념해야 한다. 만약 기도하지 않는다면 결국 당신은 침몰하게 될 것이다. 기도를 당신의 생활 속에 최우선 순위로 삼으라. 교회 사역에 있어서도 동일하게 반드시 적용해야 한다.

둘째, 성경 말씀에 따라 기도하라. 말씀을 가지고 하나님께 나아가 이 세대와 나라와 인류를 위하여 간구하라. 기도 가운데 십자가

---

5 Michael Bronson, *The Incredible Power of Prayer* (BibleHelp.org, 2003), 24.

를 의지하라. 우리의 희망은 오직 거기에 달려 있다. 하나님의 아들 예수 그리스도는 자신이 지으신 사람들에 의해서 십자가 죽임을 당하셨다. 그 마지막 순간에 측량할 수 없는 깊은 사랑으로 그분은 이렇게 말씀하셨다.

> 아버지 저들을 사하여 주옵소서 자기들이 하는 것을 알지 못함이니이다(눅 23:34).

3. 중단 없는 비전을 위해

우리는 십자가를 통해 순전한 사랑(반사적인 사랑이 아닌 창조적인 신적 사랑)을 본다. 그 사랑은 하나님께서 먼저 시작하신 사랑이며, 인간의 상상을 뛰어 넘는 사랑이다. 상상할 수 있는 그 어떤 사랑보다 더 깊고 높고 광대한 사랑이다. 이것이 우리의 희망이다. 기도로서 하나님께 나간다는 것은 인간이 경험할 수 있는 그 어떤 정상에 도달한다는 것을 의미한다. 은혜의 보좌를 만진다는 것을 의미한다. 또한 세상의 전쟁 한가운데 지금 예수 그리스도의 나라가 임하였으며, 그의 나라가 점점 더 다가오고 있음을 확신 있게 선포한다는 것을 의미한다.

이 세상 나라는 하나님과 예수 그리스도의 나라가 이미 되어가고 있다. 물이 바다를 온통 덮음 같이 하나님의 지식이 온 세상에 가득 차 있다. 셀 수 없는 수많은 사람들이 날마다 어둠의 권세에서 벗어나 하나님 나라에 들어가고 있다. 하나님 나라에 있는 수많은 영혼들은 성부께서 "때가 왔노라"고 선포하실 때, 왕이신 예수 그리스도와 함께 진격할 준비가 이미 다 되어있다. 하늘은 둘로 갈라질 것이며 하나님의 나팔소리가 전 우주에 울려 퍼질 것이다. 그리스도 안에서 죽었던 자들이 살아날 것이며 남아 있는 우리들도 새 하늘과 새 땅으로(새 몸과 영광스런 영으로) 들려 올라가 그곳에서 예수님과 더불어 영원토록 거하게 될 것이다.

장차 에덴동산은 회복될 것이다. 어둠과 눈물과 슬픔이 없는 바로 그 곳으로 자신의 백성을 인도할 것이다. 그곳에서 우리는 무죄한 자녀의 기쁨으로 찬양할 것이며 그리스도의 구원의 영광을 회상할 것이다. 또한 우리는 그 새로운 땅에서 선함 가운데 지내며 구속의 기쁨으로 노래하며 살아갈 것이다.

아브라함과 모세, 베드로와 바울, 아타나시우스와 어거스틴, 칼빈과 웨슬리, 에즈워드와 에즈버리, 당신의 어머니와 나의 아버지가 한 목소리로 외칠 것이다.

"성회를 소집하라."

아마 천사들과 대천사들, 선지자들, 순교자들 그리고 모든 성도들도 함께 외칠 것이다. 성회 소집을 선포하는 저들의 외침은 베옷을 입고 재를 뿌리는 회개의 외침이 아니다.

그 외침은 이 땅의 모든 민족과 세대들이 양과 사자들과 더불어 주 예수 그리스도께 경배와 찬양을 드리자는 외침이다. 그때에 우리는 지금 부분적으로 꿈꾸던 모든 것을 깨닫게 될 것이다. 교회는 주님께서 속전으로 지불하여 얻은 기쁨의 열매이다. 따라서 신조를 통해 '영원한 세상'을 고백한 것처럼 교회는 영구할 것이며 교회 모임 또한 영속할 것이다. 장차 미래의 영원한 그 날에 오늘날 우리가 희망친 마음으로 불렀던 노래를 승리에 찬 목소리로 부를 것이다.

"영광스런 비전을 갈망하는 심령은 복될 것이며, 승리에 찬 위대한 교회는 영원할 것이다."[6]

결국 현대교회의 어떠한 비전도 영광의 주시며 구원자시며 하나님이신 예수 그리스도와 그분의 교회보다 더 중대하지 못할 것이다.

4. 묵상을 위한 질문

1) 하나님은 구하는 이들에게 선한 은총을 베풀어 주신다는 사실을 믿지 못하게 하는 방해물이 있다면 그것이 무엇인지 생각해보라.

   하나님은 자신의 모든 자녀들에게 선한 은총을 베풀어 주시기를 원한다는 당신의 믿음을 다른 사람들에게 어떻게 보여줄 수 있겠는가?

2) 당신 교회의 기도 생활을 점검해보라.
   교인들이 기도에 적극적으로 동참하고 있는가?
   그들은 기도 시간을 중요하게 여기고 있는가?
   그들의 기도 내용은 무엇인가?
   기도 응답을 참으로 기뻐하는가?
   기도의 능력에 관한 설교를 자주 하는가?

---

6 Thomas Benson Pollock, "The Church's One Foundation" (1871).

3) 예수님의 중보 사역에 관하여 얼마나 자주 생각하는가?
그분의 중보 사역에 관하여 성도들에게 감명 깊게 가르치고 있는가?
예수님의 중보 사역은 당신이 희망 가운데 살아가야 하는 많은 동기들을 제공해 준다. 그것들을 한번 적어보라.

4) 당신은 어떠한 시기에 기도의 필요성을 깊이 깨닫고 기도 생활에 힘쓴 적이 있는가?
기도의 필요성과 긴박성에 대하여 보다 더 잘 강조할 수 있는 방안은 무엇이겠는가?

5) 당신 자신을 돌아보라.
하나님께서 당신에게 능력을 부어주신다는 점을 당신이 잘 믿지 못하는 이유가 무엇 때문인가?
복음을 통해 당신은 어떻게 변화되어 가고 있는가?

부록 1

교회의 비전과 사역의 실행

　설교가 필수불가결하고 가장 중대한 사역이지만, 그보다 더 중요한 것은 교회의 비전과 사역을 실행하는 것이다. 성경 말씀을 통해 하나님에 대한 부담감을 찾는 일과 성경의 핵심적 가치를 이끌어 내는 일 그리고 지역 교회의 정황 속에서 비전과 사명과 목회철학을 정착시키는 일 등은 교회 지도자들과 복음 전도자에게 매우 중요한 목회적 사명이다. 이제 비전과 그 비전 계획을 실행하는 데 있어서 중요하게 작용하는 세 가지 측면을 함께 나누고자 한다. 사실 비전과 계획이 글로 그쳐서는 안 된다. 목회상에 실제적으로 적용되고 성취되어야 한다.

1. 열정의 사람

　벤자민 프랭클린(Benjamin Franklin)은 위대한 복음 전도자 조지 휫필드(George Whitefield)가 지척에서 집회를 인도할 때마다 그의 설교를 듣고자 찾아가곤 하였다. 휫필드의 설교를 왜 놓치지 않고 듣느냐는 주변사람의 질문에 프랭클린은 "그처럼 열정이 살아있는 사람을 결코 본적이 없기 때문이다"라고 답했다고 한다.

비전은 한 사람의 마음에서 틀림없이 시작된다. 교회를 위한 비전과 사역계획을 개발하고 실행하는 일은 종종 목사의 몫으로 간주된다. 실제로 그렇다. 본서나 기타 서적들을 탐독하여 이론적으로 세워진 계획은 부자연스러울 수밖에 없을 것이다. 또한 당신이 원하는 영속적인 결과를 창출할 수도 없을 것이다.

다른 표현으로 말한다면, 비전은 목사의 삶 가운데 성령의 인도하심으로 말미암아 세워져야 한다. 장로나 집사 같은 평신도들은 배제되어야 한다는 의미가 결코 아니다. 그리스도 주께서 저들의 신앙성숙을 위하여 목사에게 사역을 일차적으로 맡기셨다는 것을 강조하는 것이다. 핵심 가치에 대한 확신, 말씀에 근거한 비전의 능력, 그리고 비전 성취에 대한 바른 방안 등을 확고하게 이해하지 못한다면, 어느 누구도 참다운 비전을 이루지 못할 것이다.

참으로 이 모든 일은 그리스도의 양무리를 목양하도록 소명 받은 사역자들이 당연하게 감당해야 할 책무이다. 은밀한 장소로 급히 나아가라! 서둘러 기도의 무릎을 꿇으라. 서둘러 말씀 앞에 나아가라. 거룩한 부담감을 느낄 때까지 그리고 온 마음으로 그리스도의 진리를 확신하고 확인할 때까지 충분하게 기도와 말씀의 시간을 가지라. 그렇게 할 때 교회의 비전과 그 비전의 계획은 분명하게 실행될 수 있을 것이다.

2. 엉겅퀴를 헤치고 나아가라

엉겅퀴 벌판을 헤쳐 지나가는 방법에 관한 옛 이야기가 있다. 한 가지 방법은 당신이 할 수 있는 만큼 아주 빠르게 달려 지나가는 것이다. 이 방법은 벌판을 보다 빠르게 가로질러 갈 수 있도록 해준다. 그러나 고통이 따른다. 벌판을 가로지른 후 한동안 옷에 묻어있는 가시를 털어 내야하며 가시에 찔린 아픔을 참아내야 한다. 하지만 매우 신속한 방법이다. 다음으로 조금 느리지만 더 나은 또 다른 방법이 있다. 엉겅퀴 들판을 가로지를 수 있는 길을 먼저 눈으로 그려 본 후, 천천히 신중하고 주의 깊게 그러나 단호하게 길을 가로질러 가는 방식이다.

기존 교회에 참여한다는 것은 마치 엉겅퀴 벌판을 가로질러 가는 것과 유사하다. 벌판을 자세히 살펴보지 않는 목사와 교회지도자, 통로를 예상하지 않고 무조건 앞으로 달려 나가는 목사와 교회지도자, 그리고 엉겅퀴 벌판을 힘들지만 보다 빨리 달려 나가는 방식을 선택하는 목사와 교회지도자 등이 있을 수 있다. 하지만 이들 모두는 곧이어 큰 고통을 호소하고 말 것이며, 벌판의 반대편에 이르렀을 때 그들의 행동은 급격히 둔해지고 말 것이다. 어쩌면 저들의 여정이 바로 그곳에서 멈출 수도 있을 것이다.

이 엉겅퀴 비유는 목회 열정을 실천에 옮기기 위해서는 반드시 신중한 계획이 수반되어야 한다는 점을 일깨워준다. 우리는 그리스도의 양무리를 돌보는 사람들이다. 저들에 대하여 상냥하고 자상하고 배려하는 마음을 먼저 가져야 한다. 뿐만 아니라 길 잃은 양처럼 살아가는 저들을 향해 지혜의 마음을 필히 품어야 한다.

3. 듣기와 배우기 그리고 사랑하기

목회자와 사역자가 유념해야 할 현명한 세 가지 단계가 있다.

1) 경청하라

목사들과 교회지도자들은 바람에 흔들리는 갈대와 같아서는 안 된다. 여론에 따라 자기 소신을 뒤엎는 정치인과 같아서도 안 된다. 청중의 질문을 경청해야 한다. 양들의 울음소리에 항상 귀 기울이는 세심한 자세를 가져야 한다. 나아가 도움을 구하는 울부짖는 소리에 관심을 기울이는 지혜로움이 있어야 한다.

2) 배우라

유서 깊은 차타누가제일장로교회의 초기 사역 기간 중에 내가 깨달은 중요한 교훈은 목사인 내가 배워야 할 점이 그 교회 안에 참으로 많이 있었다는 것이다. 목사들 특히 새로운 사역지에 부임한 목사들은 교회 안에 역사하였던 하나님의 은혜에 관한 또는 반대로 아픔과 상처에 관한 이야기를 반드시 들어야 한다. 들음에서 즉 경청 가운데 당신의 배움은 시작된다. 또한 무엇이 왜 중요한지를 틀림없이 배울 수 있다. 우리는 종종 지뢰가 어디에 묻혀 있는지 알아야 한다는 농담을 하곤 한다. 그 안에 진리가 있다. 교인들의 심장박동수를 이해하는 지혜가 필요하며, 부임 이전에 있었던 하나님의 일을 깨닫기 위해 그 교회의 과거 역사를 배워야 한다.

C. S. 루이스(Lewis)는 '시대적 오만'에 대해 언급한바 있다. 신임 목사가 오기 전에는 좋은 일들이 전혀 없었다고 말하는 그런 교회에 부임할 경우, 그 목사가 스스로 시대적 오만에 빠질 수 있다는 것이다. 신임 목사의 그러한 자세는 참으로 바른 것이 아니지만, 실제 그러한 현상이 우리 주변에서 얼마든지 일어나고 있다. 목회자는 선택받은 백성을 위해 자신의 삶을 내려놓아야 한다. 더 큰 목적을 위해 자신을 희생해야 한다.

그리고 목자장이신 예수 그리스도께서 자신에게 온전히 맡기신 양무리를 더욱 사랑해야한다. 신임 목회자는 전임 목회자들을 존중하며 하나님을 찬양해야 한다. 교회를 오래도록 섬겨왔던 교인들에게 존경의 마음을 표해야 한다. 당신은 저들에게 해주고 싶은 말이 많을 것이다. 그러나 반대로 저들도 당신에게 해주고 싶은 또는 보여 주고 싶은 것이 많이 있을 수 있다는 점을 항상 명심해야 한다.

3) 사랑하라

양무리들이 그리스도께서 자신들을 사랑하고 있다는 사실을 당신의 목회 사역을 통해 깨달을 수 있게 해야 한다. 성도들을 향해 윽박지르는 어느 예언자 혹 폭풍우 같은 기적을 만들어 낼 수 있을지 모르나 양무리를 잘 양육한다라는 평를 얻지 못할 수 있다. 단지 학문에만 몰두하는 학자는 사람들의 마음을 얻지 못할 것이다. 설사 자신의 비전을 나눈다 할지라도 사람들은 그 비전에 (설사 그 비전이 좋아 보이고 심지어 성경적이라 할지라도) 동감하지 않을 것이다. 선한 목자의 심정에서 나온 것이 아니기 때문이다. 양무리를 향한 참된 사랑이 결여된 설교자가 혹 자신의 비전을 명료하게 제시할 수는 있겠으나 양무리의 마음을 결코 사로잡지 못할 것이다.

나는 최근에 다툼과 번민 속에 살았던 야곱과 내려놓음과 신뢰 속에 살았던 룻 간의 차이점에 대해서 곰곰이 묵상해보았다. 야곱은 자신의 꿈을 성취하기 위하여 평생 싸우고 계획하고 번민하는 삶을 살았다. 매우 고단한 삶이었다. 자신과 주변 사람들에게 긴장감을 계속적으로 가져다주었다.

반면 룻은 어떠한가? 그녀는 단순한 순종의 삶을 살았다. 자기 자신을 하나님의 주권과 능력과 사랑의 손길 안에 자유로이 놓아두었다. 그녀의 신앙이 자신에게 가져다준 자유함이었다. 두 사람을 비교하면서 나의 신앙을 되돌아보았다. 야곱과 같은 뜨거운 피가 내 안에 흐르고 있음을 발견하였다. 마치 하나님을 위한 상륙지점을 내가 정해야 한다는 듯이 내 스스로 계획을 구상하고 실행하였다. 때문에 비전을 세우기 위하여 온 밤을 지새우거나 씨름하며 고민하기를 반복하였다.

결국 남는 것은 피곤과 상처뿐이었다. 주변 사람들 역시 나의 번민과 피곤을 고스란히 느낄 수밖에 없었다. 특히 나의 아내가 더욱 그러했다. 다른 방식을 택할 때까지 같은 상황이 반복되었다. 그러나 성령과 깊은 교제를 나눌 때 비로소 나는 룻의 신앙의 자유함을 경험하게 되었다. 말씀은 진실로 내게 큰 교훈을 주었다.

> 주 우리 하나님의 은총을 우리에게 내리게 하사 우리의 손이 행한 일을 우리에게 견고하게 하소서 우리의 손이 행한 일을 견고하게 하소서(시 90:17, 이 성경구절은 내가 교회 설립과 목회에

있어서 예수 그리스도께 나의 사역 목표를 온전히 맡기도록 해준 말씀이 되었다).

경청하고 배우고 사랑해야 한다. 사역의 출발이 좋아야 한다. 그리스도의 구속의 능력이 당신 편에 있음을 깨달아야 한다. 당신에게 임하신 그분의 손길을 느껴야 한다. 당신을 통해 일하시는 그분의 능력을 증거해야 한다. 그분 안에서 자유함을 누려야 한다.

교회 사역자는 반드시 목사가 되어야 한다는 것이 나의 지론이다. 사역자는 반드시 목사로 부르심을 받아야 한다. 항상 일정한 것은 아니지만 변화는 종종 사역초기에 일어난다. 그 때를 소위 허니문 시기라고 부른다. 만일 그럴 경우, 목사와 교인들 간의 허니문 시기에 필히 염두에 두어야 할 두 가지 사안이 있다. 넓은 의미에서 이 두 사안은 성령 하나님의 사역의 권한 안에 놓여 있다.

첫째, 교인들이 "우리 목사님은 우리를 향한 돌봄의 마음을 진심으로 가지고 있다"라는 말을 언제든지 할 수 있어야 한다.

그러기 위해서는 사랑의 리더쉽을 절대적으로 보여주어야 한다. 위기 가운데 있는 교인들의 가정을 심방한다거나 긴장 속에 진행되는 각종 회의나 모임에서 그러한 리더쉽을 확실하게 발휘해야 한다. 물론 목사의 사랑의 마음을 잘 느끼지 못하는 교인들도 종종 있기 마련이다. 그러나 대부분의 교인들은 자신들을 향한 목회자의 진실한 사랑을 틀림없이 느끼는 법이다.

둘째, 교인들이 "교회의 미래가 참으로 밝다"라는 느낌을 빨리 갖게 할 수 있어야 한다.

다시 말하지만 목사와 교회지도자들이 이러한 분위기를 인위적으로 조장하거나 해서도 안 된다. 이런 일이 조속히 일어날 수 있도록 오로지 기도해야 한다. 하나님의 권능의 손을 통해서 일어날 수 있도록 말이다. 어쩌면 많은 사람들로 가득 찬 성탄절 이브 예배 때라든지 선교 대회와 같은 특별한 집회 등에서 그런 일이 발생할 수도 있다. 설교 중에 또는 교회 피크닉 중에 일어날 수도 있다. 하지만 그런 일은 이전보다 얼마나 많은 헌금이 나왔느냐 또는 얼마나 많은 사람들이 참석했느냐 등과는 아무런 상관이 없다. 당신이 교인들을 사랑하고 있다는 것 그리고 당신이 저들의 미래와 함께 나아가고 있다는 것을 저들이 깨닫기 시작할 때, 아주 놀라운 현상이 반드시 일어날 것이다.

당신은 양무리 가운데 일어났던 하나님의 은혜에 관해서 들을 것이다. 또한 하나님께서 그들 가운데 지금 어떠한 일을 하고 계신지에 관해서도 들을 것이다. 반대로 저들이 사탄에게 어떻게 끌려 다녔었는지에 관해서 그리고 그리스도께서 저들을 어떻게 구원하여 주셨는지에 관해서 들을 것이다. 이 모든 사실을 들은 이후에 당신은 통렬한 기도를 하나님께 드려야 한다. 그리고 교회 리더들을 소집하여 이렇게 말해야 한다.

> 나는 우리 가운데 임하시는 하나님의 영광에 대한 부담감을 가지고 있다. 나는 여러분과 함께 이 양무리를 이끌어가기를 원한다. 이것이 우리 모두가 반드시 가야할 길이다.

부록 2

차타누가제일장로교회의 비전과 사역 선언문

1. 서문

차타누가제일장로교회(FPCC)를 위한 성경적 비전을 세우는 일은 담임목사의 긴급하고 중대한 책무였다. 때문에 담임목사로 부임한 나는 그 비전의 밑그림을 그렸다. 목회자 한 사람의 영적 부담감으로부터 시작된 비전 선언문은 마침내 모든 교인들의 영적 부담감과 비전을 희망적으로 담아내었다.

비전 선언문은 많은 시간의 기도와 식사교제 가운데 때로는 웃고 울기도 하면서 FPCC 성도들과 (관람자는 거의 없었다) 함께 작성되어졌다. 이 비전 기획단계를 '듣기와 배우기 그리고 사랑하기'라고 칭하였다. 이것은 함께 성장하기를 바라는 목사와 성도들 간에 공동의 목적과 희망을 공유한 '유기적' 경험이었다. 물론 비전 선언문이 완성되기까지 다양한 형식과 절차를 밟아 나갔다. 위원회 구성과 조직 개편을 위한 특별위원회 회의가 있었다. 장로와 집사와 여선교회(WIC) 등의 희망과 꿈을 경청하는 공청회도 있었다. 직원들과 위원회 그리고 주일학교운영자들의 모임과 기존교인들과 신규교인들과의 모임도 있었다. 그러나 결국 수많은 꿈들을 하나의 꿈으로 통합하는데 있어서 가장 중요하게 작용한 것은 주님 안에서 우리 모두가 하나라는 자의식이었다.

나의 목회신념을 너무나 잘 지지해주고 조언과 격려를 아끼지 않는 반면에 자신들 각자의 사명을 신실하게 감당해준 펫 오스틴(Pete Austin III), 스카트 브라운(Sctt Brown Jr.), 그리고 로버트 베너블(Robert Venable Sr.) 장로들께 진심으로 존경과 감사를 드린다.

2. 지난 역사를 존중하라

> 하나님의 말씀을 너희에게 일러 주고 너희를 인도하던 자들을 생각하며 그들의 행실의 결말을 주의하여 보고 그들의 믿음을 본받으라(히 13:7).

우리의 새로운 비전은 이전의 비전에 감사하고 존중하는 것으로부터 시작된다. 그 위에 다시 세우는 것이지 옛것을 포기하는 것이 결코 아니다. FPCC는 초기부터 성경을 믿는 역사적 장로교주의와 강력한 주일학교 제도 그리고 세계선교와 국내선교를 지향해 왔으며 성도들 간의 사랑과 돌봄에 전심전력하여 왔다. 이러한 교회의 모습은 앞으로도 계속 이어질 것이다. 나의 목회 사역은 지난날의 비전을 더욱 새롭게 강화시켜 나가는 것이었다.

3. 비전을 향한 부담감

> 원하건대 주는 하늘을 가르고 강림하시고
> 주 앞에서 산들이 진동하기를(시 64:1).

우리의 비전은 하나님의 영광에 대한 시대적 부담감으로 시작한다. 하나님과 분리된 채 죄와 부끄러움 그리고 영원한 속박 가운데 살고 있는 사람들이 놓임 받기를 우리는 원한다. 저들은 하나님의 피조물로서 누리는 기쁨을 전혀 알지 못한 채 살아가고 있다. 따라서 우리는 예수 그리스도 안에서 회개와 믿음을 통해 하나님을 영화롭게 하고 즐거워하는 사람들로 가득 채워진 교회가 되기를 꿈꾼다. 그리스도 예수께서 다시 오시는 날, 수많은 영혼들이 그분의 품안에 안전하게 거하기를 우리는 기대한다.

4. 비전을 위한 핵심 가치

> 내가 주의 법을 어찌 그리 사랑하는지요 내가 그것을 종일
> 작은 소리로 읊조리나이다(시 119:97).

우리의 비전은 다음과 같은 네 가지 핵심 가치를 통해 전달되고 소개된다.

① 하나님의 말씀에 대한 열정(성경): 디모데후서 3:16-17

② 하나님의 세상에 대한 마음(전도): 마태복음 28:16-20
③ 하나님의 은혜에 대한 헌신(개혁주의 신앙): 에베소서 2:8-9
④ 제대로 갖춰진 교회가 되려는 우선순위: 에베소서 4:11-16

그러므로 사역자들은 사역 자체를 위한 것이 아니라 **사역을 위해 제자들을 올바르게 세우는 일에** (하나님의 말씀에 기초하여 세계 복음화에 헌신함으로써 그리스도를 위한 일 뿐만 아니라 종교개혁 때 분명하게 강조된 은혜교리를 엄수하는 일에) 전념해야 한다.

5. 비전은 우리가 반드시 되고자 하는 사람에 관한 것이다.

우리 가운데서 역사하시는 능력대로 우리가 구하거나 생각하는 모든 것에 더 넘치도록 능히 하실 이에게 교회 안에서와 그리스도 예수 안에서 영광이 대대로 영원무궁하기를 원하노라 아멘(엡 3:20-21).

우리는 하나님의 은혜로 잘 갖추어진 사역을 추구하며, 예수 그리스도를 모든 민족의 주로 선포하는 것이다. 이를 통해 차타누가와 이 나라와 온 세계의 사람들의 삶을 변화시키고자 한다.

'우리 교회가 추구하는 것'이란 말 속에는 우리가 누구이며 어떠한 사람이 되어야 하는지 그리고 교회로서 어디로 가야 하는지에 대한 고백이 담겨 있다. 즉 전능자의 주권적 뜻에 온전히 맡겨지기를 원한다는 의미이다. 우리는 겸손 즉 주님을 전적으로 의존하는 마음으로 우리의 비전을 제시하기 원한다.

'잘 갖추어진 사역'이란 말 속에는 우리의 교회가 잘 갖추어진 교회가 되기를 바라는 소망이 곧 우리의 비전이라는 것을 보여준다. 사람들이 하나님의 가족 구성원으로 환영받을 수 있는 교회, 건강한 제자로서 교회 내에서 자신들의 자리를 찾을 수 있는 교회, 바로 이런 교회가 우리가 추구하는 잘 갖추어진 교회이다.

'하나님의 은혜로'라는 말은 우리의 비전이 하나님의 은혜에 기초한다는 의미이다. 하나님의 은혜로 말미암아 우리는 구원을 받는다. 은혜 교리는 우리를 지켜주고 하나님과 다른 사람들과의 관계 안으로 우리를 인도하는 핵심적 교리이다.

'차타누가와 이 나라와 온 세계의 사람들의 삶을 변화시키는' 교회라고 말할 때, 우리가 뜻하는 바는 복음을 당당하게 부여잡아야 한다는 것과 그리스도의 나라가 재림의 날을 향해 역사 가운데 온전히 확장되어야 한다는 것을 말한다. 우리는 복음의 능력을 확신한다. 사람들이 회개하여 예수 그리스도를 믿도록 신실하게 요청할 때 많은 사람들이 주께로 돌아 올 것이다. 그들이 돌아올 때 성령 하나님이 말씀으로 축복하시며 저들의 삶을 변화시켜 주실 것을 우리는 기대한다. 우리 사역의 범위는 신구약 성경 말씀을 통해 특히 우리를 세계적 사역으로 부르신 대위임(마 28:16-20)을 통해 정해져 있다.

'예수 그리스도를 만인의 주로 선포'해야 한다는 말은 우리의 비전이 예수 그리스도가 타락한 인간의 유일한 구원의 원천이라는 점과 그리스도가 모든 삶의 영역의 주권자라는 점을 높여야 한다는 것을 의미한다. 따라서 삶의 모든 양상을 언급하신 그리스도의 가르침에 합당한 세계관과 인생관을 가져야 한다.

6. 사명은 비전에 이르는 방식이다

> 오직 성령이 너희에게 임하시면 너희가 권능을 받고 예루살렘과 온 유대와 사마리아와 땅 끝까지 이르러 내 증인이 되리라 하시니라(행 1:8).

우리의 사명은 제자 삼는 일에 보내심을 받기 위해 모이고 성장하는 그리스도의 강인한 제자가 되는 것이다.

"모이고 성장한다"는 의미는 잃어버린 자들과 마음이 상한 자들 그리고 가족 같은 교회를 원하는 자들을 자발적으로 찾아 나선다는 말이다. "성장한다"는 것은 그리스도 예수의 은혜와 지식 가운데 자란다는 의미이다. '강인한 제자'란 신앙 성장의 수단(말씀과 성례와 기도), 특히 성경공부와 예배(개인적 예배와 가정예배 그리고 공적 예배)와 친교와 기도 그리고 전도 등을 실천하는 사람을 일컫는다. 사명의 목적은 단지 강인한 제자들로 모여 성장하는 것이 아니라, 주님께 순종함으로서 다른 사람들을 '제자 삼는 일에 보내심을 받기 위해' 저들을 잘 준비시켜주는 것이다.

7. 사역철학은 비전 성취와 사명 완수를 우선순위로 삼는 사역에 초점을 맞춰야 한다.

> 그러나 내게는 우리 주 예수 그리스도의 십자가 외에 결코 자랑할 것이 없으니 그리스도로 말미암아 세상이 나를 대하여 십자가에 못 박히고 내가 또한 세상을 대하여 그러하니라 (갈 6:14).

우리의 사역철학은 아래와 같은 일들을 통하여 사명을 완수하는 것이고 기도하는 가운데 비전을 성취하는 것이다.

① 성경강해식 교육과 설교
② 살아있는 예배
③ 사랑의 친교
④ 자애 사역
⑤ 기도 사역

'성경강해식 교육과 설교'란 하나님의 말씀을 철저하게 강해하는 것과 하나님의 진리가 사랑과 은혜로 현시대의 삶에 적용되도록 하는 것에 근거한 복음 선포와 가르침을 의미한다.

'살아있는 예배'란 성경에서 얻어진 원칙과 요소에 근거하여 경배와 겸손의 예배 자세로 드려지는 공적 예배를 뜻한다. 예배는 수세기에 걸쳐 다양하게 공헌한 그러면서도 성경에 근거한 예배 원칙에 부합하는 시와 찬송과 신령한 노래를 사용한다. 살아있는 예배는 성경 말씀과 참여와 기대감 그리고 뜻과 정성이 담긴 간구로 채워져 있는 예배를 말한다. 하나님의 초월성과 내재성, 영과 진리, 그리고 경배를 강조하는 가운데 그리스도를 위해 최선으로 드려지는 예배가 되어야 한다. 아울러 전통적인 최고의 예배이면서도 우리 가운데 위대한 일을 행하시는 성령의 능력을 위해 기도하는 살아있는 예배를 말한다.

'사랑의 친교'란 주 예수 그리스도 안에서 우리의 공동생활을 의미한다. 우리는 그리스도를 통해 하나님과 함께하는 공동체 안에 있다. 따라서 우리는 서로 함께하는 공동체 안에 거한다. 은사와 배경 그리고 생각과 경험의 다양성을 인정하는 반면에 우리는 그리스도 예수 안에서 연합하여 영광을 돌려야 하며 그분 안에서 서로 간에 격려하기를 힘써야 한다.

'자애 사역'이란 구체적인 실천적 방안으로서 가난한 자들과 탄압받는 자들과 잃어버린 자들에게 자발적으로 다가가는 행위를 말한다. 그래야 그들을 향한 하나님의 사랑을 보여줄 수 있다.

'기도 사역'이란 기도 가운데 세워진 비전만이 거룩한 부담감을 성취할 수 있다는 의미이다. 비전을 완성시키시는 분은 오직 하나님이시다. 기도를 통해 우리는 하나님이 쓰시기에 합당한 인물로 변화될 수 있음을 확신한다.

8. 간추린 선언문

FPCC는 이 시대 속에 하나님의 영광을 추구하는 부담감을 가지고 있으며, 그 부담감만이 이 시대에 매우 절대적으로 필요한 참된 신앙의 부흥과 사회의 개혁을 가져올 수 있다. FPCC는 하나님의 말씀에 대한 열정(성경)과 하나님의 세상을 위한 마음(전도)과 하나님의 은혜에 대한 헌신(개혁주의 신앙) 그리고 잘 갖춰진 교회가 되려는 우선순위를 핵심 가치로 삼는다.

FPCC는 차타누가와 북미와 세계 속에 있는 사람들의 삶을 변화시키는 하나님의 은혜의 사역에 집중하며, 다른 사람들을 제자로 삼는 일에 보내심을 받기 위하여 예수 그리스도의 강인한 제자로 모이고 성장하기를 힘쓴다. 우리의 비전을 성취하기 위하여 우리는 성경 강해 설교와 교육, 살아있는 예배, 사랑의 친교, 자애봉사 사역, 그리고 기도 사역을 강조할 것이다.

9. 간략한 비전선언문

"그리스도 예수의 복음을 통하여 삶을 변화시키는 하나님의 은혜의 사역"

10. 간략한 사명선언문

"예수 그리스도의 강인한 제자로 모이고 성장하기"

11. 목회 전략의 우선순위

여호와의 말씀이니라 너희를 향한 나의 생각을 내가 아나니 평안이요 재앙이 아니니라 너희에게 미래와 희망을 주는 것이니라(렘 29:11).

이 계획에 관련된 나의 근본적인 목회 목표는 다음의 것들을 포함한다.

1) 하나님 나라를 위한 기도(Kingdom Prayer)

FPCC는 점점 증가하는 교인들에게 부흥과 개혁을 위한 기도모임에 참여하고 기도모임이 도시 내 다른 교회에 확산되도록 힘쓰며, 이러한 목적을 성취하기 위하여 하나님 나라를 위한 기도운동을 발족한다. '보내는 교회'(21세기의 안디옥교회[행 13:1-3])가 되기 위해서는 하나님 나라를 위한 기도 모임에 전력을 기울이는 회중이 반드시 되어야 한다.

2) 지도력 개발(Leadership Development)

장로를 목자로서 집사를 자애와 봉사 사역자로 강조하기 위하여 지도권을 재조직해야 하며, FPCC의 비전과 사명을 수행하기 위하여 위원회 구조를 재조직해야 한다.

3) 공동체 돌봄 사역(Community Caring)

회중 돌봄 사역팀을 조직해야 하며, 각 팀의 구성은 장로와 집사 그리고 여선교회 대표와 목회자로 이루어진다.

4) 지원활동과 동화 방안(Outreach and Assimilation Plan)

이 사역은 봉사지원활동과 동화 방안에 대한 구조와 방식을 개발하는 것이다. 이 방안은 사람들이 교회에 처음 방문했을 때부터 (그들이 교회 주차장에 도착할 때부터) 언젠가 그들도 역시 다른 사람들을 그리스도에게로 인도하여 교회로 데리고 나올 수 있도록 저들을 감동시키는 통로이다.

5) 전도 훈련(Evangelism Training)

복음을 분명하고 설득력 있게 제시할 수 있도록 모든 교인들에게 개인전도 훈련법을 제공하는 전도 구비 사역(evangelism-equipping ministry)이다.

6) 지역 공동체 전도(Evangelism in the Community)

소그룹 전도팀을 통하여 그리고 지역 공동체를 대상으로 하는 세계관 및 인생관 컨퍼런스 개최를 통하여 회의론자들에게 다가가는 전도운동을 펼친다.

7) 캠퍼스 지원활동(Campus Outreach)

개혁주의 대학교 선교단체 사역자를 교회의 직원이나 목회팀원으로 받아들여 교회와 선교단체 간의 전략적 협력관계를 형성하며, 그 단체와 함께 캠퍼스 사역을 주도한다.

8) 교회 개척(Church Planting)

하나님 나라에 대한 비전을 지닌 검증되고 훈련된 교회 개척자를 전 북미 지역에 파견할 수 있도록 교회 개척 견습생 프로그램을 설치한다. 이 프로그램은 북미주선교회(Mission to North America)로부터 지원을 받을 수 있으며, 전략적으로 개혁주의-복음주의 교회들과 더불어 북미주 전도를 위한 공고한 협력관계를 맺을 수 있다.

9) 자애 사역활동(Compassionate Outreach)

상실과 이혼으로 힘들어 하고 있는 사람들을 회복시키기 위해 목회돌봄 소그룹을 조직한다.

10) 어린이와 독신자 사역(Children and Singles Ministries)

어린이 사역과 독신자 사역에 보다 강력한 영향력(모이기와 성장하기 그리고 파송하기)을 끌어내기 위하여 전문 직원을 채용한다.

11) 종합적인 음악 사역(Comprehensive Ministry of Music)

"그리스도를 위해 모든 면에 최고를 드린다"라는 뜻에서 종합적인 음악 사역을 도입하는 것으로서, 어린이 찬양대와 청소년 찬양대와 찬양과 경배팀 그리고 오케스트라와 장년 찬양대 등을 종합적으로 체계화한다.

12) 예배 향상(Enhancing Worship)

주일 오전예배는 역사적이고 개혁주의적인 예전을 통하여 하나님의 초월성을 강조하고, 저녁예배는 찬양과 경배 형태를 통하여 하나님의 내재성을 강조하는 새로운 예배를 실행한다. 예배의 내용과 개선 시기를 신중하게 조절하면서 두 형태의 통합을 통해 예배를 더욱 향상시켜 나가야 한다.

13) 시설 기획(Facility Planning)

교회 시설물을 종합적으로 기획하고 개발하는 일에 회중들이 동참할 수 있도록 건축회사를 상대하여 일할 수 있는 시설기획위원회를 임명하는 것이다.

교회 비전 바로 세우기

Finding a Vision for Your Church

2016년 10월 31일 초판 발행

지 은 이 | 마이클 A. 밀톤
옮 긴 이 | 이호우

편   집 | 정희연
디 자 인 | 이재희
펴 낸 곳 | 개혁주의 신학사
등   록 | 제21-173호(1990. 7. 2)
주   소 | 서울시 서초구 방배로 68
전   화 | 02) 586-8761~3(본사) 031) 942-8761(영업부)
팩   스 | 02) 523-0131(본사) 031) 942-8763(영업부)
홈페이지 | www.clcbook.com
이 메 일 | crpkor@gmail.com
온 라 인 | 기업은행 073-073466-01-010 예금주: 개혁주의신학사

ISBN 978-89-7138-056-7 (93230)

* 낙장 · 파본은 교환해 드립니다.

이 도서의 국립중앙도서관 출판시 도서목록(CIP)은 서지정보유통지원시스템 홈페이지(http://seoji.nl.go.kr)와 국가자료공동목록시스템(http://www.nl.go.kr/kolisnet)에서 이용하실 수 있습니다.
(CIP제어번호: CIP2016022427)